Yishmru Daat

www.ingramcontent.com/pod-product-compliance
Lightning Source LLC
Chambersburg PA
CBHW020859090426
42736CB00008B/437

בס"ד

קונטרסים מחיבור
שפתי כהן

ישמרו דעת

Yishmru Daat

Hasidic Teachings of the Fourth Turning

הרב משולם זלמן חייא הכהן שחטר–שלומי שליט"א

Rabbi Zalman M. Schachter-Shalomi

חבר הרבנים אוהלה
איגוד אלף להתחדשות היהדות
מוסד יסוד לעתיד היהדות

Albion
Andalus

Boulder, Colorado
2013

3

*"The old shall be renewed,
and the new shall be made holy."*

— Rabbi Avraham Yitzhak Kook

Albion-Andalus Inc.
P. O. Box 19852
Boulder, CO 80308
www.albionandalus.com

Design and composition by Albion-Andalus Inc.
Cover design by Sari Wisenthal-Shore.

Manufactured in the United States of America

ISBN-13:978-0615808734 (Albion-Andalus Books)
ISBN-10:0615808735

Contents

Preface

THIS VOLUME, *YISHMRU DA'AT* שפתי כהן ישמרו דעת וגו׳
contains my notes and essays on a variety of subjects. I have
couched these inner teachings of Torah using the beit
ha'midrash style of Hebrew in which I originally learned them.
My student and colleague, Rabbi Ruth Kagan, and I have just
published a book in modern Hebrew called *Kirvat Elokim*
containing many of the ideas that you will find in this book.
However, while there it is couched in the secular language
familiar to Israeli Hebrew speakers, here I am concerned that
you, the person who has studied in the beit ha'midrash and who
is fluent in its language should be able to recognize the concept
of the paradigm shift as it appears in the תורה שבעל פה, and that
you be able to build upon it using those tools already familiar
from your studies. I hope you will read it as a Torah text.

While writing, editing, and readying it for print, I placed
myself in the presence of the One, Giver of the Torah, נותן
התורה ב״ה, reaching deep into the sources of the tradition, in an
attempt to highlight those סברות which allow continuous
growth while maintaining the connection to the past.

From time to time you will find things that are not new. I
never aspired to produce something completely original, to the
contrary, as may easily be discerned from the writing, my roots
are in Habad and in many other branches of Hasidism.
However, I also bring to my reading of these sources experience
and knowledge gained living in this age, as well as teachings and
experiences I have found and absorbed from outside of our
tradition. As you will see, I have tried to integrate it all and
make clear in language of the בית המדרש, much of what I have
written about in my book *Paradigm Shift*.

You will find it helpful, after reading a short passage, to try
and reassemble it in your own mind, amplified by your
imagination. You may also find that you make many
associations and connections to Torah you have studied and
digested and already made your own. Then ask in prayer what it
is that you need to do with it.

I wish you well and pray that these teachings will serve as an elixir of life סם החיים for you.

נא תזכרני לטוֹבה

משולם זלמן חייא בן חיה גיטל הכהן

בס״ד בסף שנת פ״ח לחיי בגבורות

ברכות חברים מקשיבים

ב"ה

הציע לפני ה"ה הרב משולם זלמן חייא הכהן ש"ש שליט"א קונטרסים מחיבורו שפתי כהן ישמרו דעת, שעלה ברצונו להעלתם על מזבח הדפוס. והנה עצם הספר לא נצרך לשום הסכמה ממני, כי מי אני לבא אחריו החדרה פנימה וכי אטייל עמו בפרדס. תא חזי מאן תנא קא מסהיד עליה, האי גברא רבה ר 'שלמה קרליבך כ"ע תארו גאון הגאונים, וגם אני שמעתי מפומא ממלל רברבן שכשמורנו רבי זלמן כ"י הענייק מימרא מספר הזוה"ק, מען האט זיך געקענט באלעקן די אללע פינגער.

עברתי על הקונטרס ומצאתי גרגרים מתוקים לחיך ושמתי בטנא גי 'מה טוב, דבר בעתו מה טוב. אמרתי גם אסייע לדבר מצוה בחיבורא להנחיל אוהבי יש. תוך הספר מדובר שבזמן שהדעת נמנה אין הכתר נמנה והפך .(יחזקאל א' א') ברביעי בחמשה, כתיב, ואני בתוך הגולה על נהר כבר, וכתיב (קהלת א' י') יש דבר שיאמר ראה זה חדש הוא כבר היה, איתא בזוה"ק דהאי נהר דהוי בקדמיתא נגיד ונפיק ופסיק מימוי ומבועוי, דא נהר דכבר הוה מיומא דאתברי עלמא, ושכינתא אתגלייא תדיר עליה דכתיב ונהר יוצא מעדן להשקות את הגן. ע"דן כ"הר ג"ן, דא ענג שאין למעלה הימנו, עד"ן נה"ר ג"ן ,דא כ"שמה ר"וח כ"פש. סוד הנהר, וכתיב (בראשית ב' י') ומשם יפרד והיה לארבע ראשים. והא ברביעי בחמשה כתיב, רביעי מדעת מגו כתר ולבר ,לתפארת סוד הנהר, משם ליסוד סיומא דגופא, ומשם למלכות, ודא ארבע דא חמש, רביעי דדעת חמישי דכתר, דא מלכות דרגא דדוד מלכא.

יהי רצון מלפני אבינו שבשמים שיארך ימים על ממלכתו הוא וכו ',ויקוים בו מקרא שכתוב ארך ימים אשביעהו ואראהו בישועתי, אמן סלה.

ירמי' צבי ווארך - פק"ק שיגאגא יצ"ו - יום רביעי ו' אלול, תשס"ו לפ"ק

בס"ד

מי ימלל גבורות ישראל ברחמי ה' הרבים באו לפני כתבי קודש מאירים עיני דורשי ה' בעידן דדן קונטריסים מחיבור שפתי כהן **ישמרו דעת**, אבנים טובות מהאי גברא סבא קדישא, איש משולם מז"ה מים חיים מבארות נסתמו בין הדורות, ה"ה אדמו"ר אוהב ישראל וכל הבריאה, כבודו הרב **רבינו משולם זלמן חייא שסטר-שלומי שליט"א** ואל-אף שידוע ידעתי כי לא זקוקים לשום הסכמה ממני ראוה ראיתי והסתכלתי כאחד הצמאים והנה מצאתי עלים

לתרופה לבעיותינו הרבות והעלומות מדריך לנבוכים בדעתם ובלבם מברר נילולות משברי התקופות. עלים מתוקים מדבש ונופת לפים יושר דברי אמת וגם שירים חזיונות מאירים ומנחמים אמרים מחכימים עמוקים ומשכילים וגם כן שווים לכל נפש מבקשי דרך ואין נענין מגלה סוד משנה העתים ומחליף הזמנים באחרית הימים מקרב הבנות ולא רק הבנים לקוב"ה ושכינתיה הלוא הוא אלוהי האלוהים בעקבתא דמשיחא ואני הקטן בדעת ובלי מעשים גם אנוכי מצטרף למסכימים.

הרב משה אהרן בן יצחק הכהן קרסין נכד ר' מיכל בר' משה אהרן מלדיז'ין

-----------*--------

עבור מורי ויקירי ר' זלמן, בעל החסד עבור מורי ויקירי ר' זלמן, בעל החסד

---- ברוך אתה בבואך וברוך אתה בצאתך מעתה ועד עולם

משכני אחריך נרוצה, הביאני המלך חדריו

שׁימני כחותם על לבך, כחותם על זרועך, כי עזה כמות אהבה

והמשכילים יזהירו כזהר הרקיע, ומצדיקי הרבים ככוכבים לעולם ועד

לבי ובשרי ירננו אל אל חי

מה יקר חסדך אלהים, ובני אדם בצל כנפיך יחסיון

זה היום עשה ה', נגילה ונשמחה בו

למנות ימינו כן הודע, ונביא לבב חכמה

מן המיצר קראתי יה, ענני במרחב יה

נוצר חסד לאלפים, נושא עון ופשע וחטאה ונקה

אל נחמות ה'...

יום השישי — ערב חנוכה תשס"ז: כי אשב בחושך, ה' אור לי.
לקורא/ת הנכבד/ת,

הספר שלפניך הינו גדוש ומבריק, ענף ומרענן: עולם ומלואו. הוא פרי עטו של אחד מגדולי הדור, מורינו ורבינו ר' משולם זלמן שחטר-שלומי

שליט"א (לפני כשלושים שנה הוסיף המחבר את 'שלומי' לשם משפחתו, וכך אימץ והמתיק את שמו). כשמו כן הוא, במובן אחד לפחות: למחבר הנ"ל יש כשרון נדיר להחזיק דבר והיפוכו ביחד, ולשזור מקורות שונים, אפילו נגדיים, ליצירה מושלמת להפליא: חב"ד ורופרט שלדרייק בצוותא, סדר נשים ותורת נשים של ימינו אנו (הלא היא הפמיניזם), יידיש עסיסית ולטינית מאופקת, לשון הקודש ולשון המחשבים (הנה מה טוב ונעים לג'טט עם רבינו!). כמו כן ר' זלמן ער לתורת הסביבה (אקולוגיה) ולתורת המרחב הפנימי: 'סובב וממלא כל עלמין' ממש. משמע: ר' זלמן חובק עולמות, גושר גשרים, והופך לממשק אינטימי (ומורה-דרך מעולה) בין תחומים ומסורות, בין שם-ואז וכאן-ועכשיו.

זאת ועוד: ר' זלמן לא מפחד לזנק קדימה עד סף העתיד ולראות את הנולד, כלו' מה שמתחיל טיפ-טיפה אט-אט לפרוח, בבחי' 'והתאנה חנטה פגיה והגפנים סמדר נתנו ריח'. לאורך כל הספר מקיים ר' זלמן את הפסוק 'חדש ימינו כקדם', תרתי משמע: *קדם* של תורות עתיקות יומין, *וקדם* של העתיד לבא, ההתקדמות לעידן הבא, 'חדשים לבקרים'. כמו כל מקובל מקורי ובעל תובנה חודרת הוא שותה עמוק ממעייני החכמה הגנוזים, ומעביר אלינו (אנחנו הצמאים) את החיות החדשה דרך צנורות אמינים-ישנים: 'באר מים חיים, ונוזלים מן לבנון', קרי לב-נון, שר' זלמן מעביר שפע מל"ב פליאות חכמה דרך חמישים שערי בינה היישר אל נשמותינו: 'ונהר יוצא מעדן להשקות את הגן....'

מספר גדוש זה למדתי רבות: על מסגרת עולם-שנה-נפש המשמשת מטבע מושרש אך פתוח לתרגול רוחני; על מחיית זכר עמלק כ-קואן; על דרכי התפילה באריכות ובהתלהבות, אך גם לעת הצורך, דאווענען בקיצור נמרץ! התרשמתי מהיופי ומהעומק המוסרי של האני-מאמין שלו, וכן משיריו הנוגעים ללב, ומהתחייבותו ההולכת ונמשכת לתקן גם את הלב-והנשמה, וגם את העולם האדיר אך שבירירי שלנו הזקוק כ"כ לתיקון ולריפוי. תיקון הלב ותיקון עולם כחדא: הרי ר' זלמן יודע על בשרו שבסופו של דבר אי אפשר להפריד בין שני תיקונים אלה: כי אנו נמצאים בתוך סוד האלהות, בבחינת 'אין עוד מלבדו', כך שכולא חד: הסובב והממלא, העולם והלב. והאומנם ר' זלמן מאפשר לנו להסתכל על העולם מנקודות מבט של מוחין דקטנות ומוחין דגדלות לסירוגין: הוא נותן לנו עיניים חדשות לראות בהן. ובד בבד הוא מרמז איך להתנודד בין גאות ושפל, בין יש ואין — כלו' איך לגלוש ברצוא ושוב.

לו התבקשתי להבליט קטע אחד בלבד מתוך רצף המאמרים הללו, הייתי בוחר ב'עץ החיים ?ל המועדים'. ר' זלמן רוקח עבורנו תרופה נגד מסחור הזמן, ומשחררנו לחיות בזמן אורגני של קדושה. הוא מפתח דרך ישנה-חדשה של שיתוף: בינינו לבין קהילותינו, ובינינו לבין הקב"ה, בבח' גדלו לה' אתי ונרוממה שמו יחדיו— כלו' בצוותא. הוא יודע היטב שלזמן (שיכול

אותיות זלמן!) יש קלב, אפילו רב־קלביות: משמע, ישנן עונות שונות במחזור השנה ובכל מועד ומועד, וגוונים ופרצופים מתחלפים באלוהות ובאורח חיינו: דור דור ודורשיו,ויום יום והממשקים שלו. מורינו ר' זלמן שוזר תורה מלוכדת וקבלית של שמות, ספירות ועולמות למעגל השנה, והוסיף עליה תרגולים יפים לטעום ולראות בם את ה' כי טוב.

בקיצור, לפתוח ספר זה הוא לפתוח צוהר לרום מעלה ולעולם הפנימיות. מחד גיסא, זוהי עבודה חלוצית נועזת, ומאידך גיסא, זוהי עבודה מסכמת של חכם ותיק, רב ומלומד דגול מרבבה. תרומתו הענקית של ר' זלמן *בשמרו דעת* נובעת גם מחוויתו רבת־השנים במעבדת־הרוח, וגם משליטתו המדהימה בנגלה ובנסתר, בתורת הדתות ובדרך ארץ. בשיר השירים אנו קוראים: 'קול דודי דופק', קרי:

"the sound of the beloved is *pulsing* within"

היכנס/י לספר זה, ותרגיש/י את זרם ה' הפועם בו...ובך.

"כי הנה ימים באים... והשלחתי רעב בארץ, לא רעב ללחם ולא צמא למים כי אם לשמע את דברי הוי"ה." כל דכפין ייתי וייכול, כל דצריך ייתי ויתעסק בספרא דא— סגי נהורא דקודשא— ואתנהי תמן מזיוא דשכינתא. כי כמה *געשמאק* וכמה *באטעמט* סעודה זו שר' זלמן הכין וטרח וערך בשבילנו: טועמיה חיים זכו!

הר' עקיבא אליעזר בן שושנה ודוב גינזבורג, ערב חנוכה תשס"ז סוד אור האגנוז בפרד-חנה דמישיגן –

נר ה' נשמת אדם חפש כל חדרי בטן'

מקור ברוך מסה"ק קדושת לוי

תיק"ו, הראשי תיבות תשבי יתרץ קושיות ואבעיות.

ובהשקפה ראשונה יש לדקדק, הא זה יהיה הכל אחר ביאת הגואל במהרה בימינו אמן, ולמה יתרץ אליהו הקושיות והאבעיות הא יעמוד משה רבינו שנתן לנו התורה והמצוה ולמה לא יתרץ הוא הקושיות והאבעיות?

ונראה, דהנה כתוב בספר הדורות בהפלוגתא דרש"י ורבינו תם עס התפילין, דרש"י ז"ל היה משה רבינו בסייעתו, והר"ת לא השגיח על זה ואמר לו שכבר נתן לנו התורה ובידינו להורות כפי הוראות שכלינו בהתורה הקדושה

ונראה להבין זאת ונבאר זאת בקיצור, דהיינו גבי פלוגתא דבית שמאי ובית הלל אמרינן (עירובין יג ע"ב) אלו ואלו דברי אלהים חיים,

דהנה יש בחינה שאדם לומד הפשט בהתורה הקדושה כפי הבחינה שלו אם הוא מעולם החסד אז הכל טהור ומותר וכשר כפי הוראות שכלו בהתורה הקדושה, וכן להיפך כשהוא ממדת הגבורה אז הוא להיפך והנה בית הלל מדתם היה מדת החסד ולכך בית הלל לקולא, ובית שמאי שהיה ממדת הגבורה לכך בית שמאי לחומרא. אבל באמת כל אחד לפי מדרגתו דברי אלהים חיים. זהו אלו ואלו דברי אלהים חיים. והנה חכמינו ז"ל שהיו אחר הדור בית שמאי ובית הלל וראו שהעולם צריך להתנהג בחסד וקבעו הלכה כבית הלל בכל מקום לקולא כבית הלל.

והנה מי יכול להבחין זאת באיזה מדה צריך זה העולם להתנהג שיופסק הלכה כמותו? מי שהוא בחיים והוא בזה העולם הוא יודע באיזה מדה צריך זה העולם להתנהג! אבל מי שאינו חי אינו יודע כלל באיזה מדה צריכה לזה העולם להתנהג בו: והנה אליהו הוא חי וקיים ולא טעם טעם מיתה והוא תמיד בזה העולם ולכך הוא יפשוט הקושיות ואבעיות, כי הוא יודע באיזה מדה צריך העולם להתנהג. ובזה יובן מה שאמר ר"ת למשה רבינו ע"ה שכבר נתן לנו התורה ובידינו להורות ----:

במסכת מגילה דף ט"ז ע"ב כל השירות נכתבות אריח על גבי לבינה ולבינה על גבי אריח וכו. '

הנה לכאורה יש להפליא מ"ש תורה חדשה מאתי תצא, הלא הוא אחד מי"ג עיקרים שזאת התורה לא תהא מחולפת ולא תהא תורה אחרת?

אמנם הענין הוא כך, כי הנה ידוע שאותיות התורה הם בחינת אורות פנימית אשר בא בהתגלות בסדר השתלשלות העולמות וגבול הלבן המקיף

להאותיות הם בחינת אורות מקיפים אשר אינם באים בהתגלות רק בהעלם בבחינת אורות מקיפים.

ומזה מובן שגם הגבולים הלבנים הם גם כן בחינת אותיות, אך הם אותיות נעלמים למעלה מאותיות נגלים. ומזה הטעם נגיעה אסור בספר תורה, כי על ידי הנגיעה הוא מבטל ומסתיר בחינת הלבנונית שהוא אותיות הנעלמים,

אך בקריעת ים סוף שהיה נס גדול למעלה מהטבע, כי נתגלה אור וחיות ה' שהוא למעלה מעלה הסדר השתלשלות, דהיינו מבחינת סובב בחינת אורות מקיפים. ולכן השירה נכתבות אריח על גבי לבינה ולבינה על גבי אריח ,כי היה בחינת התכללות משניהם יחד, דהיינו שנמשך בחינת הלבנונית שהוא אותיות הנעלמים בהתגלי' בבחינת אותיות הנגלים.

וזהו שאמרו חכמינו ז"ל ראתה שפחה על הים וכו', מטעם שהיה כ"כ התגלות אלקות עד שגם שפחה היה בכחה להשיג כו'.

וזהו פירוש הפסוק תורה חדשה מאתי תצא, כי לעתיד שיהיה התגלות אלקים ונגלה כבוד ה' וראו כל בשר וכו', דהיינו שיהיה התגלות מבחינת סובב ויתגלה בחינת הלבנונית, היינו אותיות הנעלמים המקיפים באותיות התורה הנגלים. וזהו תורה חדשה מאתי, דייקא והבן:

בס״ד פתח דבר והתנצלות

היות שזקנה קפצה עלי רצוני לערוך ממה שיש לי בכתובים מקדמת דנא, דברים שחושבני שיש בהם תועלת לתלמידיי וגם לאחרים. אם יש בהם איזה חידוש הוא רק ממה שעבר ונכנס דרך נשמתי מפי ספרים וסופרים בדא״ח (דברי-אלקים-חיים, היינו חסידות) ומדע. וכמה פעמים תמצא איזה ענין נשנה פעם או כמה פעמים הנחתיו במקומו כי בכל פעם שייך ביחס עם הקטע, וכדאיתא (ירושלמי, ראש השנה י״ז.) דברי תורה עניים במקומן ועשירים במקום אחר, ועוד איתא (חגיגה ג.) א״א לבית המדרש בלא חידוש. מן הסתם לא עלה בידי לתקן כל השגיאות והוא רחום יכפר, וכן הקורא.

(מלאכי ב׳ ז׳) **כי שפתי כהן ישמרו דעת ותורה יבקשו מפיהו** משפע חסד עליון אמרתי אולי י״ל: זהב ופנינים זקוקין לכלי יקר להכילם ולשמרם, והנה השומר הכי טוב הוא הוא יתברך שומר ישראל. לכן מי שנותן לו ית׳ את המפתח לפיו בוודאי לא יפסיד, והוא בבחי׳ כהן כדאיתא בגמ׳ סנהדרין (ל״ט.), והנה השפתים (משלי י״ב י״ט) שפת אמת תיכון לעד -- אם השפתים מדברות דברים ששמעם מאחרים ואין הדברים מלאים מחוויה אישית ודעה עצמית ואינן שפתי ה׳. (שם ג׳ ה׳) אל בינתך אל תשען, ומחכם בעיני עצמו אין לבקש ממנו תורה. אבל רק הכהן ששומע כמה פעמים את ווידוי הדברים של הבעלי תשובה המביאים קורבנות, וגם יודע איך שהוא בעצמו נתפס בעוון הדור מטעם (סנהדרין כ״ז:) ישראל ערבים זה בזה, וגנח גנוחא מרגשי חמלה. ולמרות שגלוים לפניו החטאים ועוונות ששמעם בעת הווידוי דברים מ״מ מברך את העם (במדבר ו׳ כ״ד) יברכך – יאיר – ישא – שלום. ומה ששמע בעת הווידוי אינו מגלה לאחרים כי פיו סתום והמפתח בידו של הקב״ה. אזי כשהוא מורה תורה לעם הוא מטיף לפי צורך האמיתי של השומעים המבקשים תורה מפיהו איך לתקן המעוות. כי שפתותיו שומרות את הסוד, בחי׳ יין המשומר בענביו/בעווניו, בכלי יקר של שפתי דעת. לכן מי שמוסר את המפתח של שפתיו לה׳ שומר ישראל השומע תפילות שידו פתוחה לקבל שבים, הוא יכול לבקש מאת השי״ת (תהילים נ״א י״ז) אדנ״י שפתי תפתח ופי, באמת, יגיד תהילתך, ואז מיד נענה. ובזה יזכה לכוון ככהן בן אהרן (זוהר ג׳ כ.) שושבינא דמטרוניתא, איך ללמד לעם תורת הוד מדתו של אהרן שהיא תורת אמך, דהיינו התורה שקבלנו עם לוחות שניים ביום הכפורים (וגם למעלה מן הזמן לעת עתה) עבודת אהרן הכהן שנכנס לקה״ק ושמע איך שהשי״ת אמר (במדבר י״ד כ׳) סלחתי כדבריך.

הקדמה

ישתו הצמאים וירוו הדורשים

אשר הודות יראתם את הנורא תהילות

אדוקי דבקות נצח ישראל

שוחרי דברי תורה בחובות הלבבות הנוהגים בזמננו, זמן מזל דלי, עת ישמעו (ישעי׳ נ״ב ו׳) רגלי מבשר, עקבתא דמשיחא. ואם תאמרו מה נשתנה זמן הזה מזמנים אחרים, האם יש השתנות לפניו ית׳ ח״ו, הלא כתיב (מלאכי ג׳ ו׳) אני הוי׳ לא שניתיו הנה תשובתך הא דכתיב (דברים ל״ב ז׳) זכור ימות עולם, אלה הם בבחי׳ קבוע וקיימא אבל כתיב (שם) בינו שנות דור ודור – ׳שנות׳ דייקא ל׳ השתנות כי יש השתנות בסדרי הרוח הזמן וכדלהלן.

האמת היא אשר הבנת שנוים והשתנות סדרי רוח ודרכי העבודה כבר היו לעולמים וכמו שנתהווה השתנות בין זמנם של שם ועבר ומלכי–צדק לזמנם של האבות ע״ה, ובודאי נתהוה השתנות עצומה בזמן מתן תוה״ק, והופעת התגלות דרכי התורה שבעל פה שהתחילה מזמן חורבן בית ראשון, ובנְיָנו של השני בזמן אנשי כנסת הגדולה, ושוב בזמן חורבן בית שני, (תוספתא עדיות א׳) וכשנכנסו חכמים לכרם ביבנה, שהי׳ אז מפנה עצום.

באותו התקופה בקש רבן יוחנן בן זכאי מאספסינוס קיסר שיתן לו יבנה וחכמיה כי בלי יבנה לא הי׳ נשאר ח״ו ליהדות אף שריד ופליט (ומה שריב״ז לא בקש ממנו על ההיכל כשהי׳ לו אז סבר פנים יפות מאת הקיסר, נראה שכבר הי׳ ביהמ״ק חרוב בפנימיותו משנאת חינם, שנדחו רגלי השכינה כביכול וכבר נסתלקה מן הבית, ועבר זמנו של ההיכל ובטל קורבנו, כי בכל יום ויום רבו המחלקות והיריבות של שינאת חינם בין מפלגה זו לאחרת) לכן ביקש ריב״ז על יבנה כי מצד חיצוניות הענין לא הי׳ למלכות רומי ליירא מיבנה מקיבוץ קטן–הכמות של חכמים, ובוודאי חשב הקיסר שריב״ז לא כיוון יפה במבוקשו.

בקשת ריב״ז הייתה רבת האחריות. בימיו לא הי׳ החזון בהיר וברור נפרץ, ובלא נביא ובת קול הי׳ צריך להשען על (דברים ל׳ י״ב) **לא בשמים הוא,** (שם י״ד) **כי קרוב אליך הדבר מאד,** שלא הי׳ בידו לכתוב שאלה לתשובה ממי שהוא אחר אשר יקח עליו את האחריות לגשר את המסורה לעידן החדש ותנאי החיים שהשתנו מחמת החורבן. עד יום מותו של ריב״ז לא הי׳ ברור לו שעשה כהוגן, וכמו שהתאונן בשעתו האחרונה בחייו [ברכות כ״ח:] יש לפני שני דרכים אחת של גן עדן ואחת של גיהנם

ואיני יודע באיזו מוליכים אותי, וחוץ מן האחריות שלא בקש על ביהמ״ק, שינה הרבה ממה שהי׳ מקובל כהלכה בזמן הבית לפני החורבן.

ריב״ז ובית דינו היו מוכרחין להסתמך על בטחונם שרוח הקודש מבצבץ בהם בעצמם, כי אם מסופקים היו אם להאמין שמקור השפע ששראה בהם היתה רוח הקודש או לא, כי לאחרים לא ירדה ההשראה וההשפעה, ובלית מאן דהוי סומך על עצמו חוץ מהם היו צריכים להאמין כי השי״ת יאמר אחריהם (בבא מציעא נ״ט:) נצחוני בני נצחוני.

ומה סוף סוף ענין האמונהו הלא הוא להאמין כי השי״ת עוד אוהב את עמו, וכן כתיב (תהילים קמ״ז י״ט) מגיד דברו ליעקב חוקיו ומשפטיו לישראל, [ומה ששפך חמתו על העצים והאבנים של ביהמ״ק הי׳ לנו לטובה ולכן כתיב (דברים ל״ג מ״ג) וכפר אדמתו עמו, שהעצים והאבנים בלעו את הפורעניות וע״ז נאמר (ישעיה א׳ כ״ז) ציון במשפט תפדה ושביה בצדקה, כי העיר לא חטאה, וצודקת תענותי׳ והמשפט אתה, אבל שוביה שהם הכעיסו לפניו זקוקין להפדות מטעם חסד חינם בצדקה.] ריב״ז שהיה סובל מהבריונים שבזמנו ושנאת חינם שחרבה עירנו, ולמרות כל הצרות ההם לא אבד את מטרתו לסלול דרך בו יוכלו בני ישראל לעבוד את השי״ת. וכתיב (הושע י״ד ג׳) ונשלמה פרים שפתינו, (ברכות מ:) במטבע שטבעו חז״ל, והי׳ ריב״ז בראשם, עד שהסכימו בפמליא שלמעלה על התקנות ומצוות דרבנן וגזרות שגזרו כדי שהיהדות והתוה״ק תתקיים.

משנה עתים ומחליף את הזמנים: כן אמרו חז״ל (סנהדרין צ״ז.) שיש השתנות סדר זמנים: תנא דבי אליהו ״ששת אלפים שנה הוי עלמא שני אלפים תוהו שני אלפים תורה שני אלפים ימות המשיח״.

ושמעתי מהוד כ״ק אדמו״ר מוהרמ״מ נ״ע מליובאוויטש, עוד טרם נשיאותו בעיר מרסיליא בצורפת בהתוועדות ט״ו בשבט ה׳תש״א – למדנו אז בישיבת ארעי של גולה מס׳ כתובות – [אני נשען על זכרוני של יותר מס״ה שנה ומוסר את הדברים בקיצור ולפי הענין פה.]

כתיב (תהילים צ׳ ד׳) כי אלף שנים בעיניך כיום אתמול – כי יומו של הקב״ה אלף שנים כדאיתא בגמ׳ סנהדרין וכדלעיל, ופתח ואמר, איתא (משנה כתובות א׳ א׳) בתולה נשאת ליום הרביעי. **בתולה** – היא כנסת ישראל, **נשאת** – היינו מתיחדת עם בעלה בגאולה שלמה, **ליום הרביעי** – באלף הרביעי, כי ה׳תנאים׳ היו במעשה בראשית, כדאיתא במדרש (ילקוט שמעוני שמות י״ד רמז רל״ו׳ז׳) תנאים התנה הקב״ה עם כל מעשה בראשית. והקדושין, היינו הארוסין היו ׳אשר קדשנו במצותיו׳, שנתקיימו ביום חתונתו, זה מתן תורה (תענית כ״ו:). אבל הנשואין עדיין לא נשלמו. וע״ז אמר התנא במתניתין שנשאת ליום הרביעי, אחר שעברו ג׳ אלפים שנה. כי נותנים לבתולה ג׳ ימים כדי להתקשט בהם, והקשוטין של הכלה

הם הניצוצות הק' שהעלו בעבודתם. וע"ז זוכים לב' אלפים של ימות המשיח.

והמשיך: לוא היו בני ישראל בבחי' בתולה הי' הוא ית' כונסה ביום ד' היינו אלף הרביע, וחבל שבעוה"ר (איכה א' א') היתה כאלמנה, ע"י עברות שבשוגג. מ"מ היה באפשר להיתקן ביום ה' בו נתברכו בברכת דגים (בראשית א' כ"ב) פרו ורבו ומלאו את המים בימים, אמנם כתיב (ישעיה נ' א') ובפשעיכם שלחה אמכם, (דברים כ"ד א') כי מצא בה ערות דבר, עברות שבמזיד, אז גרושה נשאת ליום ו', להתברך בברכת אדם וחוה (בראשית א' כ"ח).

ודכירנא איך שכ"ק התחבא מאחורי שיעול, ובאמת בכיה הייתה כמעט מתפרצת ממנו וגנח, הוי! מתי תתקיים החתונה, הלא כבר מאוחר מאד ביום ו' ערב יום שכולו שבת.

ומאז התחילה תורת העתים החולפות להתנוצץ בקרבי – אשר יש תהליך של התקדמות וצמיחת ישועה המוליך מתוהו ותורה לימות המשיח.

איתא במדרש (בראשית רבה ב' ג') ויאמר אלקים יהי אור, זה אברהם, שבו מתחילים אלפים של תורה, וכן גם ששה סדרי משנה מרמזים על שית אלפי שנין דהוי עלמא. הקב"ה התחיל בברכות, וכל הנשמות שבאו פעם הראשון לתוך הגוף היו בבחי' זרעים. ובאברהם אבינו ע"ה בא מועד ושבת, וסעודת יום ש"ק סעודתו של אברהם אבינו ע"ה –סעודת הלילה בחי' חקל תפוחין קדישין, בקידושא רבא בקידושא דיומא, בחי' עתיקא קדישא סעודת יצחק אבינו ע"ה, , , וסעודה שלישית, סעודת יעקב ובניו ינוחו בו, בחי' זעיר אנפין, (עיין זוה"ק חלק ב' דף פ"ח:). וכן המועדים בשנה: פסח – אברהם אע"ה דכתיב ביה (בראשית י"ח ו') לושי ועשי עוגות. ושבועות – יצחק אע"ה (אבות דרבי נתן פרק שלשים ושבעה) כך שמע משה מפי הגבורה, פחד יצחק. וסוכות – יעקב אע"ה דכתיב ביה (בראשית ל"ג י"ז) ולמקנהו עשה סכת.

אח"כ סדר נשים היינו מתן תורה, (תענית כ"ו:) ביום חתונתו – זו מתן תורה, בשנת ב' אלפים תמ"ח לבריאת עולם למנין שאנו מונין. ואח"כ בעוונותנו הרבים נתקלנו בסדר נזיקין והחורבן הנורא, ואח"כ לדאבוננו סדר קדשים כי הרבה קורבנות הבאנו בגלות המר שבאו לקדש שם שמים ברבים – (משנה ברכות ט' ה') אפילו נוטל את נפשך, ועכשיו אנחנו עסוקים בטהרות ועלינו לטהר אויר העולם מזהומתו – ועל זה עדיין אין לנו גמרא גמירא חוץ ממס' אחת מס' נדה, (איכה א' ח') על כן לנידה היתה. [וזכות הסדרי-טהרות אדמו"ר רגח"ה מראדזין נ"ע שהתחיל בתיקונא דא תעמוד לנו בתפקיד הזה.] וכעין זה מובא בכתבי ר' צדוק הכהן מלובלין נ"ע, בס' פרי צדיק (בראשית אות ב') וז"ל והנה קדושת סדרי משנה

18

אסמכוה חכמינו ז"ל (שבת לא.) על פסוק והיה אמונת עתיך חוסן ישועות חכמה ודעת. אמונת, זה סדר זרעים שמאמין בחי עולמים, עיי"ש.

ועוד ראה כתיב (דברים י' י"ב) מה ה' אלקיך שואל מעמך, וברור שזה ג"כ מורה על אותו ענין סדר זמנים אשר בו אנו חיים. הענין עוד תופס מקום חשוב במחשבתו של הרל"י מברדיטשב ז"ל, עיין קדושת לוי על מס' אבות במאמר תיקו, וז"ל, והנה מי יכול להבחין זאת באיזה מדה צריך זה העולם להתנהג שיופסק הלכה כמותו מי שהוא בחיים והוא בזה העולם הוא יודע באיזה מדה צריך זה העולם להתנהג, אבל מי שאינו חי אינו יודע כלל באיזה מדה צריכה לזה העולם להתנהג בו, והנה אליהו הוא חי וקיים ולא טעם טעם מיתה והוא תמיד בזה העולם ולכך הוא יפשוט הקושיות ואבעיות, כי הוא יודע באיזה מדה צריך העולם להתנהג, עכ"ל, עיי"ש באריכות. ובחדרו של של היהודי הקדוש מפשיסחא. ואצל כל תלמידיו (וביחוד בסה"ק שפת־אמת, עיין פ' נח תרל"ט ד"ה ברש"י, ובעוד הרבה מקומות – ובסה"ק מי־השלוח, עיין חלק א' מס' שבת פ' במה מדליקין ד"ה מאי חנוכה, ועוד מקומות) נמצא אותו רעיון על בחי' עולם שנה ונפש של ספר יצירה, היינו, מקום ותקופה ואישיות. החידושי־הרי"מ נ"ע מביא כי בתחילה היית העבודה בעולם – (דברים י"ב י"ד) במקום אשר יבחר ה', והרבה הלכות היו תלויות בארץ ובעניני קדשים ומקום המקדש ואח"כ עברה בבחי' שנה (שבת י"ב.) והלכתא רבתי לשבת, כי משכן הקדושה עבר מבחי' מקום לבחי' זמן, ועכשיו אנו עומדים על סף עידן הנפש, ועיקר העבודה בנפש בשיפור המדות וטהרת המחשבה והאויר (תוספתא תענית ב') כי בתר רישא גופא אזיל.

וכן מביא ר' צדוק הכהן מלובלין ז"ל (עיין פרי צדיק חנוכה אות כ"ג וע"ע ס' תקנת השבין אות י' ד"ה ועל זה) כי בזמן התנ"ך הי' עיקר העבודה במעשה הקרבנות ומצות התלויות בארץ ולא היו זקוקין הרבה לדבר דבר [חוץ ממאמר הבכורים] ומשנחרבה ביהמ"ק (הושע י"ד ג') ונשלמה פרים שפתינו, בדיבור (ברכות מ:) ובמטבע שטבעו חכמים ודברי תורה, (מנחות ק"י.) שהעוסק בתורת חטאת כאילו הקריב כו'. ועכשיו עיקר העבודה במחשבה. כי כל העולם בסכנת כליה מההשחתות שמחריבין את חיי הטבע. לכן (איוב כ"ו ז') תולה ארץ על בלימה – (ספר יצירה א' ז') בלום פיך מלדבר – (שמואל ב' י"ד י"ד) וחושב מחשבות – לבלתי ידח ממנו נדח. [*ובדרך צחות שמעתי: כתיב* (בראשית כ"ט ל"א) *וירא ה' כי שנואה לאה – היינו המחשבה, בינה, התבוננות, ויפתח את רחמה – להוליד מדות טובות וישרות – אבל חבל ש'רחל' בחי' מלכות פה – דיבור גרידא –- עקרה! כי מן הדיבור לבד לא נהי' כלום.*]

וח"ו להזניח מעשה המצות או דיבורי תורה ותפילה כי הם חיינו כו' אבל נקודה הכי יקרה, העבודה הכי רצינית בחובת השעה והבירורים האחרונים שעלינו לברר קודם הגאולה השלמה הם בנפש ובמחשבה.

עיקרם של הבירורים של עידני עולם ושנה היינו מעשה ודיבור כבר נשלמו. בענין הזה אנו רואים תהליך מן החוץ אל הפנימי.

כדי להבהיר את הענין באופן אחר ויותר בולט ראוי לשים לב להתהליך המתקדם שאנו נוקטים בתפילת שחרית של שבת:

אין ערוך לך ה' אלקינו	--- בעולם הזה
ואין זולתך מלכינו	-- לחיי העולם הבא
אפס בלתך גואלנו	-- לימות המשיח
ואין דומה לך מושיענו	-- לתחית המתים:

אין ערוך לך, זאת אומרת שאין שום דבר בעולם שיש לו ערך שיכולים לומר שהאלקות כמוהו אלא אלף אלפי אלפים ורבי רבבות פעמים יותר גדול, כי הריחוק בין הנמצא הגשמי והאלקות הוא כ"כ עצום עד שאין שום סוג ובחינה יכול לחברם לנושא אחד. למשל. האדם, בחיר הנבראים הוא רחוק מאד מן האבן הדומם שהוא הכי נמוך בסדר ההשתלשלות מ"מ יש ביניהם איזה שהוא ערך אף שביניהם קומה שלמה כי האבן הקוטב המוצב ארצה והאדם – (תהילים ח' ו') ותחסרהו מעט מאלקים וגו' – הוא הקוטב המגיע שמימה מ"מ שניהם תופסים מקום גשמי. מה שאין כן בין העולם הזה הגשמי והחומרי לאלקות יש הרחק שאי אפשר ליחסם בשום אופן כי האלקות אחרת לגמרי ולחלוטין. לכן (ישעי' נ"ה ח') לא מחשבותי מחשבותיכם – (איוב י"א ז') החקר אלקה תמצאו, וידיעה והכרה זו של **אין ערוך** נודעה להפילוספים בשם "Deism דע–איזם" [ולהבדיל דעה זו בניגוד לדעה אחרת בשם "Theism תהע–איזם"] תוכן המושג הוא שהאלקים כולו ובהחלט אחר לגמרי מן העולם והתופעות שבו.

ואם ישאל השואל איך נייחס שום פעולה לאלקים בתוך העולם וההסטוריהו התשובה היא, שזה בדרך הכאה והזזה (תהילים קי"ג ד') כי רם על כל גוים ה' -- רק 'על השמים כבודו', כי השמים גם הם רחוקים ממנו ית' בתכלית עד שכתוב (שם ו') המשפילי לראות, אפילו בשמים כמו ובארץ. וכתיב (בראשית י"ח כ"א) ארדה נא ואראה וגו' (שמות י"ט כ') וירד ה' על הר סיני, אבל באמת לאמיתו (תהילים קמ"ה ג') לגדולתו אין חקר, וכתיב (שם קמ"ד ג') מה אדם ותדעהו, ויש הרבה עדויות מן המקרא לדעה זו בתנ"ך, איך שהאלקים פורץ גדרים ומשדד מערכות.

שונה מדעה זו היא הדעה **שאין זולתך מלכינו לחיי העולם הבא**. (בדרך עבודה – אין זולתך – *איך קען אהן דיר ניט זיין* –) **אין זולתך** פי' שיש יחס כה קרוב וחזק אשר בעד האחד לא תפס השני שום מקום ולא הי' מציאות להשני כלל. ולפי פשט הפשוט בקו הזמן העולם הבא הוא העולם הבא ומתקרב בסדר הזמנים שבא אחרי גמר העוה"ז. על אותו היחס האינטימי בין עולם ובוראו כוונו חז"ל במשלם (ברכות י.) מה הקדוש

ברוך הוא מלא כל העולם אף נשמה מלאה את כל הגוף. והמושג הזה מעיד שאין לעולם קיום ומציאות לולא שמלכו של עולם מחייהו ומהווהו בכל עת ורגע ומחדש בכל יום תמיד מעשה בראשית. ודעה זו שאונקלוס מתרגם לה כל הענינים של הדעה הקודמת (בראשית י״ד ה׳) ומוירד ה׳ לראות את העיר, בא לתרגם ואתגלי, כדי שלא לתת מקום להתל בתורה בזמן שהדעה של אין זולתו גוברת. ונראה שאין הדעות האלה מכילות בתוכן כל האמת לאמיתו כי ישנן השגות אחרות בצדן. לכן נוקט עוד ב׳ דעות, אפס בלתך ומי דומה לך.

אפס בלתך גואלנו לימות המשיח, אפס בלתך מורה שחוץ ממנו ית׳ לא יש שום דבר כי הוא הכל כאשר לכל, אמת מלכנו אפס זולתו כי אני ה׳ לא שיניתי, ואתה הוא קודם שנברא העולם ואתה הוא לאחר שנברא העולם, וכתיב (ישעי׳ י״א ט׳) ומלאה הארץ דעה את ה׳ כמים לים מכסים, ואם אין מים אין ים, זאת אומרת אשר בימות המשיח תתגלה האמת שאפס חוץ ממנו ית׳ כי הכל הן הגשמי הן הרוחני בכל סדר ההשתלשלות הוא חטיבה אחת עם האלקות כמו המים והים. הדעה של ימות המשיח נקראת אצלם פאנתעהאיזם Pantheism – בחי׳ אפס בלתך:**ואין דומה לך מושיענו לתחית המתים,** זו הדעה של עולם התחי׳, העולם הכי נעלה היא הראיה בעיני בשר – גוף התחיה את הופעת האלקות בפרהסיא. לכן ׳ומי דומה לך׳ שיכולים לראות עין בעין אף שעד עתה (שם ס״ד ג׳) עין לא ראתה אלקים זולתך, על מה שיהי׳ בעולם התחי׳. כי בעיני בשר וחושים של עכשיו אי אפשר לראות ואין לנו מלים לתאר את התוארים של הגוף של עולם התחיה. אבל אז ׳יראו עינינו וישמח לבנו ותגל נפשנו׳ כי אז (שם ל׳ כ׳) לא יכנף עוד מוריך.

אף שבעלי הדעות נחלקו, זה אומר שדעה זו, שהם נוקטים בה, אמיתית ולא אחרת, מ״מ אנו מאמינים שכל עולם ועולם מסוגל לגלות אמת מיוחדת. בימי האבות הק׳ נתגלתה האמת של ׳אין ערוך אליו ית׳ כי אז אמת זו נחוצה הייתה לערער נגד אלילי כנען כמו הבעלים והאשרה, ואלילי שאר האומות והתרבויות שבימיהם.

מ״מ הלשון בו כנו מדות (תהילים ס״ח ה׳) ׳רכב בערבות׳ (שמות ט׳ ג׳) ׳יד ה׳ (דברים י״א י״ב) ׳עיני ה׳ וכו׳ אשר הרמב״ם ז״ל במורה שלו טרח להבהירם -- כי דברה תורה בלשון בני אדם ובתוארים המתארים אברי בני אדם, לשון הזה מדמים את היוצר ליצוריו, בלע״ז anthropomorphism. העולם עדיין לא הי׳ מסוגל ללשון יותר מופשטת. מה שאין כן לאחר תקופת האבות וסיום התנ״ך, בזמן התרגום (ותרגום השבעים בכלל) לא הי׳ דרך כבוד לתרגם שוב במשיגי הגוף ולכן תרגם אונקלוס במקום וירד ה׳ ואתגלי, וכו׳ וד״ל.

מה שהרמב"ם הי' שולל ממשיגי הגוף מטעם השגתו בשכלים נבדלים שאין בהם שום משיגי הגוף [וכמה שהלכו בעקביו שאמרו 'אין לו דמות הגוף ואפילו דמות של אינו-גוף גם כן אין לו', היינו שהוא ית' למעלה מעלה אף מן הרוחני – המשפילי לראות – הן בשמים – הן בארץ ששניהם השמים והארץ השפלה לגביה ית'] היו אחרים כמו הראב"ד שהשיגו עליו לומר 'רבים וכן שלמים ממנו (הרמב"ם) האמינו כי משיגי הגוף ישיגו מהשהו מאלקות'. כן העיר ר' יוסף דן שמחכמי חסידי אשכנז הבאים בסוד ה' תיארו את ה' כזקן רחמן ובעל תורה. כי אף שהרוחני שולל כל תיאור וציור הלב מתגעגע 'לראות מהרה בתפארת עוזך', 'זקנה ביום דין ובחרות ביום קרב', 'כי המשילוך ברוב חזיונות'.

סוף סוף בחמלת ה' נתגלתה הקבלה והזוהר הק', וניתן משקל שוה לספירות ופרצופים וגם ניתן תואר מגוון למלכא ולמטרוניתא מסטרא דא. ומסטרא דא שללו כל תיאור (תיקוני זוהר י"ז:) 'אבל לאו דאית צדק ידיעא דאיהו דין וכו' ולאו מכל אילן מדות כלל' עיי"ש. ואם אין לנו רשות לצייר שום דבר במחשבתנו במה יתבונן האדם בגין דאשתמודעין ביהו אם לא יהי' הבדל בין ספירה לספירה ובין עולם ועולם ומדרגה למדרגה ועידן לעידן – איך נקיים (משנה ברכות ט' ה', סוטה א' ז') 'בכל מאדך' – בכל מדה שאדם מודד מודדין לוו איך יתפלל ויעמד באהבה ויראה קדם מלכאו איך נקיים (משלי ל"א כ"ג) 'נודע בשערים בעלה' – לפום מה דמשער בליביהו

איך יהיה האדם בדבקותו בעמדה של (תהילים ט"ז ט') שויתי הוי' לנגדי תמיד אם אסור להרהר אפילו בציור האותיות שכל המקובלים מורים איך לייחד ייחודיםו אף כי אסור להגשים מ"מ עלמא עילאה ועלמא תתאה עומדים ביחס גומלין. יש העלאת מיין נוקבין (מ"ן) ובאתערותא דלתתא ממשיכין מיין דכורין (מ"ד) אתערותא דלעילא ורזא דקורבנא אפילו של בהמה גשמיית עולה עד רזא דא"ס, ומכש"כ רזא דקורבנא של 'ונשלמה פרים שפתינו' – ובימנו? קורבן כוונת הלב והזמן

בעלי הקבלה עוד הבהירו ענין זה באמרם כי העוה"ז, היינו עולם העשיה הגשמית, בבחי' אין ערוך לעת עתה אבל לעתיד לבא בזמן התחיה תתגלה האצילות (דברים י"א כ"א) כימי השמים -- על הארץ דייקא, באופן גלוי ובלשונם 'נכללת באצילות' בחי' (תהילים ה' ה') לא יגרך רע, אפילו בעוה"ז ובאמת יתגלה אז (ישעי' ס' א') 'עמך כלם צדיקים' גמורים לכן 'לעולם ירשו ארץ', כי בעולם התחיה הגוף יהי' המשפיע והנשמה תהי' בבחי' מקבל.

על עדונים ועל מזלות

ונחזור לענינינו. בזמן מזל טלה, מאברהם אבינו ע״ה עד חורבן ביהמ״ק השני היה רוב העולם בבחי׳ רשעים עובדי ע״ז במעשה, וכל העבודה שלנו היתה בעיקר בלבוש המעשה וקרבנות במקום אשר יבחר ה׳ מג׳ לבושי הנפש בבחי׳ עולם של עש״נ וכנ״ל. אבל אחרי החורבן בזמן מזל דגים ונשלמה פרים שפתינו, בחי׳ דיבורי תורה ותפילה ובזמן – היינו שנה מעש״נ כנ״ל. ותתבונן במשלו של רבי עקיבא (ברכות ס״א:) בדגים במים, – התורה. ומן החורבן עד השואה הנוראה והאיומה היה עולם היצירה מאיר בעוה״ז בבחי׳ אין זולתך ומדת הבינוני שתמיד עליו ללחום עם היצר, (בראשית כ״ה כ״ג) ולאום מלאום יאמץ, וכשזה קם זה נופל בבחי׳ מחצה על מחצה. ועכשיו אנו נכנסים לעולם של אפס בלתך גואלנו לימות המשיח, מדת צדיק שאינו גמור, שרובו טוב, בבחי׳ מחשבה ונפש מעש״נ. ובזה נראה השנוי ווסת של זמנים ועידונים יותר ברור, כי כל השאלות שיש לנו על מהות טוב ורע, מותר אסור, כו׳ כל הענינים המובאים (זוה״ק חלק ג׳ קכ״ד:) ברעיא מהימנא על עץ הדעת ועץ החיים וז״ל ואילנא דטוב ורע דאיהו איסור והיתר, טומאה וטהרה, לא שלטא על ישראל יתיר, עיי״ש. ובאגרת הקודש לבעל התניא (פ׳ כ״ו) –

אם נביט עליהם בעינא פקיחא של ׳אפס בלתך גואלנו׳ יהי׳ לנו הרבה לתקן בתיקון העולם והיהדות. כי כאשר העשיה נכללה בבריאה וע״י התקשורת אפשר שכל העולם כולו יבוא במהרה בימינו לבחי׳ (ישעי׳ י״א ט׳) ומלאה הארץ noosphere דעה את הוי׳. דעה את ה׳ – שנות דור ודור שנוי וחלוף הפרדוגמא Paradigm shift, היינו מפת הקיום מתחלפת ומשתנה בבוא תקופה חדשה. והארה בלתי רגילה עד עכשיו מתחילה להתנוצץ, ודרוש מאתנו להביא המדות שלנו להרמוניא ותיאום אל התנאים החדשים. ואף שישנם כאלה המתאבלים על סילוקה וחורבנה של התקופה שעברה מ״מ יש לנו הרבה עדים שכל הצווחות שלנו לא יחזירו את האתמול שעבר.

מה לנו להאשים את יודעי בינה לעתים המורים באצבע על מה שעבר, הם לא העבירו את העבר. אדרבא מתוך שהם מבקרים את תהליך הזמן מביטים אל העתיד ומבקשים לתקן את בדק הבית הרעוע להיות משכן ראוי להמשיך השראת השכינה.

תשובה לפי הוראות השעות

בזמן הבית

אם באמת היינו יכולים לעשות את חובותינו בביהמ"ק בהבאת קורבנות כראוי גם היום -- תתבונן נא, כמה גדול היה הרושם על הבעל תשובה בזמן הבית. תתבונן תהרהר ותסתכל בראיה פנימיית איך שעלית לרגל (דברים כ"ו ג') ובאת אל הכהן, שלקח ממך חטאתך, והתוודת לפניו, ושחט את קורבנך בדיוק באיזה מקומן של זבחים, כי לכל קורבן מקום מיוחד המעיד על סוג החטא. ואתה רואה את כבשתך חיה רגע א' וברגע מפרכסת אחרי השחיטה והיא מתה במקומך בתמורתך ותחתך בעד עוונך. אתה רואה את הכהן זורק את הדם, מפשיט את העור ומקריב את הראוי על המזבח. והכל הי' במעשה ובמקום וכו'.

ועתה אתה מביא את הציור הזה לחיות במחשבה ובחוש בהרגש פנימי -- והנך זוכר איך שעבר עליך החודש אלול שעבר -- הוי כמה חסר צבע ורושם התשובה שעשית אם תדמה אותה לתשובת השב בזמן הבית.

תשובה מימי הבינים

נא תתאר לך במחשבתך את החזיון איך שאתה נכנס לתקופת דגים ואתה נמצא עכשיו ברגנשבורג-רטישבון, מקום מושבו של רבי יהודה החסיד ובית דינו. אתה נכנס אצלם כמנודה ששמתא עליו, נעליך בידיך, ואתה מבקש רשיון להכנס ומתירים לך, ואתה מפרש להם לפני הבד"צ את אשר חטאת בשנה שעברה. והם מלקין אותך ואתה גונח 'והוא רחום יכפר עוון', ג' פעמים, לארבעים חסר אחת, ואתה מבקש שיזמינו לך אחד היודע לרפאות נפשות להשגיח על תהליך התשובה שלך, ואתה שומע את דעתם איך לסדר את תשובתך, כמה תעניות ועינויים אחרים איזה צדקות להפריש ואיזה תפילות להתפלל ואיזה פרקי תהילים להגות בהם – ואז רובא דרובא בדיבור וודוי דברים ובזמן כמה ימי גלות עליך לערוך איך להיות נע-ונד לא ליישן שתי לילות בעיר א' חוץ משבתות וימי החג אף שבביתך יש לך די והותר מתפנוקי מעדנים -- ואתה פושט יד לקבל נדבות כקבצן – פרוטה או פת קיבר ואתה ישן בהקדש.

תשובה בימינו אנו

ולאומת זה – עכשיו אתה מתבונן מה הייתה התשובה היעילה לימים אלוו לפי מה שאתה יודע בעצמך איך אתה צריך לעשות תשובה בגופך באכילה ושתיה איך לטהר את גופך משומן ודמים זרים ודברים שאכלת ושתית שהניחו בתוך בשרך אשפות רעל, הבט בראי על כל גופך

ואדרבה אתה תגיד מה אתה רואה האם אתה בגופך בצלמו ית׳, ובאם לא, יש לך מה שצריכים לתקן בתענית (לא כ״כ לשם עינוי נפש אלא כדי להוציא הרעל והאשפה מגופך).

ומה במעשיך צריך תיקונו יש לבדוק יחסים עם קרוביך ובני ביתך וגם עם אלה שעובדים איתך (למשל אתה פקיד באיזה משרד ובכל יום באים בצרכים ותלונות לא צודקות ועליך לעזור לקיים (ויקרא י״ט י״ח) ואהבת לרעך, (שם י״ז) ולא תעמוד על דם רעך וכו׳ ולהיות מצוי להם כי יש בינהם כמה מדוכאים ביסורים של משפחה או חולי או חוסר אונים אקונומי (כלכלי). האם אתה כפרעה הכבדת לבבך וכו׳ וכו׳ו)

ועם מי אתה עושה את חשבונדו האם יש לך חבר טוב, כמה אומלל אתה שאין לך ריע כראוי שיברר לך תוארך האמיתי עכשיו. ואתה יושב לבדך שעה ארוכה ומביט בתוך המחשבות המשוטטות בדעתך כמה מהן של טענות ותלונות ואשליה ויאוש, חרון אף ותסכול. אין הן מחשבות זרות אלא מי כבושין בהם נכבשת תודעתך יומם ולילה עד שהיא כולה חמוצה ומרה ממחשבות ותחושות רעות! ומה לעשות עם מקיף קרוב כה אי נוח המזמין חולי ורוגזו

ואתה מעיין בתפילתך איך שהדברים נאמרים דרך כלל מן השפה ולחוץ, חוץ מאנחות שאתה מוציא מפעם לפעם כשאתה שם לב על מצבך. ואפילו אם אתה רוצה לצאת חובתך בתפילתך אבל האם ׳שיוית הוי׳ לנגדך׳, האם נתת שבח על הטוב בחיידו האם באמת הבאת את צורכך המרובים אליו ית׳ באמונה ובטחון כי שומע ועוזר ועונה לחש - האם ישבת בשקט לשמוע את המענה הבאה בבת-קול הדממה הדקה. ומה עם אותה התכונה שכל ימיך אתה מתאבק עמה, כי לכל בריאה יש כמו מום וחסרון אשר בחסדי ה׳ ניתן לנו לבררו לטוב ולמוטב, בדוגמת אבן *אופאל* opal שמראיה תלויה באור הבוקע בה, באיזה אור נראית או כאבן הדיוט סתם אשר בה כמה פגמים, או כשהאור מתנוצץ ומבריק בה ומראה זיקי אדום ירוק וכחול, כך המידה הטובה היא ג״כ אותה שמאבדת אותך ואיך תפטר ממה שבתוך תכונת נפשדו

ומה עם הרעבון שיש בנשמתך לחלקי חיים שלא נהנת מהם כדי שביעהו ומה עם הרעבון לאלוקות טהורה לתורה - לזיו אורו ית׳ אשר בלעדיו אתה כגולם מלאכותי עושה מצות אנשים מלומדה. מה עם התכלית אשר למלאות אותה נתגלגלת שוב בתוך גוף וחייסו מה עם אותה התכלית הנושכת בך שקטות בחדרי לבך ואינך חי למענה. הוי מי יעזורו ומי יועיל, ולוואי שהי׳ קורבן מכפר או בד״צ של רופאי נפשות הגוזר עליך תשובתך! איך תתקן את עולמדו וזה רק בעניני חייך הפרטיים.

מאידך, התבל עומד על סף אבדן מטעם כח הגרעין, והחידקין והכימי' חוץ מכלי המשחית והחבלה הרגילים. אין שלום בארץ ואפשר מטעם איזה עילה וסיבה, שמץ שאנו חייבים עליו, ומה עשית בעד השלומו ומה עשית שלא להשחית את הסביבה והמים והאוירו ועם חיי משפחתך כמה מן החיים היום יומיים רגיזים או שבעיסו ואיך אתה כְּאַב או אםו זכור נא כמה פעמים היו לך תרעומות על הוריך אתה, הנח להם כי לא ידעו יותר – אבל אתה החש ומרגיש!

ואיך אתה מקיים את (דברים ו' ז') ושננתם לבנך, וכבוד אב ואם, ושלום ביתו ובעשותך חשבון צדק ע"ז נראה כי אין שום אופן שבו תוכל להביא תקון לחייך – (דברים ל' ד') ואם יהי' נדחך בקצה השמים, תתפלל מן הלב – לא מן הסדור – משם יקבצך, ואם תניחהו להראות לך מה דרוש תיקון – (שבת פ"ט:) לא בסבי טעמא,

ולכן כשאתה מביט על תופסי התורה וחייהם ג"כ לא תקינים תראה שאין הדבר תלוי בשובנו לאיזה עבר אבל תלוי ברפואת הגוף באופן חילוני–ופשוט, מה שצריך תיקון אינו כ"כ תלוי איך אתה מבטא ע' או א' בק"ש, אלא בתיקון פשוט ובשינוי ה'אני' שלך ודרכיו ואף שהמשיח עדיין לא בא, העולם שבראו הוא ית' שחותמו אמת אינו משקר – המתקן את חייו רואה בעצמו איך שחייו משתכללין בדברים פשוטים. כמה טוב הי' להתקבץ יחד לכה"פ פ"א בשבוע עם חברים העובדים בתיקון מדותיהם ולהתועד ולעשות אימונים לשיפור חייהם. בא וראה פה, אתה רואה איך התקופות עברו וכל א' יש לה כלי זיינה, וכלי זיַין שלנו עדיין לא מתוקנים לנו – וחבל חבל שכלי הזיין של העבר לבד זאת כי אסור להביא קורבן גשמי היום אלא עוד אינם פועלים את פעולתם כי אנו בהתחלת תקופה חדשה ואין לנו דגמאות חיות איך לעשות ולתקן את חיינו ולכן דרוש יבנה ב'.

וחכמת נשים (משלי י"ד א') שהייתה בזויה עד עתה צריכה להשתמע [אפשר צריכים לקרות עכשיו קול באשה ער–ו"ה שנתעורר הוי"ו ה"ה של השם הקדוש על ידן] וביחד עם ידיעות הגברים התבונה הטבעית של הנשים אשר (שמות א' י"ט) חיות הנה יותר, (ועיין גמ' סוטה ל"ה:) [עם ו' ההיפוך הפעולה התדירה מחכמת הגברים אשר חיים בעבר ועתיד פשוט ונפסקה הפעולה] כי הבינה היתירה שנתנה באשה יותר מבאיש היא הרואה את הנולד – דהיינו, עבור לידה ויניקה, מה שא"כ האב שיש לו רגע של תענוג ושוב אין בו מהתהליך של הבאת חיים לעולם וד"ל. *(ויש מהבלשנים שמורים כי טבע תודעת הנשים היא בדרך תדירי – durative ולכן דורשות **אהבת עולם** ותודעת גברים דרך כלל כנקודה לרגע בלבד – punctive – **אהבה רבה**)*

והרבה, הרבה צריכים לתקן בענינים אלו (עיין בכמה תורות בפנים בקונטרס שמח תשמח.) ומי שאומר שאי אפשר לתקן מקטני האמונה הוא, כי בזה"ז של אפס בלתך גואלנו וצריכים להאמין כי אין עוד מלבדו וחושב מחשבות בל ידח ממנו נדח, אבל לחזור לעבר לא יועיל לנו. למשל, הנהג שנוהג את מכוניתו ע"י הבטה בראי המראה מה מאחוריו בוודאי שיכשל וינזק ויפסיד. ולכן מאד מאד רצוי להבין את חילוף הזמנים ושינוי העיתים ולא בעבר היא שתאמר מי יחזור לנו לשנות הב"י והרמ"א להביא לנו תורה משם (דברים ל' י"ד) כי קרוב אליך הדבר מאד, (תהילים צ"ב ו') מאד עמקו מחשבותיך, בעומק הרוה"ק שיש בחלק אלוק לכל נשמה בעולם – אתה יודע – בפיך ובלבבך לעשותו בזה"ז.

אם אתה רציני ודברי עוררו בך כמה רעיונות שכבר חשבתם לקרא כמה מיודעי העיתים בחכמת העתידות. (יש כמה מהספרים באנגלית הדנים בענינים אלו של (futurology) ונחזור לענינגו.

האם אמת א' באה וסתרה אמת שני' ח"ו כי התודעה מתגברת ומתרבה אף שבצדק יש להחליט שאנו שפלים יותר. ואפשר שבימנו אלו נתעשרנו בקומפליקציות ומפת היקום שהיתה לנו מקודם מסובכת היא ואינה יעילה עוד. אנו נתגלגלנו לגלגול זה – כי יש בירורים שלא באו לידי תיקונם בדורות שעברו. בכל פעם מתוך עפרות חורבן א' עולה צמיחה חדשה שבה מתלבש, מה שמרן הרב הרי"א קוק נ"ע כנה אור הגאולה.

ואנו עומדים על סף ימות המשיח של האפס בלתך, ונחוץ לנו יבנה ב' למצוא דרכים איך להמשיך את עבודתנו כעם (שמות י"ט ו') סגולה וממלכת הכהנים, על כדור הארץ התולה על בלימת כח הגרעין. יש עוד מילין לאלקה בענין, וברצות ה' אאריך את הכתיבה בזה כי אנו סחופים ודווים מחורבן השואה ומשינוי ווסתות העולם ואין לנו כלים לקבל את הבת-קול – הפרוטוגרמה החדשה של (שם ל"ד י"א) אשר אנכי מצווך היום, אם לא נשים לב גם לימות עולם, איזה עולם אנו בו ושנות – השינויים של דור ודור. אלה הנימוקים אשר מאחורי פרגוד הספר, הם מצע קצר של מפת הקיום שאני מתמצא בו. במקום אחר כתבתי על Psycho-Halakhic Process הגישה לתהליך ההלכה והמסוגל להיות שער לכרם ביבנה–ב'.

יְהִי שֵׁם יְהוָ"ה מְבֹרָךְ מֵעַתָּה וְעַד עוֹלָם: (תהילים פרק קי"ג ב')

כי יש הרבה פסוקים שמורים על ענין השם, ואנו מדקדקים שלא יהי ח"ו חילול השם, ואדרבא העיקר לקדש שם שמים ברבים, ובימינו אלו נמצא שם שמים מחולל בין המון העם ובמיוחד ע"י תופסי הדתות מבני

ברית ויותר משאינם בני ברית, שרוצים להרחיב גבול שליטתם ע״י אלימות וכפיה דתית על הנלווים אליהם.

ונתדלדלה הכוונה בתפלה שרוב העולם רואה בה מין טכס שאין בו מן הדבקות להבורא אלא אם נותנים איזה ערך לפולחן אומרעם שבו רק תועלת ומשמעות פסיכולוגית וחברתית בלבד.

בין אנשי המדע הדתית קשה למצוא מי שהוא באמת מאמין בנוכחיות האלהי״ם שהוא בפועל ושהוא ית׳ באמת שומע תפילת כל פה. אף ושמעודדים לקהל לבוא לבתי התפילה אין בהם אוירה של שויתי יהו״ה לנגדי (תהילים ט״ז ח׳) בחינת בבית אלהי״ם נהלך ברגש (שם נ״ה ט״ו) הם מדגישים שבתפילה יש מן הכח הפסיכולוגי והחברתי ושוב באמת לא פועלת התפילה לשנות מה שהוא, לשנות גזרות, אף שבמחזורים שלהם מצהירים כי תשובה ותפילה וצדקה מעבירים את רוע הגזרה.

ונראה שחסרה האמונה מעיני העדה, הם הזקנים מאירי עיני העם (תענית כ״ד. רש״י שם), ובאמת היתה להרבה מן העם אמונות טפלות שאין בהם מן השכל הישר. ועל השלב השני הבא אחרי עזיבת אמונה טפלה לא עלו. כי כל זמן שהאדם מתעצם להכנס ברצון עצמו היינו ה ego שלו בודאו, תולה את ענין האמונה רק על רצונו כאילו הוא המאמין בעיקר. אבל מי שמאמין באמת תולה את האמונה בחסדי השם כי לא תמנו (איכה ג׳ כ״ב) כמתנת חנם. וכאשר מרגיש זאת מכניס את הבטחון שלו לתוך האמונה ובזה מחזיק את האמונה. וכמו שהחסיד שאל את רבו ר׳ משה ז״ל מקוברין אם זה ישר שיאמר הלואי שאני מאמין, שתלה את אמונתו על רצון ה׳, כי בעצמו לא היה יכול לומר שמאמין באמונה שלמה, שהכרת האמונה צומחת מהכרת הטובה שחנן אותנו ה׳. מודה אני לפניך מביא – לרבה אמונתך (איכה ג׳ כ״ג).

וכן מתפללים ׳המחזיר שכינתו לציון׳ – ציון היינו נקודת האמונה שבלב, שמחזיר הקב״ה שכינתו לציון ולכן מודים אנחנו לך. כי הכרת הטובה ורגש ההודאה מביא להשכין את השכינה בנקודת הלב.

ובאמת לאמיתו אנו תמיד בדבקות עם הבורא, כי העובדא שאנו קיימים מראה לא לבד שכח הפועל ית׳ בנפעל אלא גם המציאות הוא ית׳ ממציא תמיד בתמידות (ולכן היות שזה בתמידות אין אנו מרגישים זאת) וצריכים להפעיל את הדעת להכיר זאת. ומכמה טעמים קשה על הדעת לבא לאותה ההכרה.

א. ההסכם החברתי רחוק מאד מחווית שויתי ה׳ לנגדי כו׳.

ב. גלות השכינה. יש מבטא חז״ל ׳מוסיף כח בפמליא של מעלה׳ (זו״ח מדרש רות – מאמר גדול כח ברכת המזון) . הפמליא שלמעלה דלה ועניה מאד מאיזה אנרגיא – אותו הכח שבני האדם מעניקים לה. ואף

שמקיימים מצוות אם אין כוונתם לבנין המלכות וצורך גבוה אינם מעודדים אותה. ולכן צריכים אנו לדאוג להוסיף כח לשם יהו"ה להקים את השכינה שנקראת כנסת ישראל (ע"פ זוה"ק ח"ג קצ"ז:) משפלותה.

בשעה שהיה המצב לבני ישראל ירוד אחר מעשה המרגלים התפלל מרע"ה ועתה יגדל נא כח יהו"ה (במדבר י"ד י"ז) כי המרגלים דברו על תשות כח ה' באמרם לא נוכל לעלות אל העם כי חזק הוא ממנו (במדבר י"ג ל"א) ודרשו חז"ל חזק הוא ממנו – כלפי מעלה (ית') אמרו (במדבר רבה ט"ז י"א). וכדי להגדיל את כח ה' אנו מתפללים יתגדל ויתקדש שמיה רבא.

ואלה שאינם מאמינים שהשי"ת שומע תפילה אין להם מושג מה זה בחי' ה'שם' (שבו כח ואנרגיא חוץ מהיות איזה תואר מילולי) והענין הוא אשר בדרך כלל גם אין שמים לב על מושג אתערותא דלתתא ויחסו לארערותא דלעילא.

המקובלים ז"ל הבינו את ענין השמות כדרכם, והורו לנו איך לשלב את כוחות השמות וליחדם. ולפי דרכם אנו אומרים לשם יחוד קודשא בריך הוא ושכינתיה (תקוני זוה"ק קל"ב:) כדי להכניס את הכוונה והכח לתוך אוצר המלך כדי לפרנס את הפרצופים אבא ואמא.

ולכן נתבונן נא מה התוכן בענין השם כאילו הוא ושמו יתברך אחד.

למה אינם נענים בתפילתם משום שאין מתפללים בשם, דהא כתיב יקראני ואענהו (תהילים צ"א ט"ו) ולמהו כי ידע שמי (שם י"ד) לכן אחלצהו ואשגבהו.

ובזה נכנס נא להבין מה זה 'שם' מה זה 'זכר' מה זה 'כבוד' ומה זה 'קדוש" ומתוך הבנה זו נוכל קצת להבין למה המושג 'צורך גבוה' מרמז.

אין לנו צורך בשם אם אנו תמיד בבדידות. אבל אם אני רוצה להיות ביחס עם מי שהוא אזי אני צריך לדעת את שמו של שותפי בדו–שיח והוא זקוק ג"כ לדעת את שמי. אם אני יודע מה שמו אני יכול לקרא לו ולהזמינו.

קודם שבא לצמצום הראשון היה הוא ושמו ית' אחד (מדרש הנעלם – בראשית – מאמר בריאת העולם) כי לא היה שום אחר במציאות. אבל אחר הבריאה היה צורך לכל בעל חי להקרא בשם. כי החיות הפרטי כבר בא לאיזה פורמולא.

ואם אנו אומרים שיש כמו תוכנית שמגביל את הנמצא שיהי כך וכך DNA like שזהו חוק חייו של הנמצא יש לנו קצת הבנה מה זה שם.

חוק החיים של התבל יש לו ג"כ מקום להתקשר אליו וזה מה שאנו מתארים 'רבונו של עולם'. המסורת שלנו מתחילה כבר בימי אברהם אבינו כי מלכי צדק מתאר את האלהי"ם בשם 'א"ל עליון' (בראשית י"ד י"ט) ואברהם עונה לו 'היו"ה אל עליון'.

השביל הזה של מאמין אל ה' כבר סלולה לנו מהרבה דורות ויש לו שדה שקוראים morpho-genetic field שיש לו ממשות.

הבט נא בתוך הסידורים והמחזורים ותמצא הרבה תוארים של ה' שעזרו לדורות בעבר, 'המשילוך ברוב חזיונות – הנך אחד בכל דמיונות' (נוסח שיר הכבוד).

התפילה

המתפלל אל השי"ת צריך להאמין אשר יש עילה ראשונה הקיים הנצחי, והוא מקור כל השלמות, וברא כל העולמות בעת שעלה ברצונו. גם אחר שבראם והמציאם יש מאין ואפס המוחלט, לא עזב הנהגתם לשום מלאך ומזל, כי אם הוא המחיה ומנהיג את כל הנבראים, מרום עליון ועד עומק התחתון, בלא שיעור שום דבר. ובידיעתו כילל את כולם, והוא יחיד לבדו ומושל על כל השרים ועל כל המזלות ועל כל הטבעיות, והם כולם מתקיימים ועושים פעולתם ע"י כחו, כי הוא האלהי"ם בעל הכחות כולם (עיין ש"ע או"ח ה' א'). וכשהוא רוצה הוא משנה את תפקידם, ואין בידם או ביד זולתם לעזור או להזיק, כ"א כולם תלויים ברצונו והשגחתו ויכלתו ודעתו, אשר הוא שומע בקשת ותפלת כל פה המתפלל אליו, ויודע כל מחשבות לבם וכליותיהם, ומשגיח ושוקל כל מעשי כל אחד על פי הי"ג מדות אשר לו. ולו הגדולה והגבורה והכל לאשר כל הי"ג מדות ושרשי עיקרים נכללים בענין מה שבני ישראל מתפללים אליו ומשעבדים את לבם לאביהם שבשמים, מפני שהוא ראשון ואחרון ונצחי ויחיד ומשגיח וגומל טוב למי ששומר מצוותיו ומעניש לעוברים על מצוותיו.

שער העבודה

ההשפעה והתפילה נכנסים ויוצאים באותו השער.

וכמאמר המורה עקהארט שהעין בו ה' רואה אותי, אותו העין היא אשר ה' נראה לי בה. וכן בתפילה באופן שהוא אחד ואין שני – מוניסתי שאינה יוצאת החוצה אלה דרך פנימית שבפנימית.

להכנה לתפילת השחר (מחוק לישראל דברים א' יום ו' מוסר מספר

חסידים סי' קנ"ה

כשאתה עומד משנתך (משלי ו' כ"ב) והקיצות והיא תשיחך, ובפותך עיניך תשים אל ליבך מלאכתך וצורכך וקודם לתקנתך יראת ה, וכתיב (משלי א' ז') יראת ה' ראשית דעת, כיצד איש יוצא מבית האסורים חייב להודות לקב"ה אין לך חבוש יותר מן הישן. לכן צריך אתה לברך לקב"ה על מה שלא הי' בך יכולת קודם לכן ולא הי' בך ממשלה בגופך, וברכהו על כל אבר ואבר שהי' נקשר עתה ופתחתם לעשות צרכיך בהם, ועל הידים שהיו בהתחלה בחזקת טומאה ועוד שרוח הטומאה שורה עליהם, ויען שלא תנזק תטול ידיך וכן לא ישים ידיו על עיניו עד שירחצם, ותיקנו חכמים ברכה על כל אחת ואחת כתקנה. ומעשה בחסיד א' שהי' מברך על כל אבר ואבר ומקרא מסעייו (תהילים פ"ד ג') לבי ובשרי ירננו אל א"ל חי, וכתוב (שם ל"ה י') כל עצמותי תאמרנה ה' מי כמוך, והי' מתפלל על כל אברים שנבראו בו שיברכו למי שבראם לכבודו ושלא לחטא לו בהם, לפי שהקב"ה נותן בלב טובים שלא לחטוא לו שאין מגלגלין חטא על ידו שנאמר (משלי י"ב י"א) לא יאונה לצדיק כל און.

בענין יחודא תתאה ועילאה

כל התפילות וכל הלימוד תורה שלנו הכל נמצא רק בענין יחודא תתאה וכן בהנוגע לתיקון עולם הכל בבחי' יחודא תתאה. כי ביחודא עילאה אין מי שמיחד ופועל.

והעבודה בזמן הזה בעיקר היא להבריא את פני התבל ולהצילה מכליה ח"ו. ומזה מוכח אשר העבודה הפנימית בהתבוננות היא להדריך את המחשבה הפנימית להכר כי כל מה שיש בתוך הרבוי בא מטעם שם צבאו"ת, וזה ממש אלהו"ת בפרצוף גשמי.

ב"ה ערב ר"ח מנ"א התשמ"ג – (בבדידות במוסד לאמא)

שער התפילה

יחוד **ה**שם **ו**דבקות **ה**נשמה –

אשר **ה**עיקר **י**היה **ה**שתנות –

שיפעלו **ד**ברי **י**הודי –

בהתפללו לפניו ית' על חיו ופעולותיו. ת"ל יש לנו בידינו סדורים אשר בהם כותרות על כל חלקי התפילה בתפילת השחר שבהם מיצגים באיזו עולם התפילה מתקיימת. ותראה שברכות השחר והקורבנות המה בעולם העשיה וכך נקראים תפילת העשיה, ופסוקי דזמרה מצוינים כתפילת היצירה, קריאת שמע וברכותיה עד גאל ישראל תפילת הבריאה, והעמידה תפילת האצילות. התחנונים אחרי העמידה נקראים שארית

האצילות, ומכאן מאשרי ובא לציון עד הגמר נקראת ירידת השפע. זה מראה את תהליך התפילה לפי הקבלה.

רבי יעקב עמדין ז״ל תיאר את תהליך התפילה ככניסה בבית המקדש המתחילה מן החוץ והעמידה היא בדוגמת ביקור בהיכל קה״ק. לכן ברור לנו שמפרשי התפילות מבארים את הפסוק (בראשית כ״ח י״ב) והנה סלם מוצב ארצה וראשו מגיע השמימה, מדברים על התפילה, ומלאכי אלקים עולים, וקוראין לזה העלת מיין נוקבין (מ״ן) – אתערותא דלתתא ואח״כ ויורדים בו, היינו המשכת מיין דכורין (מ״ד) אתערותא דלעילא. ולפי התיקוני זהר (דף כ״ז:) גם מציינים את האות וא״ו כסולם ועולים ויורדים בו היינו ב–וי״ו (כי יש וְ למטה בחיריק – נקודת נצח, ויש וּ במלאופום נקודת יסוד, וגם וֹ נקודת תפארת) והם כנגד כבדא ולבא ומוחא, תלת שליטין. ויחלוֹם היינו שהגביה את הנקודה שהיתה בנה״י לחג״ת ויותר לכח״ב – שהעלה את הנקודה משפל מצבה לרום המעלות, נקודת חולם.

והנה הדורש דרכי תפלה לעצמו ימצא הרבה חומר על מהות התפילה, מעלת וערך התפילה, השתלשלות דברי הימים של התפילה, הנוסחאות, וכוונות התפילה עוזרים ללמוד תוכן התפילות אבל תהליך התפילה בזמן הזה לא כל כך בנקל למצא חומר על ההכנות הפנימיות לעבודה שבלב, היינו חומר, איך שיכול בעל הבית, בעל מלאכה – בעל עסק – מי שצריך להרויח להספקת משפחתו, וטרוד בעסקו כל היום –– איך להכנס להיכל התפילה כדי שתהא פעילית לטובה בחייו.

מניין אני שואב לי ידיעות בענין הזהו פעם כשהייתי עוד בחור בישיבת תומכי תמימים ליובאוויץ, ובלילה בהתועדות ישבו קשישי החסידים ובתוכם המשפיעים רבי שמואל ז״ל לעוויטאן, רבי ישראל ז״ל דזשייקאבסאהן ור׳ אברהם פאריז ז״ל סביב השולחן – עליו היו בקבוק י״ש וגם קצת *״פארבייסן״* ודברו מעניני דיומא ור״ש ז״ל התאונן על הבחורים שאינם מתפללים כראוי בהתעוררות ובאריכות.

אזרתי מותני בחוצפה, לקחתי לי כוס מלא י״ש ואחרו ה׳לחיים׳ שאלתי אותם מה אתם טוענים נגדנו אם אינכם מגלים לנו מה שמתרחש בתודעתכם ובהרגשותיכם כשאתם מתפללים, הן אמת שאתם מלמדים לנו דא״ח ומסבירים לנו את התוכן היטב אבל החויה הפנימית שלכם זרה לנו לגמרי!

נו! כעסו עלי על החוצפה שלי לדרוש מהם שיגלו דברים טמירין מתודעתם. אבל אני בשלי עד שר׳ אברהם פריז ז״ל אמר שצודקים דבריי *״ער איז דאך פארט גערעכט!״* – אז פנו אליו ואמרו *״ אויב אזוי טא*

זאג־זשע דו״ כלומר (בבא מציעא פ״ג:) קריינו דאגרתא להוי פרוונקא, עליך להגיד להם.

ר׳ אברהם מילא כוסו, כוס גדול, שתה והתחיל מתוך הלגימה וה׳לחיים׳ לדבר בהתלהבות מברכות השחר עד שבא לגאל ישראל – ואמר ומה שביני לבינו ית׳ עוד לא אגיד *״דאס איז מיינס מיט דעם אויבערשטען אלליין״*

חבל שאין לי זכרון מילולי למסור את דבריו כנתינתן, אבל דבריו שיצאו מלבו אז בקעו תוך לבי וכל ימי חיי עומדים מאחורי פרגוד תודעתי כשאני פונה להתפלל. ומה שתמצאו פה בכתובים נזרע בדבריו אז ועשה פרות דרך נסיוני וחוויותי ע״י לימודי בפסיכולוגיה, עבודה פנימית בהתבוננות ושאר דרכי העבודה שלמדתי מדרכי עבודה פנימיית שונים.

בימים אלה – (אחרי השואה, בה עלו על המוקד רחמנא לצלן מענקי הרוח כמו הרבי מפיאסעצנא הי״ד, ור׳ הלל צייטלין ושאר קדושי עליון הי״ד) ואנו כיתומים, נגלו אלינו הרבה דרכים למדיטטציא שאינם נובעים ממקור מסורתנו, ואף על פי שבאמת יש בהם ממשות רבה וכולם אהובים ויעילים וכמות גדולה של בני עמנו משתמשים בהם –– חסר להם הקשר לתפילה רגילה.

מי שיכיר מה שיש במכמני התפילה שלנו שהָיינו אנו באמת מן הנאורים ביותר במקצוע זו – ממלכת כהנים וגוי קדוש – בשנים של המאה האחרונה נתדלדלה בינינו הידיעה הרחבה. ועוד, שנוי תנאי חיינו הביאו לידי כך שהמדטציא המלוטשת והחדה הייתה בדרך כלל בעד יושבי אוהל, שתורתן אומנתן. בעדם הכינו סדורים כמו סידורו של הרש״ש נ״ע (רבי שלום שרעבי ז״ל) המסודר על אדני־פז קבלת האר״י הקדוש שזה למעלה מיכולתנו היום. עוד כמה זמן יכולים אנו להקדיש בחיי היום–יומיים וד״ל.

קשה מאד לאנשים כערכינו להקדיש לתפילה אותו הזמן הנחוץ לאתהפכא חשוכא לנהורא. כאשר אנו שואלים את תופסי התורה, הם בדרך כלל נותנים לנו סדר איך לצאת ידי חובתנו בתפילה בעקימת שפתים לבד. אבל אם נכון הדבר שיצאנו ידי חובתנו אבל לא חשנו קרבת אלקים בחיינו, אז אם אין לנו סיפוק הנפש מתפילה כזאת לא תתקיים באופן כה חזק שנוכל להתגבר על כל מניעות ועיכובים המסיתים אותנו גם מעקימת שפתים של מצות אנשים מלומדה. אם אין לנו תחושה של קדושה והשראה יסכרו בנפשנו מעינות עומק הגעגועים ומתוך טמטום המוח והלב, בשעמום של הרוח נאבד את הרצון לדרוש את השם. כי באמירה בעלמא, אף שיצאנו ידי חובתנו לא יצאנו ממצרים, המצרים והגבולים של אנוכיותנו וטרדתנו. לכן דרושים לנו עצות טובות ואלה נבנו על רקע הבא:

לפני איזה מצוה אנו מכריזין שהיא לשם יחוד קודשא בריך הוא ושכינתיה ליחדא שם י״ה בו״ה ביחודא שלים בשם כל ישראל, וידוע שהשם הנורא אינו תואר של מוסכמות. אלא כל אות מהשם הנורא מורה על עולם/מימד אחר.

י

ה

ו

ה

הה״ה אחרונה של השם הקדוש מורה על עולם המעשה – העשיה/עולם הזה אשר בו אנו פועלים את פעולתנו בחיי היום יום, The world of behavior.

ובעולם הזה אין ערוך לך ה׳ אלקינו, בו נמצאים הכחות הרוחניים הנקראים אופני העשיה, בו מאירים הספירות התחתונות – נצח הוד יסוד ומלכות, העולם הזה הוא עולמם של ברכות השחר.

העולם שם מאיר אות וי״ו של השם נקרא בין המקובלים עולם היצירה, עולם הדיבור, העולם שלפי הבנתנו התחושות, אהבה ויראה, חיבה ושנאה .The world of feelings and affect

לא כל התחושות נכרים בדעתנו. ישנם תחושות שהם נעלמים בתת מודע, משם עולים היצרים והציורים המגרים ככח הפועל בתוך הנפעל – הדעת והמעשים. משם גם כן מכים בנו צורות ופרצופים שמקורם נעלם עוד עמוק יותר Archetypes המקיפים את הדעת והתחושות. הם מתלבשים בתוך החיים עד שאנו אומרים אין זולתך מלכנו. כל הנעשה אי אפשר שיֵעָשה זולת המניעים הבאים מעולם החיות – הכחות הרוחניים הנקראים בשם חיות הקודש, פני שור ואריה ונשר ופני אדם. בעולם ההוא מאירים הספירות האמצעיות חסד וגבורה ותפארת. והעולם ההוא עולם הדיבור מקומם של פסוקי דזמרה – הללוהו כל מלאכיו הללוהו כל צבאיו.

עולם ה–ה״ה, העולם שלמעלה מעולם היצירה, עליונה נקרא בין המקובלים עולם הבריאה, עולם המחשבה עולם האם העליונה, עולם הכסא, השרפים האומרים קדוש, קדוש, קדוש –– השכלים הנבדלים. כל מחשבה פנימית, מפת המציאות של קיום העולם, עולם העקרים המניעים את חיינו. הוא העולם של ברכות קריאת שמע והיחוד של שמע והגאולה בתפילה. – אפס בלתך גואלנו – כי אנו מעידים שהוא אחד ואין שני ואפילו ביחוד הזה המתפלל אינו שני לו ית׳ אלא נכלל הוא באחד ביחודא עילאה, ולכל הפחות בברוך שם כבוד מלכותו לעולם ועד ביחודא תתאה.

למעלה ממנו עולם אות יו"ד , הנקודה, עולם נקרא בין המקובלים **עולם האצילות**, עולם תפילת העמידה, עולם שכולו טוב, (תהילים ה' ה') לא יגרך רע, כולו אלקות, רשות היחיד, בו אין שום תודעה חוץ ממנו, אין שם שום דיבור (תהילים ס' ב') לך דמיה תהילה. שם למעלה אפילו מן המחשבה רק הוי' פשוטה. (ויש גם לעילא ולעילא קוצו של יוד העולה עד – עד למעלה מכל ידיעה – חגיגה י"ג. ובמופלא ממך כו') באמת אין לנו מה לדבר שם אם הוא ית' אינו פותח לנו את השפתים אז פי לא יכול להגיד תהילתך. אילו היינו באמת במדרגה הראויה לאותו עולם לא היינו מתפללים כלל אלא מטעם חסדו ניתן לנו לספר בשבחו של הקב"ה ולבקש (בימי החול) את צרכינו.

כשגומרים את העמידה ונסוגים אחור בג' פסיעות אין אנו נפטרים מיד מעולם האצילות אלא שוהים שם קצת **בשארית האצילות** – כי באור אותה הקדושה כל פגם נראה בולט ואנו מתחננים בווידוי דברים ומבקשים עזרנו אלהי ישענו על דבר כבוד שמך, והצילנו וכפר על חטאותינו למען שמך. ביום ב' וה', ימי בית דין, קוראים בתורה ואחרי כן, באשרי ובא-לציון עושים צינור **לירידת השפע**. כי למה מתפללים ואיננו נעניםו יכול להיות כי ממהרים לצאת מהיכל התפילה עד שכל השפע שרחשנו בעליה איננו מורידים אותו למטה מעשרה טפחים לעולם העשיה.

כאשר אנו חושבים על ענין עולמות, מעלה/מטה כאילו אנו מדברים על מימד – דימענסיה בבחי' מקום עלולים לטעות. אין זה שיש עולמות שהם למעלה או למטה במובן שטחי או גשמי של ו' קצוות -- אלא א' למעלה מחברו בעדינות, באופן ריטוט רוחני כביכול שיש רצוא ושוב vibration זה במהירות וזה מה שבעולמות 'עליונים' יש להם בחי' אלף שנים שלהם כיום אתמול אצלנו אפילו כהרף עין, ולמשל בשירת השרפים כל 'קדוש' נמשך לאלפיים שנה. וגם להפך שבסקירה אחת מקיף מבטו של הקב"ה את כל היקום. (אדון עולם אשר מָלַךְ בטרם כל יציר נברא -- זה העבר לגבי הבורא והבריאה -- ואחרי ככלות הכל לבדו ימלוך נורא -- זה העתיד. אבל לעת נעשה בחפצו כל אזי מֶלֶךְ שמו נקרא -- שזה ההווה של הבורא, ובין מָלַךְ לִימלוֹך רק הרף עין)

ובאמת אין כאן פירוד וריחוק במובן מקום שטחי כי בעולם שאנו נמצאים בו נמצא בהתלבשות בבחינת ממלא כל עלמין כל שיעור הקומה עד למעלה ראש ובענין סובב כל עלמין מעלה ומטה שווין.

אבל היות שאנו צריכים להכנס בחלל הפנימי בבחי' 'את העולם נתן בלבו' בתוך כח הדמיון – חוש הציור, קבלנו אשר (תהילים כ"ד ז') שאו שערים ראשיכם ושאו פתחי עולם --- ויבא מלך הכבוד, שהשער הוא ההשערה (זוה"ק חלק א' דף ק"ג:) לפום מה דמשער בלביה – ואף (תיקוני

זוהר י"ז.) דלית מחשבה תפיסא ביה, נתפס איהו ברעותא דלבא – יכולים אנו באותו החלל הפנימי ל'עלות' בסולם בבחי' עולים ויורדים בו.

יש דרך ישר בו יכולים להכנס אל תוך אותו החלל, וזו גם עצה פעילה לתהליך התפילה והיא:

עצום עיניך -- ותצייר לך כאילו יש קו בתוך הגולגולת שלך ממקום ה'בין עיניך' של תפילין של ראש עד מקומו של הקשר למעלה מן העורף. ושוב קו שני בין הצדעים ובמקום שנפגשים הקווים שם תצייר לך מעמד תודעתך. משם אתה יכול לראות מבפנים את הפָנים שאתה פונה החוצה. שוב תצייר לך שבמקום הקשר נמצא המשכיל את כח השכל, השי"ת, בבחי' (תהילים צ"ד ח') בינו בוערים בעם – **המלמד אדם דעת.**

עכשו תוכל בנקודת דעתך לבקר כל הגוף שלך בהרגש מלא להיות ברגל ובלב ובכליות. וגם תוכל לעלות למעלה עד מקום הראיה הפנימית 'בין עינך', כאילו יש לך עין שלישית ולראש הקדקוד ולמעלה ממנו. כשתתרגל בזה תראה איך יכולים לעלות אפילו למעלה מן הראש למקום תחושת נפש ורוח ונשמה. (וטוב שיהיה לך מורה דרך לענין הזה או לכל הפחות חבר טוב ונאמן אתו תוכל לטכס עצה).

והיות שכל עולם רוחני הנה הוא גם פה בזה המקום שאנו נמצאים בו כי, כאמור, בנפשנו יש לנו קשר לכל עולם. הגוף הגשמי והנפש מקשרים אותנו לעולם העשיה הגשמי והרוחני. (ומה הרוחניות של עשיהו כח החיוני גם נמצא בעולם העשיה הרוחני כמו נפש החיים החִיות body energy)

והרוח שבנו היא מקשרת אותנו לעולם התחושות ובו האנרגיה האמוטיבית של אהבה, emotional energy והפוכה, הם פנִיָה של הלב שיש בה (משנה ברכות ט' ה') ואהבת בכל לבבך – שני יצריך.

הרוח והנפש אינם נפרדים זה מזו (עיין שמונה פרקים להרמב"ם) אלא הם פנים, מימד כמו אורך ורוחב וגובה כך יש גשמי ורוחי, תנועתי בעשיה ורוחני תחושתי ומורגש ביצירה, ורוחני – שכלי בעולם הבריאה, משכנו ומדור של הנשמה. בעולם האצילות יש לנו ג"כ חלק בנפש הנקרא חיה -- ויחידה אוחזת בקוצו של היוד – אור אין סוף ב"ה.

ועתה ראה איך שיש יחוד בעולמות – והאדם נברא בצלם. in the silhouette of G-d *(לפי הבנתי הבלשונית המ"ם בצלם כמו מ"מ בחנ–ם וריק–ם וכן אפשר שהמלה שלום גם כן לא משלם במובן שלמות אלא ממלה שלו – שלוה וזה שלו–ם)* וצל–ם צל–מם היינו כמו צל ובבועה. וראה איך שהראש במקום אות יוד והזרועות והידים והריאה הם בבחי' צל

אות ה"ה, השדרה בדמות אות ו"ו, והמתנים והשוקים והרגלים שוב בדמות וצל"ם אות ה"ה אחרונה

לכן אם תכנס לתוך חלקי האברים בראיה ותחושה פנימיית תתחיל קצת להבין ולהרגיש בין עולם ועולם בבחי' (איוב י"ט כ"ו) מבשרי אחזה אלוק. *(אף שבמקום אחר כתבתי על זה גם כן טוב להדגיש את הענין פה באופן קצת שונה)*

והנה בחלקי הנשימה כאשר אתה נופש, היינו מוציא את הרוח/האויר כליל, ואין אויר בריאה, והיא מצומצמת כנקודה קטנה, תהרהר באות יו"ד של השם, זה בחי' חיה-יחידה במחזור הנשימה. וכאשר אתה מכניס רוח בנשימה (בראשית ב' ז' – ויפח באפיו נשמת חיים, כמו נשימה ראשונה של התינוק בלידתו) זהו בחי' נשמה, ויש כמו קול דממה דקה של אתא כלילא דלית ביה משמשותא קול ה"ה. ויש ג"כ כאשר הריאה מלאה אויר ומן הריאה נכנס החמצן לדם ולב (זוה"ק ג' קס"א: – וכל אינון שייפין איתזנו מההוא לבא) זהו בחי' רוח כל בשר. וכשאתה מוציא את הרוח בנפישה בקול ה"ה את מוציא את הפחמן שהיה בדמך. ובזה תראה איך על כל נשימה ונשימה אתה באמת בצלם השם הנכבד

ועתה אם באמת רציני אתה וברצונך להקנות לך המונחים של התפילה תעצים עינך ותתחיל לנשום ולצייר לך את ד' אותיות השם הנכבד בד' חלקי הנשימה. ותוכל גם לצרף עם האותיות הצבעים שלהם, ביו"ד כברקת יהלום, בה"ה ראשונה כמו זהב מלוטש, בו"ו כמראה הקשת שבע צבעים ראשו תכלת וסופו ארגמן. ובנפיחתך את האויר לחוץ ה"ה אחרונה כמו אש שחורה שעל גבי אש לבנה.

ולפעמים שאתה עוסק באיזה שהיא מלאכה או אתה שובת בשבת או אתה יושב במנוחה תצייר לך שאתה מרכבה לאות ה"ה אחרונה של השם. וכשאתה מרגיש איזה הרגש של שלוה או אושר או שר איזה ניגון שמעורר משהו חי בלבך תצייר לך שאתה מרכבה לאות ו"ו. וכשאתה מתבונן באיזה מושכל עילאי מדא"ח תצייר לך שאתה מרכבה לאות ה"ה ראשונה. ובמקרה שאתה נתפס לרגע חסד חינם של דבקות בלי תוכן פרטי אח"כ תן תודה שהיית לפי רגע מרכבה אל האצילות.

וזה ענין (משלי ג' ו') בכל דרכיך דעהו, כי גם בעשית מצוות מעשיות תתחיל להרגיש טעם טוב בעבודה ובתפילה ותראה איך שתהיה כמרוויח ומוסיף כח ואנרגיה. וזה לך לאות ולמופת ולבחינה -- כי באמת יצאת ידי חובתך בהתסוף בך כח ואומץ על ידי שהיית מרכבה.

וכשאתה יושב ומתבונן, וחושב בענינים העומדים ברומו של עולם, תכוון – הנני לעת עתה מקושר לנשמתי הדבקה בבינה בעולם הבריאה, ולחזון הקיום איך שהוא תחת אספקלריא של נצחיות -- בעולם

המחשבה וזהו ענין הכסא – כורסיא קדישא, ואז כאילו מעל ראשך שכינת-א-ל. ויש לפעמים לרגע בחסדי השי"ת (זה קורה הרבה יותר ממה שבני אדם רגילים לקבל בתודעתם) רגע או חלק מרגע אשר האדם והבריאה כולה, התבל ומלואו, כל היקום נבלעים כלילות באחד-יחיד-ומיוחד, אז אתה באצילות בבחי' (תהילים ב' ז') בני אתה – אני היום ילדתיך, וברגע זו כל היאוש ואשליה עוברים ברגעי ברק אלה ואנו אז יודעים ברורות שאין מות ואין דבר חוץ ממנו – אין עוד 'עוד' מלבדו ואפס בלתך וכו' בדרך כלל העצה שלא תכוון אז שום כוונות כי אינך בעל הבית לכוון ולחשוב כי אין שום פעולה אנושית באצילות, עולם היו"ד של השם ית' ובאם יש איזה תחושה של אנוכיות כבר אתה חוץ מהאצילות. והרגע חלף! אתה יכול להוקיר ולהחשיב למפרע שהיית באצילות וטעמת טעם ממית/ומחיה והיית נוכח לאתה קדוש.

ובאם נתוודע לך ששם היית אל תבהל לצאת מתחום הקדוש ההוא למרות שאימת מות עוברת עליך (ומה אם תמות באופן קדוש כזהו היש מות יותר טוב מנשיקה על ידי השכינהו) אלא לאט לאט תקח בתודעתך ג' פסיעות אחורה כמו בסוף העמידה. תראה להמשיך את התחושות של הקדושה לאיזו כלי של מצוה או תורה כדי שלא תבזבז מתנת החסד שקבלת.

דע כי חוץ ממה שמסרו לנו קדמוננו הקדושים על התפילה – והכל אמת – יש לנו עוד נסיון בענין אימות – attunement בו הנשמה , היחידה האישית מתאימה ליחיד האין סופי. לכן אם תוכל להדבק לחלקי רגע בכל עולם ועולם של התפילה, היינו בכל אות מהשם הקדוש אתה מקיים (דברים י"ג ה') בו תדבקון, וכמאמר חז"ל (סוטה י"ד.) הדבק במדותיו, היינו הלבושים של הקב"ה בעולמות אבי"ע, ובזה אתה חי באמת.

ומעתה נוכל לגשת לכל חלק מחלקי התפילה לתת לך הערות והוראות בהם תבחון בעצמך מה שיועיל לך להתקשר בה'. כבר ארז"ל (ברכות נ"ח.) שאין דעותיהם שוות, (משנה אבות ד' ג') ואין לך אדם שאין לו שעה (מל' – בראשית ד' ד' – וישע הוי' אל הבל וגו') היינו מפנה פרטי ושער פרטי להכנס להיכל. כי מה שמביא אותך לדבקות יכול לעשות מכשול למי שהוא אחר והכל לפי שורש נשמתך. מי יודע יותר ברור ממך איזה הוא דרכך, כי הרבי הכי גדול היא נשמתך כמש"כ (איוב ל"ב ח') נשמת שדי תבינם, (עיין תנחומא ויקהל ה'). עוד הרבה תלוי על מה שלימדך המלאך בבטן אמך (כמו שנכתוב עוד להלן) לכן ידידי נותנים אנו רשות זה לזה להקדיש ליוצרנו כפי תכונת נשמתנו וכפי התפקיד עליו

באנו לעולם. והבעש"ט נ"ע הורה לנו בפסוק (הושע י"ד י') ישרים דרכי ה', 'דרכי' דייקא ל' רבים, שיש הרבה דרכים לעבוד את ה', ;

(עיין סה"ק מאור ושמש ליקוטים ד"ה ואמר, וז"ל, (תענית ל"א.) אמר רבי אלעזר עתיד הקב"ה לעשות מחול לצדיקים והוא יושב ביניהם בגן עדן וכל אחד ואחד מראה באצבעו שנאמר ואמר ביום ההוא הנה אלקינו זה קוינו לו וכו' וצריכים להבין מה מרמז לנו בזה ומה הוא הלשון מראה באצבעו, מה לו להראות, והו' ליה למימר וכל אחד ואחד יהיה רואה אותו. אך נוכל לומר שחז"ל רמזו לנו כי ידוע שכל צדיק וצדיק אוחז דרכו בעבודות ה' כפי שכלו, ומעשי הצדיקים אינם שוים זה לזה, זה עובד להשם יתברך בדרך זה וזה בדרך אחר. ובכדי שלא יצער עצמו הצדיק באומרו אולי דרכי בעבודתי אינם ישרים כי יש צדיק אחר שעובד להשם יתברך בדרך אחרת, לזה לעתיד הקב"ה יהיה מראה לכל אחד ואחד שהיה עבודתו בדרך טוב וישר. וכל צדיק וצדיק יהיה רואה שטובים היו דרכיו אשר הלך בדרכי השם כפי שכלו. לזה אמר כל אחד ואחד יהיה מראה באצבעו וכו' זה ה' קוינו לו, רצה לומר זאת היא דרך הישר אשר עבדתי לו להשם יתברך והוא הדרך הנכון לעבודתו יתברך שמו כי כך יהיה מראה לו הקב"ה כי נכון היו דרכיו וקל להבין עכ"ל.

ולזה פונה ענין מנין של עשרה כדי שתִמָצא אִתנו השכינה, כנסת ישראל, כי במנין יש נציג לכל מדה נכונה של היוד ספירות. והקהל כמקהלה, כל אחד בקול שלו שמתערב ומתמזג עם שאר הקולות בקילוס העדה השלמה. ואז (תהילים פ"ב א') אלקים נצב בעדת א–ל.

ואם מי שהוא יכעוס עליך על שהנך דורך את דרכך לפי מידותך וירצה להכריח אותך להיות מתפלל במדתו הוא – אז תענה לו, ברוך השם שיש מתפלל במידתך ויישר כחך, ואני על משמרתי שלי אעמוד ואחזיק במדה הנאה לי אף שהיא נמוכה ממדתך, כי כן כתוב (דברים כ"ט ט') אתם נצבים וגו' ויש חוטבי עצים ושואבי מים כי הם מעמידים את ראשיכם, שבטיכם וגו'.

דע נא, שאינני בא כגוזר ופוסק בעדך כי אין לי רצון לשלוט עליך באיזו ידיעה שהיא למעלה מידיעתך אתה. אלא פשוט, העצות שהנני מוסר לך הם בדוקים ומנוסים לי. ויש אפשרות וסיכוים שגם לך יועילו להחיות תפילתך ובפרט בדבקות להשם הנכבד באותיותיו כמו שנאמר (תהילים צ"א י"ד) אשגבהו כי ידע שמי –- לכן כאשר יקראני ואענהו – עמו אנכי וגו'.

מה ענין השכינה?

יש להתבונן: כי כל מה שבני ישראל עלי תבל, בעבר הוה ועתיד, משערים על ה' היא היא. כדאיתא, נודע בשערים בעלה (משלי ל"א כ"ג) דא קב"ה, דאיהו אתידע ואתדבק לפום מה דמשער בלביה, כל חד כמה דיכיל לאדבקא ברוחא דחכמתא, ולפום מה דמשער בלביה הכי אתידע בלביה, ובגין כך נודע בשערים. (זוה"ק ח"א ק"ג:)

כתיב רצון יראיו יעשה ואת שועתם ישמע ויושיעם. (תהילים קמ"ה י"ט) כי יש הבדל בין תכלית לרצון. דהיינו, מי שיש לו תכלית אינו מבחין בין האמצעים אם הם כפי המוסר או לא כי כל שאיפתו להגיע אל התכלית. מה שאין כן אם יש למי שהוא רצון המניעו מפנימיות נפשו אז לבד מהשגת התכלית הדרך אליו מגיע לתכליתו אז אי אפשר לו לעשות שום דבר כדי להגיע לתכליתו שאין האמצעים מתאימים לתכלית. אז המצוה בו ולא בשלוחו.

וזה שאמר דהמע"ה צדיק יהו"ה בכל דרכיו (שם י"ז) כי כל דרכיו משפט (דברים ל"ב ד') וחסיד בכל מעשיו היינו לפנים משורת הדין. ולמה ככהו כי קרוב ה' לכל קוראיו. they evoke Him in Him/HerSelf כי הוא ית' נוגע בדבר כי נתאוה הקב"ה להיות לו דירה בתחתונים (בראשית רבה ג' ט' – תנחומא נשא ט"ז) והם קוראים אותו ית' באמת. *ניט דייך עוה"ב ניט דייך גן עדן נאר דיך אליין*, [לא העולם הבא שלך ולא הגן עדן שלך אלא אותך לבד]. וגם הם בפנימיות רצונם נוגעים בדבר – באמת. ואז לבד מן התכלית רוצים שהפרטים יהיו לכבוד שמים, ובחסד ורחמים שעל ידיהם תהי' ההשגחה ניכרת לכל העולם, וידע כל פעול כי אתה פעלתו, ושהכל נהיה בדברו, לכבודי בראתיו יצרתיו אף עשיתיו, (ישעי' מ"ג ז').

לכן גם רצון יראיו יעשה בשלמות עם כל הפרטים, כי מדה כנגד מדה כדאיתא במדרש אמר לו הקדוש ברוך הוא למשה לך אמור להם לישראל כי שמי אהי"ה אשר אהי"ה (שמות ג' י"ד) מהו אהי"ה אשר אהי"ה, כשם שאתה הווה עמי כך אני הווה עמך, וכן אמר דוד יהו"ה צלך על יד ימינך (תהילים קכ"א ה'), מהו ה' צלך, כצלך מה צלך אם אתה משחק לו הוא משחק לך, ואם אתה בוכה לו הוא בוכה כנגדך, ואם אתה מראה לו פנים זעומות או מסוברות אף הוא נותן לך כך, אף הקב"ה ה' צלך, כשם שאתה הווה עמו הוא הווה עמך ע"כ. (ס' עבודת הקודש ח"ב ט"ז) – וכל פרט כפי שעולה ברצון יראיו יקר בעיני ה' כי צמצם שכינתו בפרטי רצון יראיו.

וכן אמר הכתוב יראו את יהו"ה קדשיו כי אין מחסור ליראיו (תהילים ל"ד י') כי אפילו בפרטי פרטיהם רצון יראיו יעשה אפילו הרצונות הכי עמוקים בתת מודע שהאדם בעצמו אינו מכיר בהם אבל הקב"ה שומר נפשות חסידיו (תהילים צ"ז י').

החידוש הוא שיעשה זאת בעד יראיו, כי לאוהביו שרצונם כמוס בסוד לבבם כצאת השמש בגבורתו בוודאי יעשה רצונם. אלא שאפילו

ליראיו שרוצים להגיע לתכלית כדי לצאת ידי חובתם הקב"ה מביט על רצונם שהפרטים והאמצעים יהיו ג"כ כשורה .שאף שהם בבחי' דעת תחתון כי הם יראיו ולא אוהביו עושה רצונם בבחי' מפליא לעשות, שאף הפרטים יהיו לרצונם. וע"ז אמר ואת שועתם ישמע ויושיעם, שמצרף את הצירופים לרצונם וגם בזה תתמלא גם התכלית. וכן בסוף התפילה אנו מתפללים יהיו לרצון אמרי פי בפרטים ובתכלית כי הגיון לבי ממש ברור לפניך כי אתה צורי – יוצרי וגואלי מכבלי היצה"ר.

סובב בממלא

מֵעֵבֶר לְאַתָּה וַאֲנִי

יָ-הּ אֵלִי אַיֶ־כָּה גוֹאֲלִי הַשּׁוֹכֵן בְּלִבִּי וְלֹא יָדַעְתִּי
הִנְּךָ נוֹכַח בְּתוֹךְ תּוֹכִיּוּתִי וְאַף בְּקַצְוֵי תֵּבֵל שָׁם אַתָּה גוֹחִי
וּבְתוֹךְ רְגָשַׁי אַתָּה הַמַּרְגִּישׁ וּבְתוֹךְ הִרְהוּרַי שַׂמְתָּ קִנֶּךָ
הוֹי אֶתְגַּעְגֵּעַ לִרְאוֹתְךָ־־ וְאַתָּה שׁוֹכֵן בְּבַת עֵינִי

מִקְדָּשְׁךָ אֲשֶׁר בְּקִרְבִּי אֶתְאַו נַקּוֹת וּלְהַקְדִּישׁ
שָׂא נָא בִּרְכוֹתְךָ וְהוֹרֵנִי אֵיךְ לְהַאֲרִחְךָ
לוּא הָיִיתָ חוּץ מִמֶּנִּי וְלֹא עַצְמוּת עַצְמוּתִי
מַה יָּשִׁיר הָיָה פּוּלְחָנִי לְךָ וְשַׁרְתִּי לְךָ קִילוּסֵי־שְׁבָחִים

זֹאת נָכוֹן וְעוֹד אַחֶרֶת - כִּי לְךָ יָאֶה עוֹז וְתִפְאֶרֶת
לוּלֵא יִצְרִי לֹא יְבַלְבְּלֵנִי בְּחוּטְפּוֹ לְעַצְמוֹ נִדְבַת פִּי
מַה טּוֹב שֶׁאַתָּה בְּתוֹךְ תּוֹכִיּוּתִי כִּי לֹא אֵדַע בְּחוֹן בֵּינְךָ וּבֵין אָנוֹכִיּוּתִי
נָא תַּרְאֶה לִי אֵיךְ לָצֵאת מִמְּבוּכָתִי וּנְקִיָּה תְּהִי תְּפִלָּתִי וּבִרְכָתִי

אֲפִילוּ דְּבָרַי אֵלֶּה לֹא אֵדַע מִי אֲמָרָם אֲנִי אוֹ אַתָּה?
הֲגִידָה לִי אַתָּה שְׁנַּפְשִׁי אֲהֵבָה - הַאִם אֵינְךָ גַּם נַפְשִׁי וְגַם אַהֲבָה?
יָ-הּ יוֹצְרִי מַה יֵּשׁ לִי לָתֵת לְךָ? רַק הָרָצוֹן שֶׁרְצוֹנִי יִהְיֶה כִּרְצוֹנְךָ
הוֹי נַפְשִׁי אִוִּיתִיךָ בִּהְיוֹתִי לְבַדִּי בְּךָ בִּטְחוֹנִי צוּרִי וּמִשְׂגַּבִּי

אָנֹכִי עָשִׂיתִי אֶרֶץ וְאָדָם עָלֶיהָ בָרָאתִי (ישעי' מ"ה י"ב)

והנה באדם בחי' סובב היא מה שסובב וחופף עליו כמו הרצון והעונג והיראה שמקיפין אותו, ועוד מה שמאיר בו בלי כלים מאורות כה עליונות שאינן שייכות אליו כלל, וכחשכה כאורה (תהילים קל"ט י"ב)

כגלי הרדיו שהרצוא ושוב (יחזקאל א' י"ד) שלהם אין להם יחס לכלים כה לאטים ולכן נכנסים ויוצאים דרך הכלים כאילו הכלים אינם שם בנמצא, עד שמוצאים להם כלים שמרץ הרצוא ושוב מתאים להם להתלבש בהם ולהפעילם. כי עיקר פעולתם היא בלי תחבורת חוטים wireless – כלומר בלי כלים נראים. וכל זה הוא לגבי האדם שהאור הממלא בבחי' עין רואה אוזן שומעת – וכל האור של כוחות הפנימיות – מופיע ומתגלה לנו ע"י הכלים. וכמו שהנשמה ממלאה את הגוף כך הקב"ה ממלא את העולם (ברכות י.).

ויש עוד בחי' סובב שהיא לעילא מן המושגים משיגי הגוף והחושים, והיא בחי' ממלא וסובב של מקיף הקרוב, כי בזה הסובב הכל אחד. דלגבי א"ס ב"ה בעצמותו שתי הבחינות – ממלא וסובב – נהפכו לממלא כי הכל בו ית' ואין דבר 'חוץ' ממנו ית'.

איך בא להקב"ה חווית 'סובב' שיהי' לו ית' איזה 'חוץ' בו ירגיש את הסובבו ע"ז אמרו חז"ל דכל בי עשרה שכינתא שריא (סנהדרין ל"ט.) דהיינו נשמות ישראל הסובבים כביכול ועומדים נגדו – חוץ ממנו. וע"ז אמר הכתוב " מה ה' אלקיך שואל מעמך וכמבואר בסה"ק נועם אלימלך (פ' עקב ד"ה ועתה) שהקב"ה שואל ומבקש ולווה לפי שעה ממך האדם הכלי שלך, דהיינו היראה עיי"ש. כי חווית היראה לא טבעית אתו ית', כד"א לא יגרך רע (תהילים ה' ה') שהקב"ה אינו מרגיש פחד מורא ומגור כלל וכלל. ודווקא ע"י חווית האדם ביכולתו להרגיש יראה (יראת הרוממות) הבאה מן הסובב והנה הוי' ניצב עליו וגו' (בראשית כ"ח י"ג).

והאלהי"ם 'עשה' בעולם העשיה אשר ברא אלהי"ם לעשות שיהי' לאדם יראה , ואז כאשר האדם מעלה את היראה שעליו מתוך אהבה ואוהב אותו ית' כי הוא ית' רם ונשא ונגדו תמיד, אז השי"ת מרגיש ג"כ מה זה יראה ואז טועם התוודאות עצמו בחווית האדם. נמצא שהאדם שיש בידו רצון חופשי מחזיר להקב"ה טעם היראה שזהו לגבי' סובב.

וע"ז נבא הנביא ישעי' ע"ה 'אנכי' –בחי' ממלא לעצמי– עשיתי ארץ, ואדם עליה בראתי (בגימ' תרי"ג) כדי שיקבל הוא ית' מן האדם חווית הסובב והתוודאות על עצמו וזאת שואל מעמך validation. ובזה ישראל מפרנסין לאביהם שבשמים (איכה רבה א' ל"ג – זוה"ק ח"ג ז:) וכמובא בסה"ק קדושת לוי (פרשת תזריע, ד"ה או יבואר) וז"ל דהנה שמעתי ממורי ורבי מורינו דוב בער נשמתו עדן, מאמר חכמינו ז"ל ישראל מפרנסין לאביהם שבשמים, ... שהתענוג נקרא פרנסה כביכול עד כאן, עיי"ש. וכדאיתא בזוה"ק, רעיתי היינו פרנסתי (ח"ג ל"ד:).

ברכות השחר

לפי האמור למעלה ברכות השחר בעולם העשי' זאת אומרת שהעיקר בהן להודות על כוחות הגוף ולהכין את הגוף לשאר חלקי התפלה, בענין הכנת הגוף הורה מוהר"ן בספרו לקוטי מוהר"ן מהדורא קמא כ"ב, בתורה חותם בתוך חותם וז"ל:

וְצָרִיךְ כָּל אָדָם לְרַחֵם מְאֹד עַל בְּשַׂר הַגּוּף, לְהַרְאוֹת לוֹ מִכָּל הֶאָרָה וּמִכָּל הַשָּׂגָה שֶׁהַנְּשָׁמָה מַשֶּׂגֶת, שֶׁהַגּוּף גַּם כֵּן יֵדַע מִזֹּאת הַהַשָּׂגָה, בִּבְחִינַת (יְשַׁעְיָ' נ"ח) וּמִבְּשָׂרְךָ לֹא תִתְעַלָּם, 'מִבְּשָׂרְךָ' דַּיְקָא, שֶׁלֹּא תַעֲלִים עֵינֶיךָ מִלְּרַחֵם עַל בְּשָׂרְךָ, הַיְנוּ בְּשַׂר גּוּפְךָ, כִּי צְרִיכִין לְרַחֵם מְאֹד עַל הַגּוּף לִרְאוֹת לְזַכְּכוֹ, כְּדֵי שֶׁיּוּכַל לְהוֹדִיעַ לוֹ מִכָּל הֶהָאָרוֹת וְהַהַשָּׂגוֹת שֶׁהַנְּשָׁמָה מַשֶּׂגֶת. כִּי הַנְּשָׁמָה שֶׁל כָּל אָדָם הִיא רוֹאָה וּמַשֶּׂגֶת תָּמִיד דְּבָרִים עֶלְיוֹנִים מְאֹד, אֲבָל הַגּוּף אֵינוֹ יוֹדֵעַ מֵהֶם, עַל כֵּן צָרִיךְ כָּל אָדָם לְרַחֵם מְאֹד עַל בְּשַׂר הַגּוּף, לִרְאוֹת לְזַכֵּךְ הַגּוּף, עַד שֶׁתּוּכַל הַנְּשָׁמָה לְהוֹדִיעַ לוֹ מִכָּל מַה שֶּׁהִיא רוֹאָה וּמַשֶּׂגֶת תָּמִיד כַּנַּ"ל:

וּכְשֶׁהַגּוּף הוּא בִּבְחִינָה זוֹ, הִיא טוֹבָה לְהַנְּשָׁמָה, שֶׁלִּפְעָמִים נוֹפֶלֶת מִמַּדְרֵגָתָהּ. וּכְשֶׁהַגּוּף צַח וָאוֹר, תּוּכַל הַנְּשָׁמָה לְהִתְרוֹמֵם וְלַחֲזֹר לְמַדְרֵגָתָהּ עַל-יְדֵי הַגּוּף, הַיְינוּ, עַל-יְדֵי תַּעֲנוּגֵי הַגּוּף תּוּכַל לִזְכֹּר וְלַעֲלוֹת לְתַעֲנוּגִים שֶׁלָּהּ, כִּי מֵאַחַר שֶׁהַגּוּף גַּם כֵּן טוֹב וְכָשֵׁר, אֵינוֹ נִלְכָּד בְּהַתַּעֲנוּגִים, וְעַל כֵּן תּוּכַל הַנְּשָׁמָה לַחֲזֹר עַל-יְדֵי תַּעֲנוּגֵי הַגּוּף לְמַעֲלָתָהּ, לְתַעֲנוּגִים שֶׁלָּהּ. וְכֵן גַּם כֵּן עַל-יְדֵי הָרְשִׁימוֹת שֶׁיֵּשׁ בְּהַגּוּף, עַל-יְדֵי הֶאָרוֹת שֶׁהֵאִירָה בּוֹ הַנְּשָׁמָה מִקֹּדֶם, תּוּכַל עַתָּה לִזְכֹּר וְלַעֲלוֹת וְלַחֲזֹר לְמַדְרֵגָתָהּ. וְזֶה בְּחִינַת (אִיּוֹב י"ט) מִבְּשָׂרִי אֶחֱזֶה אֱלוֹהַּ, 'מִבְּשָׂרִי' דַּיְקָא, הַיְינוּ עַל-יְדֵי בְּשַׂר הַגּוּף 'יֶחֱזֶה אֱלוֹהַּ', הַיְינוּ הַשָּׂגוֹת אֱלֹקוּת, הַיְנוּ, שֶׁהָאָדָם בְּגוּפוֹ יִרְאֶה וְיֶחֱזֶה הַשָּׂגוֹת עֶלְיוֹנוֹת שֶׁהַנְּשָׁמָה מַשֶּׂגֶת תָּמִיד כַּנַּ"ל

ואם רוצים להראות חסד לגוף ולהורות לו מענינים רוחניים צריכים לדבר עמו בלשון שהוא מבין ביותר, בלשון התנועה ובל' התחושה ובדרך כלל דברו חכמים ותיקנו ברכות על חמשת החושים ראי' שמיעה טעם ריח ומישוש. והם החושים אשר הם גשר הגוף עם הסביבה. ויש עוד חושים בגוף אשר הם פנימיים proprioceptive senses יש ביניהם חוש הכובד חוש הישרות מטעם האוזן הפנימית המעמידה את האדם והעדרו של החוש מביא לידי חולי של נפילה.

ויש חושים התלויים בשרירים. דוחק ומושך tension and relaxation ויש חושים שאין לנו שמות עליהם. ועוד יש חושים התלויים בנשימה ויש חושים פנימיים מהם שמופעלים feed back (היזון חוזר). וכמה פעמים קשה מאד לתת לאיזה שריר מנוחה עד שע"י נשימה והכוונה אל השריר ההוא ואח"כ בהנפשו אותו השריר יכול לנוח. ותראה אם כבר ניסית לנוע ולנוח בחלקי גופך להתאימם עם הנשימה בכוונה וערות אז תראה שכל מה שמברכים בברכות השחר טעון ג"כ איזה פעולה. למשל צריכים להתרכז על השמיעה כפי שישמע לכם פ' ראשון מבעלי החיים

בבוקר (*כי פי׳ א׳ של שכוי הוא שָפָעֶל של כוי* fauna *שהוא והשכוי בין סוג חי׳ ובהמה*) אחרי שימת הלב לשמיעה לקול בעלי חיים אז מברכים הברכה. *(אינני פוסק זאת להלכה אלא לפסיכולוגי׳ של תוכן הברכה – אף שהרמב״ם מדייק שצריכים לברך על כל ענין בעשייתו)* וכאשר שמים לב על הראי׳ ושמחים באור העיניים ואומרים פוקח עוורים וודאי אז באה הברכה אל תכליתה. ולכן גם מתיר אסורים וזוקף כפופים טעונים שימת לב לחושים הפנימיים, וטוב אם כופף בראשונה וזוקף וחש את חוליות השדרה מתישרות או נמתח ונוטה זרועותיו לכמה צדדים וחש איך המרחב של התנועה מתרחב אז הברכה והתנועה אחת הן. ואף כי בדרך כלל בברכות אנו אומרים את הברכות עובר לעשיתם היינו קודם המעשה זהו בברכת המצות, למשל אומר להניח תפילין קודם שמהדק את הקשר (חוץ מנר שבת שיש אז טעם כי מקבל את השבת באמירה ואז כבר אסור להדליק לכן מדליק מקודם) וכן בשאר המצות, אבל בברכות השחר היא עקרן, ובדרך כלל קדמה כבר בלובשו בגדיו ובחוגרו חגורה וכו׳, אבל כדי לברך באופן שהגוף ילמד צריכים לחזור ולהניע את הגוף ואח״כ לתת תודה שאכן הגוף פועל. ובכן בברכת אשר יצר צריכים לשים לב לכל חלקי הגוף (להתמקד על הגוף focusing on body ולבקש תרופה שהכח המבריא המפליא לעשות יכנס לתוך הגוף להבריאו. ולכן צריכים לבדוק בראיה פנימית חלולין חלולין וכל האיברים הפנימיים וכל שכבר הפריש את הצואה והשתן מהגוף והכל פעל כשורה אז עכשיו בודק שאר חלקי הגוף ומכין פתיחה לכח המפליא לעשות שיבריא את בשרו באותו יום.

ובכן הענין בברכת אלקי נשמה שידוע שהמילים טהורה היא, אתה בראתה, אתה יצרתה ואתה נפחתה הם כנגד חי׳ יחידה טהורה, נשמה דבריאה נגד בראתה, רוח ביצירה כנגד יצרתה, ונפש בעשי׳ כנגד נפחתה בי. ויש פה כמה דברים יעילים שאפשר לעשות ביחד עם האמירה של הברכות.

א׳ להוציא כל האוויר מן הריאה עד שתצומצם הריאה ולכוון אז לאות יו״ד, ולנשום אוויר לתוך הריאה בקול ה״ה ולכוון ה״ה, ולהחזיק את האויר בריאה ולכוון וי״ו ובחינת רוח, ולשלוח את החמצן כח החיים של האויר אל כל שייפי דגופא, וביחוד לכוון לשלוח אל החוליות בסולם השדרה עולים ויורדים בו ב׳וי״ו, ואח״כ להוציא את האויר בנפיחה ונפישה בקול ה״ה (וינפש), שזה ענין הנפש, וחוזר חלילה כמה פעמים בשימת לב איך החיים תלויים בנשימה, וזה דרך א׳ ופשוט.

ב׳ יש מפיק הּ׳ בראתהּ ויצרתהּ ונפחתהּ בי ולהחזירהּ בי, בכל פעם להוציא את האויר בכח כראוי למפיק ה׳, ובכל פעם למלא את הריאה באויר כדי שבכל מפיק תה׳ נשימה שלמה.

ג׳ אני נוהג לנשום לתוכי דרך הפה ולהוציא דרך האף י׳ פעמים – נשימת יסוד האש (טהורה היא). ה׳ ו–ו׳ פעמים להכניס ולהוציא את האויר דרך הפה שזה יסוד נשימת הרוח (אתה בראתה). ו׳ פעמים להכניס דרך האף ולהוציא דרך הפה שזוהי נשימת יסוד המים (אתה יצרתה) ה׳ ו–ה׳ פעמים להכניס ולהוציא את האויר דרך האף יסוד העפר (אתה נפחתה) סך הכל 26 נשימות ג׳ הוי׳. ולי ברור שאין הנשימות האלה ח״ו הפסק באמצע הברכה אלא אדרבא לחוש בגוף באופן מוחשי כאילו א׳ עומד כנגדו וצווח ׳הרגש בעצמך מה שאתה מוציא מפיך בברכה.׳

בדרך כלל אין מוצאים דברים ברורים בספרים על מה שלמטה מן החגורה, נצח הוד ויסוד. וכן יש הרבה על ב׳ השליטין מוחא ולבא ומעט על כבדא.

בימים אלו שאנו חיים בערים מלאות אוכלוסיות ותנאי החיים רגיזים ומהירים והגוף נחלש ע״י מאכלים שיש בהם רעלים המעמידים את הסחורה, אבל ג״כ את הכבד ואת הכליות והטחול צריכים לשים לב לחלקי הגוף שהם למטה מן החגורה.

ולכן ברכת אוזר ישראל בגבורה טעונה כוונה פיזית בנשימה בכח מתוך הסולאר פלכסוס solar plexus . דמה לעצמך שעומד שודד נגדך ואתה צריך לתת לו אות שאינך כ״כ בנקל עתיד להיות ניזק ממנו, מה תעשה אם נקודת הכובד שלך בראש לא יכפה ממך ואפילו אם יהי׳ בלב לא ירתת ממך אבל אם נקודת הכובד בסולר פלכסוס – בשליט התחתון הכבד – כמו שכתוב (חבקוק ג׳ טז׳) ותרגז בטני, היינו הכח בבטן שהסינים קוראים לו **Chi** שבעלי הקאראטה או איקידו משתמשים בו, את זה הכח אתה צריך להפעיל באמרך הברכה אוזר ישראל בגבורה, וכאשר תאמר המילה ב–גבו– תקח את נקודת הכובד בתוכך ותשפילה עד למטה מן הטבור ותביע את ההברה -רה של גבורה בכח. ואפילו לכאורה לא יהי׳ בנקל להוציא בכח תכוון ב–אוזר שהשי״ת יעזור לך לאזור מתניך באופן כזה שתוכל משך כל היום אם זקוק אתה לגבורה לזכור את הברכה ולחזור על סיום הברכה אוזר ישראל בגבורה אפילו בלחש אם העניין דורש זה. אבל בערות של נקודת הכובד במקומה הראוי לה תוכל לפעול מה שתצטרך, זהו כח הגבורה ונקרא בערבית *ג׳לאל*.

ויש עוד עטרת תפארת היינו כי באדם יש ג״כ מנורה אשר (במדבר ח׳ ב׳) אל מול פני ׳ה׳מנורה יאירו שבעת הנרות. והמנורה היא בכוחות הנפש, אהבה, יראה, רחמים, נצחון, והוד, והתקשרות, וויתור, ואדם שבו מאירים כל הנרות הוא נכתר בעטרת תפארת מוצא חן בעיני רואיו, (משלי כ״ז י״ט) וכמים הפנים לפנים כן לב האדם אל האדם, כי מעלה ג״כ את הנרות וכו׳ של השני שאתו הוא בקשר, ולכן באמרו את הברכה עוטר

ישראל בתפארה נושם תחילה ז׳ פעמים ויכוון את מדות הנפש אהבה וכו׳, ובדעתו ידליק את המדה כדי שעטרת תפארתו תסובבהו כל היום, וזה נק׳ בערבית *ג׳מאל*. ואם נחוץ לך באמצע היום חן ועטרת תפארת תנשום ז׳ פעמים בכוונה זו כדי שתרגיש ענין הברכה עוטר ישראל בתפארה.

ותראה ידידי כי כל הברכות הן מסודרות בדרך זו, ותתאים לך את הברכות כדי שתוכל להפעיל כל ברכה וברכה באמצע היום בחייך, וזהו (משלי ג׳ ו׳) בכל דרכך דעהו, וזהו ג״כ ענין של מאה ברכות ביום. וברוך תהיה!

שער פסוקי דזמרה

כמו שאומרים קדיש בין חלקי התפלה, היינו או קדיש דרבנן אחרי ברייתת ר׳ ישמעאל או קדיש יתום אחרי מזמור שיר חנוכת הבית, והוא כי עוזבים עולם ועולים לעולם אחר שיש בו תנאים אחרים ותפקיד אחר, כך צריכים כשמתפללים ביחיד או אפילו במנין בזמן שהש״ץ אומר קדיש לעשות פעולה של הסתלקות.

ויש כמה נשימות מתאימות לאותו עולם, ונשימת המים המבוארת לעיל השייכת לאתה יצרת היינו עולם היצירה, ורוח בנר״ן, כמה מהם יעזרו לך לעזוב את אופן העשיה ולעלות לחיות הקודש דיצירה. כסה פניך ואטום אזניך שאף אוויר והחזק בו עד כמה שתוכל ואת השרירים תסלקם מפעולות שהיו בהם עד עתה, תנפש בצאת כח הסבל עם גניחה בקול, ובאותו הקול תתחיל את הנוסח של הפסוקי דזמרה.

יש לשֶבת קצת בשקט ולשאול את תכונת הרוח וההרגשים מה על דעתך, איזה דבר מקניט אותך ביחסיך עם אחרים או עם עצמך, איך אתה מרגיש, מה בינך ובין עונג יחסיך עם האלקיםו ומה שמבדילך מן התענוג תביט ע״ז ותביא את הרגשות האלה תוך התיבות של הפסוקי דזמרה, למשל אתה חש איזה שפלות ולחץ באומריך אשרי יושבי ביתך – אשרי העם שככה לו, תניח את הלחץ מחוץ לאוהל מועד שלך תחת הטלית. או באומרך מזמור שיר חנוכת זכור איך שנענת מאלקיך בעבר, שועתי אליך ותרפאני – אליך ה׳ אקרא ואל אדני אתחנן, שמע ה׳ וחנני ה׳ היה עוזר לי, הפכת מספדי למחול לי וכו׳, או אם אתה חש טוב יש כמה וכמה פסוקים של הודאה ותקרא לכל הברואים להשתתף בהלל שלך, זקנים עם נערים יהללו את שם הוי׳ כי נשגב.

עוד תוכל לקחת לך פרק א׳, למשל בשבת כשאתה אומר לדוד בשנותו את טעמו לפני אבימלך, ולהביא לתוך דמיונך שהנך דוד נרדף משאול ומן הפלישתים ומביאים אותך לשונאך ואתה באין לך עצה אחרת

עושה את עצמך כמשוגע עד שהשונא ג"כ לא ירצה בך ויאמר החסר משוגעים אני,

וכאשר אתה שוב בטח בד' אמות שמורות אתה מתחיל לשיר לו ית' אברכה את הוי' בכל עת תמיד תהילתו בפי, או אתה מדמה לעצמך שאתה משה רבינו ע"ה, ואתה בראש ההר כל הלילה וראית את הכוכבים ועלה השחר והנץ החמה ואתה אומר בדעה צלולה במוחין דגדלות, ה 'מעון היית לנו בדור ודור בטרם הרים יולדו וכו', או בויברך דוד או שירת הים ובכל פעם, וזה מה שאתה אומר בברוך–שאמר ובשירי דוד עבדך נהללך ונשבחך וכו', וקח לך מדה אחת נגדלך או נמליכך והתמסר למדת קילוס זו עד שהנך אותו התהליך.

יש לכל אדם איזה ניגון, איזה נקודה איזה מילים שמעוררים אותו ביותר, תתחיל לשיר את הניגון או לחזור על המילים כמו למשל לא-ל ברוך נעימות יתנו עד שהנך מוכן לתת נעימות בעצמך, זכור כי העיקר בפסוקי דזמרה הוא ההרגש שבלב והיחס שלך עם אותיות של השם הק', אלה המקצרים בפסוקי דזמרה עוקרים את החיות של כל היום, וגם אמת שטוב פרק א' בהתעוררות הלב מהרבה ללא כוונה.

ובשירי דוד עבדך --- מלך מהולל בתשבחות!

יש בזה כל כך תענוג שיכולים עוה"פ לשבח את השי"ת כמו שאנו מודים לו 'הטוב שמך ולך נאה להודות', ולכן אומרים מיד מזמור לתודה, ויתר מזה כי מקודם הזמין את כל העמים -- יודוך עמים אלקים יודוך עמים כולם ולכן נותנים תודה מעין מזמור לתודה הגדול של מזמור שיר ליום השבת של יום שכולו שבת. ולכן בשבת וביו"ט שהם מעין עוה"ב אומרים מזמור שיר ליום השבת טוב להודות לה', שזה המזמור לתודה של המשיח שכל העולם מחכה לו.

פרוזדור לברכות קריאת שמע

היות שהיכל התפילה שאנו נכנסים בו הוא כנגד עולם הבריאה בזה יש שינוי ועליה מבחינת מורגש של רוח לבחינת מושכל של נשמה. זאת אומרת; אשר הדגש   אינו כל כך לעניני ההרגש – אף שהמצע של ההתבוננות עוד מונח על ההרגש שבלב שזכינו בו בפסוקי דזמרה – אלא ההתמקדות עכשיו ביותר לעניני הסתכלות שכלית במוחין השואפין להרחבת התודעה ולגדלות. הביטוי של האוהב ישראל ז"ל עוזר לעמדה זו " בהעיר לב ובשים שכל"

47

(צריכים גם כן להתחשב אשר תפילת השחר ותפילת מעריב יש להם אותו המבנה אשר לקריאת שמע יש שתי הקדמות – היינו לכוון א., על מציאות הבורא בבריאה ובטבע - יוצר אור בשחרית ומסדר את הכוכבים במעריב וב., לכוון על האהבה וההתגלות שבמתן תורה – בשחרית; והאר עיננו בתורתך ובמעריב תורה ומצוות כו? אותנו למדת. אח"כ קריאת שמע ביחודא עילאה וברוך שם ביחודא תתאה עד – אשר הוצאתיך מארץ מצרים – להיות לכם לאלקים המדבר על הגאולה המביאה לפרקים של גאל ישראל אה כוכב הגאולה לפ. רוזנצווייג)

ברוך ה' מן העולם עד העולם: ועתה יגדל נא כח אדנ"י – יתגדל ויתקדש!

בכל פעם שנפטרים מעולם או להכנס לעולם שונה אומרים (חצי קדיש כדי להבדיל בין העולמות. (וכן לאחר הפטירה יש כמו זה טבילה בנהר דינור בין עולם ועולם להטהר מחוזיה דהאי עלמא שממנו באים) ולכן בין עולם היצירה של פסוקי דזמרה לעולם הבריאה של שמע וברכותיה צריכים עוד הפעם לומר קדיש ואחרי זה לעורר את המתפללים להתאחד ב"ברכו".

ומתחילים בברכת יוצר אור ובורא חושך עושה שלום ובורא את – הכל (הרע –– לְמַעַן יֵדְעוּ מִמִּזְרַח־שֶׁמֶשׁ וּמִמַּעֲרָבָה כִּי־אֶפֶס בִּלְעָדָי אֲנִי יְהוָה וְאֵין עוֹד: ז יוֹצֵר אוֹר וּבוֹרֵא חֹשֶׁךְ עֹשֶׂה שָׁלוֹם וּבוֹרֵא רָע אֲנִי יְהוָה עֹשֶׂה כָל־אֵלֶּה: ישעיו מ"ה) אף שאנו אומרים ובורא את הכל במקום רע מ"מ ניחא כפי שהורה ר"ר אלימלך בסה"ק נ"א למה **ברא** אלקים במדת הדין ואח"כ שיתף בה מדת הרחמים ביום **עשות** הויו-אלקים ארץ ושמים כי בבריאה רובו טוב לכן ראוי שיהיה במדת הדין אבל בעשיה ביום עשות שבו רובו רע ראה שאין העולם מתקיים בלי מדת הרחמים. ובעולם המלאכים עלמא דכורסיא שרובו טוב ההמלאכים נותנים באהבה רשות זה לזה להקדיש ליוצרם כי לא איכפת להם מי הוא המעניק להו נחת רוח ואין תחרות ביניהם. ובזה מתכוננים אנו ג"כ להקדיש את יוצרנו באהבה (כהכנה לאהבה רבה/אהבת עולם)

המאיר לארץ – מי שראה נץ החמה מראש הר או גבעה – הא-ל הפותח בכל יום שערי מזרח - ולאט לאט מרבה האור על פני תבל יכול באמת ובמוחש להרגיש בתודעתו את "המאיר לארץ ולדרים עליה ברחמים ומחדש בכל יום תמיד מעשה בראשית" ואינו טעון הרבה תעמולה לבוא לתת נעימות לא-ל ברוך כי מרגיש את מה רבו מעשיך ה' כולם בחכמה בכח-מ"ה בגימו אדם בשביל האדם the anthropic principle (– אנכי עשיתי ארץ ואדם עליה בראתי) ושוב רואה בעין דעתו איך שהשמש וושאר צבא השמים משתחוים לו יתו.

ומי שמחונן בהרחבת הדעת רואה אף בצבא השמים את האופנים היינו כוכבי הלכת שסובבים לשמש כמו אופנים ואת חיות הקודש היינו המזלות ופני המרכבה שור, טלה, אריה, סרטן, דגים, דלי וכו׳. ומעל גביהם שרפי מעלה – היינו גלקסיות – Galaxies – שכולם עומדים ברום עולם ומשמיעים בתוך התבל הקוסמי את שיר ההויה.

ואח״כ מרום מעלה זו בו הוא לבדו, מרום וקדוש שוב יורדים ע״י צמצומים בהם פועל גבורות ועושה חדשות -- מחדש בטובו מעשה בראשית כאמור לעושה אורים גדולים כי לעולם (בו אנו חיים) חסדו. (ואף שלפי נוסח האר״י ז״ל לא אומרים אור חדש על ציון תאיר הלא המצב של ימינו אלה דורש שנתפלל תפילה זו – אם לא בדבור לכל הפחות במחשבה שנזכה כולנו במהרה לאורו)

אני מעדיף את הנוסח אהבת עולם – לעולם חסדו - יותר מאהבה רבה. (יש מהמקובלים הדורשים אהבת עולם אהבתנו נוטריקון גמ׳ ע״ב על שם שם הויו דלעילא) אבל בפשט נחוצה לנו האהבה התלויה בעולם – דירה בתחתונים כי כמו שחמל ה׳ על אבותנו כן אנו מתחננים כן תחננו ותלמדנו לתת בלבנו להבין ולהשכיל לשמור ולעשות את כל דברי תורתך באהבה להאיר עינינו ולדבק וליחד את לבבנו הרצוצה ע״ד המצוות כו׳.
ואז לא נבוש וכוו ונשמחה בישועתך כו'

אף אם יש מניך ואין חיוב לומר ״א-ל מלך נאמן״ ויש מהם שחושבים שזה הפסק בין האהבה וקריאת שמע מ״מ יש לי התחושה כדי לחבב אלי את אהבת השם לחשוב בתרגום לאנגלית א-ל מלך נאמן

"My God, My Prince, My dear loyal Friend"

וב״ברוך שם כבוד מלכותו״

Through Time and Space Your Glory Shines Majestic One

וב״שמע ישראל״ יש לי הכוונה לכוון ״שמע משולם זלמן חייא״ ולפעמים על או מקרוביי או מי שהוא אחר ולכנותו בשם – וגם להטמין קצת מהכוונה לרגע בו אחזיר את נשמתי לקוני בתקוה שאז יתקבצו כל השמע ישראל-ים שלי ויכנסו בתודעתי כיחוד.

אחרי סוף הג׳ פרשיות יש לי הכוונה בה׳ אלקיכם – אמת, לאמת כל האני מאמינ-ים שלי שכולם באמת אמת הם לפי המצב בו נמצאתי.

אחרי סיום ק״ש בענין יציאת מצרים – והמענה מאתנו אמת – ויציב (בבוקר) ואמת ואמונה (במעריב) יש עוד מקום לספר בשבח ההשגחה שירה חדשה שבחו גאולים / השם נפשנו בחיים ומנהגי בדרך להעביר ממחשבתי את הניסים שנעשו לי בחיי עד שאני בא לגאל ישראל.

העמידה

אף שאין קדיש מפריד בין העולמות כי סומכים גאולה מיד לתפילה יש כאילו נכנסים דרך פרסה למקום לך דומיה תהילה שאין מלה בלשוני אם לא יהיה אדֹ שפתי תפתח ואז פי יגיד מה שהו.

אף שיש מצד בעלי הקבלה יש לנו כוונות גבוהות לכל ברכב״ה וברכה בעמידה ושמות מנוקדים לפי הספירות יותר נחוץ הוא לבקש צרכיו בכל בקשה ובקשה. כבר כתבו קדמוננו תפילות לצרפם ל״רפאנו״ ועוד כמה תפילות כאלה שאין הם הפסק כי הם מענין התפילה – ועוד יותר – מטבע התפילה היא מצוה דרבנן אבל מי ששואל צרכיו מאת הקב״ה מקיים מצוה דאורייתא. לכן אם תתפלל בהתעוררות ופתיחת הלב על הדרוש לך בבקשה שאתה עומד בה יישר חילך ובטח תקבל מענה של תשועה.

---לעיל כבר כתבתי על ענין ש׳ארית האצילות וירידת השפע.

על כמה פרשיות

בראשית

במד״ר (בראשית א׳ א׳) **אמר ר׳ אושיע כתיב** (משלי ח׳ ל׳) **ואהיה אצלו אמון ואהיה שעשועים יום יום וגו׳, ואהיה אצלו אמון - זה פֶּדַגוג - היינו** מגדל ומחנך תינוקות.

עיבור לידה ויניקה

בעיבור הוולד נעלם ומתגדל לאטו ומתברך כדבר הסמוי מן העין, והאם והוולד שווים בשווה, ועובר ירך אמו (יבמות ע״ח.) וכל מה שאוכלת האם הוולד נהנה מזה גם כן והם ביחוד חזק.

וכדי שתצא הוולד מוכרח להיות על ידי חבלי לידה והמשבר, פירוד בין הדבקים הנראה כבירור ודחיה כמו כהוצאת מותרי המאכל. אבל הקשר הפנימי נעתק מן הבשר אל הרוח עד כדי כך שהנביא אומר בשם ה׳ (ישעי׳ מ״ט ט״ו) התשכח אשה עולה -- מרחם בן בטנה, והפירוד בין הדבקים בא בצער ובצירים, דם שפיר ושליה כמ״ש (בראשית ג׳ ט״ז) בעצב תלדי בנים, ואחר כך בא ליניקה.

(ויש שהחלב מתכנס בדדי האם כשהילד רעב כי עוד יש קשר בתת-התודעה בין גוף התינוק ותכונת האם ובזה יש הרבה ללמוד על ענין ברכת החודש, (כי בשבת שממנו מתברכין כולי יומא (זוה״ק חלק ב׳ דף פ״ח.), וכשמבורכים את החודש ממשיכים את חיותו של החודש כמו שהחלב נחית לדד עוד כאשר התינוק מתחיל לבכות מתוך רעבון טרם

שבא לינק – ואתערותא דלתתא ואתערותא דלעילא שזה קצת יותר מכוון ממיין דוכרין ונוקבין)

ומובן שזה גם כן משל ודוגמא לעיניני יחס, כי מי שרוצה ליחוד כמו עיבור ואינו רוצה בפירוד שמביא לידי יניקה נופל חלילה לבחי' (איכה ד' י') נשים רחמניות בשלו, ואכלו ילדיהן אחרי הלידה.

אבל המבין בעניני לידה יודע אשר הרחם סוגר בעד עצמו ונתרפא על ידי היניקה. (פסחים קי"א.) ויותר ממה שהעגל רוצה לינוק הפרה רוצה להניק, כי יש ממש תענוג להאם ביניקה כשהחלב נחית למטה. מכל מקום גם היניקה אינה תמידית כי יבוא יום הגמל את התינוק ואז האם והילד אוכלים בשווה מן החוץ. וביום הגמל את הילד באים לבחינת גמול של יחס גומלין.

וכל זה גם ברוחניות וביחסי משפחה. כי יש ג' שלבים (עיין מדרש ב"ר א' א' דלעיל) – ואהיה אצלו אמון, מוצנע - עיבור, אומן מינקת, ואומן פדגוג – (אסתר ב' ז') והוא אמן את הדסה, שמעשיה ריחניות כמו הדס אף שעדיין היא אסתר בסתר.

כן גם ברבי וחסיד עד שנתבשל קצת ואין לו הבחנה וכלומד תורה מן המלאך (חגיגה ט"ו:) שרבו דומה לו כמלאך, ואח"כ (נדה ל:) סוטרו המלאך ושוכח שרבו דומה למלאך ה' צבאות, ויש חבלי לידה הניתקים ויש צער -- (תהילים כ"ב י"א) עליך השלכתי מרחם מבטן אמי א-לי אתה. וזה להחסיד והרבי בחינת לידה, וחוט הטבור נפסק והוולד צועק -- וב"ה שלעת עתה חדשו דרך לידה של גן עדן, ויש לידה בלי חמס והירוס, ויש שמולידות במים פושרין והלידה בחיוך. (ובדרך צחות: שם הרופא שחידש אותו דרך הלידה במים שמו לא־בוער Leboyer) ותיקף ליניקה.

באותו רגע התינוק מוחל על הדחיה לחוץ ומתנחם בחלב הדדים וחיבוק באהבת האם. אז אי אפשר שלא יקיא הוולד מן החלב כי רק מה שצריך נכנס והשאר נדחה. אבל זאת גורם צער לאם לכן כל ימיה חושבת להאכיל יותר מן המדה הנכונה. אבל כאן אם משכלת לא מאכילה יותר כי מעמידה את היניקה על הבקשה מן התינוק.

ואז כשבא זמן הגמול ויש לתינוק כבר כמה שינים ומאז מאכילים ומשקים מן החוץ, (וזה כמו בזמן יהושע כשנכנסו לארץ ואכלו מיבולה וד"ל) ומי שמבין שכך בעי למהוי שהוא אברהם בעל גמילות חסדים עושה משתה ביום הגמל את יצחק, ומודה לה' בסעודות מצוה דייקא להראות כי יש מצוות רבות בעניני אכילה ושתיה, (וכן קיבל עוד הוראות ממלכי–צדק מלך שלם שהוציא לחם ויין, עיין בראשית י"ד י"ח) ומחנכים את הילד באכילה ושתיה במדה נכונה. ועיקר הענין להבין כי הפירודים המתהוים על ידי גידול ועליה מדרגה לדרגה יותר גבוה שראוי לו באותו

הזמן. והנמשל לעולם מובן אף שלפעמים נראה כעזיבה וכאילו האדם ח״ו נעשה נדח. והבעש״ט המשיל משל מכוון לענייננו, איך כשהאב מורה לילד איך ללכת צעד בצעד ומתרחק ממנו כדי שיעמוד וילך בכח עצמו.

וכן כתוב (משלי כ״ב ו׳) חנך לנער על פי דרכו, גם כי יזקין לא יסור ממנו. (עיין בראשית רבה פ׳ ע״ב סימן א). וקשה, מה התועלת אם כאשר יזקין לא יסור ממנו אם הדרך אינה אמיתית, כי אף שכתוב (קהלת י״א ט׳) שמח בחור בילדותך, אבל אפילו בילדות אין העולם הפקר ח״ו כי (שם י״ב י״ד) את כל מעשה האלקים יבא במשפט, על כל נעלם אם טוב ואם רע.

ונראה (בלשון האוהב–ישראל הרה״ק אברהם יהושע העשל מאפט ז״ל – בהעיר לב ושום שכל) שאפשר לומר – כי החינוך הפועל באמת להעמיד את המחונך בקרן אורה הוא החינוך המתאים לאותה הנשמה ולתכליתה בחייה בעלמא דין. והדרך שהיא דרכה שלעצמו היא היא הדרך שלִמדו המלאך בבטן האם. וזאת היא תורת–אמך (משלי א׳ ח׳), התורה המדברת בלשון רכה. שעל הדרך הזו אי אפשר להקשות קושיות כי זה בבחי׳ (שמות ט״ו ב׳) זה א–לי ואנוהו, ואנוהו דייקא דהיינו אני–והוא, אנו באחדות בלי שום מסך המבדיל. [חוץ ממה שצריכים להיות מאד זהירים שלא לעבור על אותן המצוות לא תעשה שהנשמה מרגישה שהן חלות עליה בלאו, (ויש גם מצוות כה פנימיות שהאדם אינו יודע את תוקפן שהן בבחי׳ יהרג ועל יעבור, כפי שמוכח מהתניא (חלק ראשון פ׳ י״ח) בענין אהבה מסותרת שאינה סובלת שאדם יעשה היפוך רצונו ית׳ עיי״ש, ועל העובר על אלה המצות כתיב עוונותיכם היינו העוונות שהם נגד דרכו הפרטית של האדם מבדילים ביניכם ובין אלוקיכם (שם אגרת התשובה פ׳ ה׳)]

מה שאין כן באלקי–אבי וארוממהו (שמות ט״ו ב׳) [ועל אלה המצוות (ומוסר אביך בדבור קשה) העובר עליהן אף שנכרת מעמיו כי זהו היחס של המצוות של ׳מעשה אבות סימן לבנים׳ ויש מצוות הבאות מטעם כלל ישראל והמקיימן לבסוף ימיו יורש את התשלום של (בראשית כ״ה ח׳) ויאסף אל עמיו, אבל ענין לאשתאבא בגופא דמלכא (עיין זוה״ק חלק א׳ רי״ז:) אי אפשר להגיע בדרך זו שעבודתו שהיא בבחי׳ (משנה אבות ב׳ א׳) תפארת לו מן האדם לגבי פנימיות הנפש של האדם כמו שנתבאר בס׳ מי השלוח (חלק א׳ פ׳ וישב ד״ה ויהי ער עיי״ש) שזוהי בחי׳ תפארת לעושיה – עבודה זרה היא לגביו. וזה כמאמר הידוע בשם הרבי ר׳ זוסיא ז״ל, ׳ירא אני שיאמרו אלי זוסיא למה לא היית מה שזוסיא היה יכול להיות׳.

In the age of Pisces we have the shuttle of the Divine weave flying back and forth ברצוא ושוב between the polarities of good and evil, the schema of Deuteronomy. This creates a crisis of contra-diction between its high contrast laws and Ecclesiastes (3:1), who declares: For all things a time and a season, i.e. the warp of the weave. There could not be a weave of the shuttle without the warp holding it together. This insight is hard to grasp. Yet this is the garment we weave for Him, be He blessed, which He wears with pride. ה' מלך גאות לבש (תהילים צ"ג א'). He does not need to wear anything that we produce with thinking הכל בידי שמים חוץ מיראת שמים that everything is in the 'hands of heaven' except for the 'fear of heaven', because in the end we will see that לא יכנף עוד מוריך (ישעי' ל' כ') 'Yet your teachers won't be hidden anymore,' and we will become aware that all along it was true that in fact (מי השילוח חלק א' פ' וירא ד"ה וירא והנה) הכל בידי שמים אפילו יראת שמים everything is from heaven, especially the fear of heaven.

And so, during the high points of *Tshuvah* - penitence we pray, May Your compassion show beyond Your garments, יגולו רחמיך על מדותיך (ברכות ז'.) - וילבש שאול את דוד מדיו (שמואל א' י"ז ל"ח),

ועל זאת מורה המדרש רבה הנ"ל שהתורה הכתובה לפנינו היא רק הכלל של התורה כולה, שהייתה אתו ית' שעשועים טרם שבא למעשה בראשית וכל נברא בבחינתו הפרטית. והקורא בתורה לא ישכח שעבודתו כשהיא תמה היא באה משניהם, תורת הכלל והפרט בבחי' (משלי א' ח') שמע בני מוסר אביך ואל תטוש תורת אמך. והנה אר"זל (קידושין ל"ב.) רבי יוסי הגלילי אומר אין זקן אלא מי שקנה חכמה וכו'. וכפי שהורה מוהר"ן מברסלב נ"ע (ליקוטי מהור"ן מהדורא קמא ס' כ"ה) שתכלית ירידת הנשמה היא להשיג שכל הנקנה כי שכל העצמי אין להשיגו בחיים בעלמא דין, ואפשר לומר שזה הוא השכל העצמי המתואר אצלנו כלמוד מן המלאך. אבל שכל הנקנה צריכים להשיג בחיים חיותו. ויכולים לומר, כי התורה שמקבלים מן המלאך רק תורת ט' חדשים. ושכל הנקנה דווקה מה שפוגשים בחיים ממה שלא לימדו המלאך אלה מה שלומדים מן חוויות החיים.

כל מאורע בחיים יש בו ממקיים איזו דעה או מפסיד איזו דעה, ומי שמפסיד את האמון בדעות התורה אשר בקרבו מבטן ומלידה חבל לו, כי

הפסיד מהאמת הפרטית שניתנה לו משמים. ובהפסד הזה ג"כ נחסר בכתרו של הקב"ה אבן טובה.

וישנם הורים מלמדים שאינם בוחנים בין התורה שנתנה לכל ישראל ובין התורה העצמית הפרטית של בניהם ובנותיהם וחושבים כי רק תורתם שלהם אמיתית ומעמסים דרכם על בניהם כאילו היא שוה לכל נפש. זהו היפך מעשה אברהם אבינו ע"ה שעליו כתיב (ראשית כ"ה י"ט) אלה תולדות יצחק בן אברהם – אברהם הוליד – בכיוון – את יצחק, אף שמדתו של יצחק, פחד יצחק וגבורה היא היפך מדת חסדו של אאע"ה.

ובכן הורים כאלה מפסידים את התורה ותחושת האמון בה של החניך שלהם באמרם שאין לו הבחנה טובה, ובאמת הבחנתו העיקרית טובה ואמיתיית ונחוצה לו בחיים חיותו, וכאשר מפסיד את זה אזי אי אפשר כי אם שיפסיד גם כן את התורה שלומד מאחרים. כי תורת אחרים היא רק המוסר המדריכנו לעשות את עבודתו כדי שיהי' לו תפארת מן האדם. וכפי המסופר עם היהודי הק' כששמע מלמד תינוקות מדגיש ואהבת – בכל לבבך וכו' ושאל אותו ומה אתנו! בדרך פסולה זו כל אחד לומד תורת חברו ומזניח המוטל עליו עצמו. וזה (משלי א' ח') שמע בני מוסר אביך, וכל התורה הבאה מאחרים היא בבחינת מוסר מה שאין כן תורת עצמו שקבל במעי אמו היא בבחי' אל תטוש תורת אמך.

ולכן אם אין לו עוד דרכו של עצמו אז לכשיזקין אי אפשר שלא יסור ממנה כי החיים רק מקיימים את התורה העצמית (כלשון 'קיום השטר' ועיין רש"י כתובות פ"ה. אשרתא דשטרי – קיום השטר שכותבין דיינין במותב תלתא הוינא ואתא פלוני ופלוני ואסהידו אחתימות ידייהו ואשרנוהו וקיימנוהו) והשאר שאינו בא בחוויה אינו מקוים כי הנפש של הצעירים בוחנת מאד בזיוף ומרחקתו. וזה (משלי כ"ב ו') חנך לנער על פי דרכו גם כי יזקין וגו', ויקנה שכל הנקנה בוודאי יאחז ביהדות ובתורה כי באמת יכיר שהם חיינו ממש ואורך ימינו, וכל מה שעוסק בו רק בה יהגה יומם ולילה.

פ' בראשית

אשר ברא אלוקים לעשות, (בראשית ב' ג'). השי"ת פועל בבחינת בריאה (יש מאין), ואנו בבחי' עשיה ממה שכבר נברא, והיות שהעשיה בידינו ובבחירתינו יש מזה הפתעה ונחת רוח לו ית' מן החידש שאנו גורמים. וגם זאת מטעם החסד חינם של (תהילים צ' י"ז) ומעשה ידינו

כוננהו, שנתן לנו האפשרות שיהי לנו מה לעשות, *וואס ג-ט האט באשאפן כדי מיר זאלן האבן וואס צו טוען.*

פ' לך לך

לך לך... אל הארץ אשר אראך, (בראשית י"ב א')

והנה יש לפעמים איזה השפעה שנעשה ממנה איזה רשימה דקה כמו כאשר מצלמים במצלמה ועד שמפתחים את הסרט עדיין לא נראה, ולא עוד אלא אם היו פותחים את הסרט לאור היתה הרשימה הדקה נאבדת. ולכן אמר לו השם יתברך לך מארצך וזה – בבחי' - developer (מפתח), ממולדתך – stop bath (עוצר), מבית אביך - fixer (קובע), אל הארץ אשר אראך, ואז (שם י"ח א') וירא אליו הוי' באלוני ממרא Hashem became visible.

והנה כל אחד יש לו מידה פרטית לפי שורש נשמתו דמנייהו פרחין נשמתין לבני נשא (עיין מאמר פתח אלי', תיקוני זוהר י"ז.) ולכן אמר השם ית' לאברהם אבינו ע"ה (בראשית ט"ו א') אנכי מגן לך, אף שיתראה שתאבד את מדתך בסוף מלכות שבחסד, שיחלפו זמנים וישנו עתים, אל תירא כי אנכי, דייקא, מגן לך, שיהיה לך חלק בלתי נפסד באנכי, מי שאנכי בחסד שבגבורה, כי העיקר האנכי שלמעלה מהמדות הפרטיות, וסוף סוף (ישעי' נ"א י"ב) האנכי הוא מנחמכם.

ואנשי סדום רעים וחטאים -- לה' מאד, (בראשית י"ג י"ג). פעם בחג הפורים כשאבא ז"ל הלך לקבץ נדבות בשביל עניים הגונים ופדיון שבוים, היה א' קמצן שהשתמט ממנו כאילו עומד ומתפלל את העמידה, ולחש לו אבא ז"ל את הפסוק אנשי סדום רעים וחטאים, אבל הם מראים פנים כאילו הם מאד בדבקות --- לה' מאד.

התפילה הראשונה בתנ"ך היתה זו של אברהם אבינו ע"ה על סדום (שם י"ח כ"ג) ולמה לא נענה בחיוב על מה שבקשו להראות כי התפילה בעצמה אינה פועלת בלתי רצון ה' ואינה ענין מכני אלא עינינו לך תלויות וגו'

פ' וירא אליו (בראשית י"ח א')

(שבת קכ"ז.) גדולה הכנסת אורחים מִקבלת פני השכינה, היינו שבא להאריח לאורחים מתוך אותו התחושה של דבקות בקבלת פני השכינה שמתוך אותה התחושה לראות את השכינה הק' באורחים.

פ' חיי שרה

(בראשית כ"ד מ"ה) אני טרם אכלה לדבר אל לבי והנה רבקה יצאת וכדה על שכמה -- ומקודם אמר אליעזר עבד אברהם (שם מ"ב) ואבוא

היום אל העין ואומר הוי׳ אלקי אדוני אברהם וכו׳. והתפלה פה מתוארת כדיבור אל הלב היינו כי הוי׳ שוכן בתוך תוכיות הלב. (כמו שביאר הרה״ק ר׳ אברהם יהושע העשל מאפט על הפ׳ (ויקרא כ״ו י״ב) והתהלכתי בתוככם, בסה״ק אוהב ישראל פר׳ בחוקתי, ד״ה והתהלכתי וז״ל כי בחי׳ תוכו של אדם הוא הנשמה הק׳. ותוכה של הנשמה הוא המקור והשורש שלה מעולם העליון הק׳ שהוא בחי׳ וסוד הגן הק׳ כנודע והוא בחי׳ יסוד המלוכה הק׳ העליונה עכ״ל עיי״ש באריכות) ובזה מתורצת הבעי׳ הגדולה איך יכולים לדבר אל הוי׳ כאילו הוא חוץ מן האדם, ומאידך גיסא אם אינם מתפללים כאילו מדברים כאיש אל רעהו בדרך ׳אני׳ אל ׳אתה׳ אז התפלה רק מחשבה ואין זה פועל להביא לדחילו ורחימו בהרגש הלב ולא פרחא לעילא, וכאשר הדיבורים דיבורים אבל המכוון הוא בלב ניחא וכן הוא הדבר בתפלה בהתעוררות.

(בראשית כ״ד נ״ב) ויהי כאשר שמע עבד אברהם את דבריהם וישתחו ארצה לה׳, והנה בכל פעם שאני לומד על אליעזר עבד אברהם אני רואה את סידי חסאן השיך הזקן משכם. תוארו ודרכו וכל הענין של האיש נראה לי בענין האיסלאם, שאין בין אללה והמאמין ענין אב ובן ורק *עב׳ד-אללה* והאלקים שהוא רב *אל-עלמין* אף שהוא *רחמאני ורחים* אבל סוף סוף *אללהו אכבר*, ו*לאם וולאד ולאם יולאד׳* (אינו נולד ואינו מוליד) בעיקר כי הוא מלכו של יום-הדין, וכל היחס של אב ובן חסר אתם. ולכן הייתי אומר שהצינור העיקרי *לאזול - מוחמד* השליח מטעם *אללה* אינו ישמעאל כי אם אליעזר, ושפיר כת׳ (בראשית כ״ב ה׳) שבו לכם פה עם החמור, למשא, ואני והנער, דהיינו אב ובנו, נלכה עד כה. ולכן במצוות מילה יש הבדל בין המל את בנו ועושה משתה, והמל את עבדו שבאחד הימים בא הבלן וחותך את הערלה, וחסר אותו היחס של אב ובן בו. אבל נראה ג״כ שהשי״ת ברוב רחמיו זכר חסדו לאברהם ע״י ששלך לבני ישמעאל שליח להוציאם מתחת חושך של שס״א מיני עבודת אלילים שהיו להם בקאבה במכה. והם בעצמם כינו אותו העידן החשוך בשם *ג׳אהאליא* - ימי הטעות - ושוב להכניסם תחת רשות היחיד של האל האחד שהם מתארים בל׳ *תאוחיד* -יחוד.

שמות

וירא איש מצרי מכה איש עברי מאחיו. (שמות ב׳ י״א).

משה רבינו ע״ה כאשר נתגדל במצרים חשב שלפי שהמצרים הציגו את עצמם אשר כל אדם נשכר או נענש לפי מעשיו, וכפי שחשבו ולימדו בבתי ספר הגבוהים של פרעה, וזה היום ראה שיהודי נענש ממצרי לא מפני שעשה איזה דבר אסור לעבדים אלא יהודי אחד עושה איזה דבר והשני - מאחיו - נענש באשמתו של הראשון, וראה שבעיני העמים גם כן כל ישראל ערבים זה בזה (שבועות ל״ט.) ובכל הדורות באה התעוררות

להשתתף בצערן של ישראל, על ידי שמי שהוא סובל רק על שהוא מאחיו של יהודי אחר – וכן אירע לבנימין זאב הרצל בפאריז.

(שמות ב׳ י״ב) ויפן כ״ה וכ״ה – היינו 25 + 25, בנו״ן 50 שערי בינה, וירא כי אין איש, יצא ממנו שנחוץ הוא להעולם, כפי מאמרם ז״ל (עיין שמות רבה א׳ כ״ט) כי אין איש יצא ממנו.

(שמות ב׳ י״ד) מי שמך לאיש שר ושופט, והתבה ׳איש׳ מיותרת פה. אלא שיוצא מזה ומעוד הוכחות אפשרות לחשוב שבכתב התורה בתחילה – כי לא הייתה כתובה אז בכתב אשורי אלא בכתב יתידות היה מין מלת יחס שקוראים determinative להורות שהמלה הבאה אח״כ מדברת על אישיות ולא על בית או ספינה.

פ׳ בשלח

(שמות ט״ו כ״א) ותען להם מרים – על איזה שאלה ענתהו על השאלה איך מגיעים לאותה השירה וההודאה להודות לה׳ על הנסו הוה אומר ברגלים, בריקוד. (ועל ידי הריקודים יכולים לברר הרבה (ירמי׳ ט״ו י״ט) להוציא יקר מזולל כי בהלכות שבת המרקד – בורר).

וְלֹא יָכְלוּ לִשְׁתֹּת מַיִם מִמָּרָה כִּי מָרִים הֵם (שמות ט״ו כ״ג)

אין מים אלא תורה, ולא יכלו כי מרים הם – כמאמר ר׳ שלמה קרליבך ז״ל שמי שמתמרמר נגד השם ומהרהר אחד מדותיו ומעשיו ומאשים את השם בענין השואה וכדומה, התורה שלו היא מרה. ולכן רבים מן הנוער מתנכרים מן היהדות. כי תופסי התורה שחיו בשנות השואה מימיהם – תורתם מרים.

וַיּוֹרֵהוּ יְהֹוָ״ה עֵץ (שם) עץ היינו עץ חיים, וַיִּמְתְּקוּ הַמָּיִם. ומה סגולת אותו העץ

כתיב ואתה בן אדם קח לך עץ אחד וכתב עליו ליהודה ולבני ישראל חבריו ולקח עץ אחד וכתוב עליו ליוסף עץ אפרים וכל בית ישראל חבריו. וקרב אתם אחד אל אחד לך לעץ אחד והיו לאחדים בידך: (יחזקאל ל״ז:ט״ז–י״ז) היינו זיווג דרכם של הצדיקים – יוסף ידיד הקדוש מבטן, שאינו חוטא המטרה אפילו כחוט השערה, והבעל תשובה שהוא בחי׳ יהודה שאינו מתייאש מבטוח בישועת הש״י שיקרבו ויחזרו לתשובה אע״פ שעבר עליו מה שעבר – שניהם ביחד, שמשיח בן יוסף ומשיח בן דוד יתאחדו, ולא יצטרך משיח בן יוסף ליהרג – דכד אתער רוח צפון בפלגו דליליא, קב״ה אתי לאשתעשעא עם צדיקיא בגנתא דעדן (זוה״ק ח״א ע״ב.) היינו הצדיקים שהם גם כן בעלי תשובה – בגן עדן. כי הם עץ אחד. ועדן משמעתו תשובה כדאיתא בזוה״ק – עדן תיובתא, ועלה אתמר ועץ החיים בתוך הגן. (זוה״ק ח״א כ״ז.)

ולכן מי שרוצה שתורתו תהיה נקיה ומתוקה עליו לקרב לבם של הנוער בבחי' תורת אמך ולא ב"מוסר אביך" כאלו נותן לחניכיו "עצה" טובה מעץ חיים בדרכי נועם,

פ' משפטים

מצוות עשה נעשים בזמן, כי לכל מצוות עשה יש בה מזמן גרמא, ואין המצווה מקוימת עד שעושה אותה באיזה זמן מן הזמנים. משא"כ במצוות לא תעשה יש בה יותר מן התדירות כי מקיים אותם תמיד כל השס"ה ימים של השנה בבחי' שב ואל תעשה.

אם אדוניו יתן לו אשה וגו', (שמות כ"א ד').

האשה וילדיה -- והוא יצא בגפו. והתורה דברה ככה שלא יהיה הוא גלמוד כל אותם השנים של העבדות שלו, ואם לא חשב האדון והי' בטוח שהאשה והילדים ישארו אצלו לא היה מוסר לו וכאשר יצא לחפשי על האדון להעניק לו (דברים ט"ו י"ד) בהעניק תעניק לו, שמזה היה אפשר להעבד לפדותם גם הם (ואפשר שהאדון חשב שעל ידי זה יהיה העבד נרצע לו עד ליובל)

וְאֵלֶּה הַמִּשְׁפָּטִים אֲשֶׁר תָּשִׂים – לִפְנֵיהֶם:

כי השם יתברך צוה למשה רבינו שאת המצוות שעל האדם לעשותם אף כי נראים כחסרון כיס כי מטבע הבעל הבית לא נוח לו להוציא את עבדו העובדו לתועלתו לחרות והענק לא יעניק לו מטבעו לכן אם לא ישים את מצוות ה' לפני צרכיו היינו טרם שיעסוק בצרכי עצמו ועניניו הפרטים, תורה מה תהא עליהו (אסתר רבה ז' ג') כי במצוות אנשים מלומדה לא תפעל התורה על לבו. לכן אמר רחמנא 'תשים' שאתה תשים – תפעול שתהיו שמים לב שהמצוות תפעלנה עליו טרם שיפעלו עניני ומניעי תועלתו הפרטי. ואז יהי' כאילו המליך בתוך סדרי עצמו the hierarchy of values לתת קדימה לצווי ה', להמשפטים כדרך שום תשים עליך מלך (דברים י"ז ט"ו), ודווקא במשפטים צריך זאת כי החוקים בדרך גזרה גזרתי מה שאין כן במשפטים שדרכם דרך השכל ושכל של הנאת עצמו חייבו שלא יוציא את העבד ולא יעניק לו. ולזה צריכים 'שימה' כמו שים נא ידך תחת ירכי, להשביעו שיעשה נגד טבעו. לכן אומר ו–אלה המשפטים – ו"ו מוסיף על הראשונים (בראשית רבה י"ב ג'). כי ע"י שאכלו ושתו וראו פני אלקים (שמות כ"ד י"א) הבינו שבאמת השי"ת רוצה בבריות גופא של בני אדם וגם נהורא מעליא.

ומי שבאמת מרגיש שכל חקת התורה הם באמת לטוב לך (דברים י' י"ג) כל הימים, אז מאמין ג"כ שהמשפטים אלה לטובתו אף כי לפעמים

נראו כאילו לא לטובתו אז אינו נמנע מלעשותם כי מכבר הושמו 'לפניו' – לפני עניני עצמו כי באמת הם ג"כ לטובת עצמו.

ומי שפוסק הלכה לאחרים צריך לעשות כמשה רבינו שנהג בטוב עין לישראל (נדרים ל"ח.), כי בכל פסק שהולך נגד הטוב הנראה והנגלה – לטמא, לאסור, לפסול ולחייב, – צריך לקשר דעתו בשימה 'לפניהם' למקום שהמקבל את הפסק יכול להסכים עמו

וַיִּקַּח סֵפֶר הַבְּרִית וַיִּקְרָא בְּאָזְנֵי הָעָם וַיֹּאמְרוּ כֹּל אֲשֶׁר דִּבֶּר יְהֹוָ"ה נַעֲשֶׂה וְנִשְׁמָע:

וכבר עמדו על זה המפרשים שקודם קבלת התורה אמרו רק כל אשר דבר יהו"ה נעשה, (שמות י"ט ח') ואח"כ אמרו נעשה ונשמע, (שם כ"ד ז') ותרצו מה שתרצו. ועוד מילין כו' כי יש מי שמקבל עליו איזה ענין בקבלת עול לעשות ועדיין אינו מבחין מה המשמעות, אבל מי שעושה וכבר עשה, אז גם גופו יכול לשמוע כי השמיעה היותר עמוקה באה מן העשיה.

פ' תרומה

ויקחו לי תרומה, (שמות כ"ה ב'). תקחו את ה'לי', מה שתמיד אתם עושים לגרמיה להרים אל ה' ~ תקחו את תרומתי

פ' כי תשא

כי תשא את ראש בני ישראל לפקדיהם ונתנו איש כפר נפשו לה' בפקד אותם וגו',(שמות ל' י"ב).

על ידי המנין שמונים את מי מישראל שמצטרף למנין מתפללים ע"י נשא את ראש כל בני ישראל, כי (דברי הימים ב' י"ז ו') ויגבה לבו, בידיעתו, כי בדרכי הוי' מתחשבים עם כל יהודי ובא מזה (תהילים מ"ז ה') לגאון יעקב.

והנה, בענין נשיאת ראש, אף שבאמת טוב וגדול הדבר לשאת ולהרים את הראש – כי מח שליט על הלב והמדות הן תולדות חב"ד – אבל העיקר הוא שנשיאות הראש תהיה לפקודיהם שכאו"כ לא יתנשא על השני.

כי באמת כל אחד על תפקידו עומד (דברים כ"ט ט') ואתם נצבים כו' ראשיכם – שואב מימך וחוטב עציך, ואילו לא עסק השני בענינו הוא, לא היה הראשון יכול לעסוק בתפקיד עצמו, ולכן ונתנו איש כפר נפשו דהיינו שצריך להיות כופר בנפש עצמו ובישות עצמו ולפדות את היש במחצית השקל בשקל הקדש. דהיינו כאשר חושב על ישותו ישקול את עצמו על משקל הקדש, כי יש בו ג"כ מחצית של המשקל שאינה קדש.

וגם אותה המחצית היא הכבדות – המשקל – של עצמו והטוב בו, אבל אין זה עדיין בשלמות עד שיהיה לכה"פ עם עוד אחד בדיבוק חברים ובשותפות עמו בשקל – משקל – הקודש.

והכסף הנאסף ניתן בעד תיקוני הכלל כי מי יודע אם אני ממלא את תפקידי, וודאי מה שעלי לעשות אין לאחר לעשות, וכנגד זה מה שאחר עושה אינני צריך לעשות. ובזה נהיה לפקודיהם כי ישרים דרכי השי"ת – הרבה דרכים למקום ואין דעותיהם של ב"א שוות.

ונתנו איש כופר נפשו לה' בפקד אותם וגו' ...מחצית השקל בשקל הקדש עשרים גרה השקל וגו'.

כי בכל לבבך בשני יצריך (משנה ברכות ט' ה') ועשרים גרה היינו מה שמגרה ומניע את האדם, יהי ששניהם של עשרה בחינות הנפש של הנה"ב והנה"א יהי בבחי' ונתנו ישר והפוך, מי הנותן ומי המקבלו העשיר לא ירבה והדל לא ימעיט כי אין זה תלוי בכמות הכספים – הכיסופים אלא באיכות וכוונת הנותן לשם נשיאת ראשו.

פ' ויקהל

(שמות ל"ה ל') ראו קרא ה' (את בצלאל) תרגום אונקלס חזו דרבי ה', היינו הקריאה לאיזה איש מאת ה' בבחי' גידול כמו לגדל ילד – היינו לפתח את הכוחות והחושים להיות ראוי לאיזה עבודה. ומי שחש שהש"י מינה אותו לאיזה שליחות בוודאי נתן לו הכח והיכולת החושים והכלים, ואז כל המחשבות שלו בבחי' מחשבה טובה שהשי"ת מצרפה למעשה לעשות כל מלאכת מחשבת.

ויקרא

פ' מצורע

והנה במצורע ובצרעת הבתים יש משלוח בעל חי (ויקרא י"ד ז'). וכן גם בשעיר לעזאזל (ט"ז ח') ומזה נראה ברורות שהענין הוא סמלי-שאמאני, היינו מה שהוא פועל כמו החוקים שבדרך כלל אין להם טעם שכלי לפי שכל המוסכם בעיני המון העם.

הבעל חי שאנו שולחים לחוץ נושא עליו את הטומאה של הצרעת של האדם או הבית. ובשעיר המשתלח יש ג"כ ענין כזה, כי המשכן (וביהמ"ק) בולע בתוכו טומאות מאותם החטאים ועוונות וכמו שכתוב

(ישעי' נ"ג ה') והוא מחלל מפשענו, שע"י הפגמים נעשים חללים אשר על ידם יכול שפע הקודש לפלוט לחיצונים.

וכדי להעביר את הזוהמה של החטאים צריכים לכפר על הקודש (ויקרא ט"ז י"ז), היינו להדיח אותו, ואת הזוהמה ההיא עומסין על השעיר אשר (שם י') יעמד חי, לשלוח אותו לעז-אזל היינו עזי-בר החיים חוץ ליישוב. ובימי חז"ל גזרו עליו מיתה כדי שלא יבואו להשתמש בחי שהיה הקדש. ולי נראה שבתחילה היה בזה ענין אחר, וד"ל ברמיזה לגבי domestication -. ובענין הזה הוא כמו אצלנו בכפרות שזה התרנגול ילך לכו' ואנחנו נלך לחיים טובים אכי"ר

פ' קדושים

הוכח תוכיח את עמיתך ולא תשא עליו חטא, (ויקרא י"ט י"ז). הראה לו כיצד גם לך הראו והוכיחו כאשר חטאת כי אתה עמו, את - עם עמיתך (בבא מציעא נ"ט.) עם שאתך בתורה. הוכח תוכיח את עמיתך וודאי תתן לו כח מבלי להעמיס עליו חלישות הדעת, כי אתה מראה לו איך שהחטא הכי גדול הוא לדעת שיש תשובה ואינו שב. כי כך הראה לנו הר"נ ז"ל מברסלב (ליקוטי מוהר"ן מהדורא בתרא סי' קי"ב) אם אתה מאמין שעל ידי חטא יכולים לקלקל אתה צריך להאמין כי על ידי תשובה יכולים לתקן, ותראת לו שגם אתה עשית תשובה בענין כמו זה שלו. ועל ידי כך חזקהו ואמצהו.

פ' אמור

(ויקרא כ"א א') דבר אל בני"י - אמר אל הכהנים, (אמירה לגבוה כמסירה להדיוט - נדרים כ"ט:) כי לכהן איש החסד די באמירה ל' רכה, (עיין רש"י שמות י"ט ג') והעיקר של האמירה הוא התוכן, משא"כ בדיבור כמו (תהילים מ"ז ד') ידבר עמים תחתינו, בדרך פקודה וממשלה למי שהוא קשה עורף.

(ויקרא כ"ג ט"ו) וספרתם לכם - דהיינו *מאכען זיך אליין ליכטיג,* ממחרת השבת היינו די *נאך שבת'דיקע עבודה,* מיום הביאכם את עומר התנופה, *אויפציהויבן דעם מאכל בהמה, ווער ס'טוט אזוי מאכט ליכטיג דעם* לכם. *פון דעם טאג וואס איר הויבט זיך פון דער ערד צו עהם ית',* שבע שבתות תמימות תהיינה - *די זיבן שבתות זאלן זיין גאנץ מיט דער וואך צ'זאמען,* עד ממחרת השבת השביעית תספרו חמישים יום - *וועט איר באלייכט ווערן פון שער־החמישים און קענען מקבל זיין די הייליגע תורה.*

פ' בהר

וכי ימוך אחיך - עמך - ונמכר לך, (ויקרא כ"ה ל"ט). איך זה שאחיך ימוך כל כך עד שנמכר לךו הטעם בוודאי שהעשיר ג"כ מך עמו, כי אילו היה במדרגת נדיב לב היה בוודאי תומך באחיו באופן כזה שלא יצטרך להיות עבד, ולכן אין לך רשות לעבוד בו עבודת פרך כעבד כנעני.

אל תקח מאתו נשך ותרבית, ויראת מאלקיך, וחי אחיך עמך, (ויקרא כ"ה ל"ו).

(תהילים צ"א ט"ז) ארך ימים אשביעהו ואראהו בישועתי - כי הלוקח תרבית רוצה שהימים יעברו מהר והלוה רוצה שלא יעברו כל כך במהרה על כן לא תקח נשך ותרבית אז יחיה.

אחיך עמך – באותו הקצב של זמן, וזה גם כן אורך ימים אשביעהו, שיהיו שניהם שבעי רצון מאורך ימים שלא יהיו הימים נראים או כארוכים ומשעממים יותר מדי. וגם לא היו כל כך קצרים כמאמר יעקב אבינו לפרעה כדכתיב (בראשית מ"ז ט') ויאמר יעקב אל פרעה ימי שני מגורי שלשים ומאת שנה מעט ורעים היו וגו', כי ימיו מעטים היינו הטובים והשאר רעים, אלא תהליך אורך ימים יהיה משביע רצון, כי בכל הדברים בי חשק ולא את הדברים בעלמא, לכן ואפלטהו אשגבהו כי ידע שמי, היינו הצירוף של העת והזמן של השעה הנוכחה ואז הוא שוה בשוה עם הזמן ולא דוחק את השעה.

במדבר

פ' בהעלותך

וכבסו בגדיהם וטהרו, (במדבר ח' ז'). היות שג' לבושי הנפש, מחשבה דיבור ומעשה יהיו נקיים, כי השאר, נשמה שנתת בי כבר טהורה היא.

נשא את ראש בני וגו', (במדבר ד' ב'). נשיאות ראש, כדי שהשכל יהיה לבוש לנשמה השכל צריך להתפשט ולהרחיב על ידי (תהילים כ"ד ז') שאו שערים ראשיכם –- (משלי ל"א כ"ג) ונודע בשערים בעלה –- שערים ההשערות (ל' ערות בשפעל) כי מה שהנשמה מרגישה מן האור חולף ועובר, ובלי שהשכל יכול לארוז את השפע מתוך הבנה. וצריך השכל להיות יותר עדין ומלומד בתורת הסוד כדי להכיל את אור הנשפע. כי כל התכונה של תורת הסוד אינה לתת למי שהוא חשיבות וגאוה רזא לי רזא לי, אלא לתת לשפע הקודש מושגים גמישים בהם יכולה ההארה להתלבש בלבושי דיבור ומילים שיש להם יחס לשורש נשמת האדם.

ובזה צריכים גם לאמונה שתורת הסוד אמיתית היא, אשר ממנה באה אותה ההשערה של הנשמה אל השכל. כי לפעמים התורה והשפע

באים ממקור בלתי מוסכם בין עמא דבר. לכן מי שמשתתף עם שבטו השייך לשורש נשמתו שהם ג"כ מאמינים בשותפות באותם המושגים יכול גם להבין ע"י נשיאת ראש באופן שההבנה תביא אותו גם להרגשה ולמעשים. וזוהי הלשון המשתפת של הרביים עם החסידים שלהם שהרביים נושאים את ראשיהם לרמה יותר גבוה.

לשבת מבורכים תמוז התשמ"ג בארה"ק

פ' שלך לך

שלח לך אנשים ויתורו את הארץ, (במדבר י"ג ב').

והשם של צירוף חודש תמוז יוצא מפסוק (אסתר ה' י"ג) זה איננו שוה לי, היינו הוי' למפרע.

והנה תמוז מזלו סרטן ומדתו מדת יסוד–המים, ועקרו בחי' עקרת הבית ומשפחה. האות המיוחדת לחודש הזה היא הח' וחוש השמיעה עולה על כל החושים.

כי עכשיו החורבן בשם אדנ"י ולכן התפלל משה (במדבר י"ד י"ז) ועתה יגדל נא כח אדנ"י כאשר דברת לאמור, כי לע"ע כח הדיבור נחלש מאד כי (שמות י"ד ג') סגר עליהם המדבר, ואין פה–סח (פרי עץ חיים – שער מקרא קדש פ' ד'). אבל כאשר אם הבנים שמחה (תהילים קי"ג ט') אז הנוקבא משפיעה – היינו בחי' פועה (שמות א' ט"ו עיין רש"י שם) המילדת ותחיין את הילדים –– ויעש להם בתים (שם כ"א). והנשים לא היו צריכות (יחזקאל ח' י"ד) לבכות את התמוז, כי (משלי י"ב ד') אשת חיל עטרת בעלה, אז נתגדל ונתקדש שמיה רבא.

ואז הזכר מקבל והנקבה משפיעה, ובזה תלויה הגאולה השלמה. וחבל אשר בימינו אלו קשה למצוא זכר שיכול לכה"פ לפי שעה להיות מקבל של אהבה עזה ורבה הבאה מצד הנקבה. ומשחרב ביהמ"ק נפסל קצת ענין העלאת מ"נ, העלאת הקורבנות, ונטלה טעם בשר כו' טעם ביאה ונתנה בעריות, (סנהדרין ע"ה.) ותקון השכינה דווקא כשהמלכות עולה לכתר להיות עטרת בעלה.

והמן הרשע כל מה שהי' לו בבחי' יש לי רב (בראשית ל"ג ט'), לא היה די לו מטעם הפגם בנשמתו, שכל זה איננו שוה לי, כי אין לו סיפוק כל זמן שיש מישהו אחר זולתו שיש לו סיפוק. המן רצה להיות היחידי אשר המלך חפץ ביקרו. ולהיפוך בקדושה כולם נותנים באהבה רשות זה לזה להקדיש ליוצרם כי העיקר למקדשי שם שיהיה לנח"ר ליקרא דמלכא.

וזה ג"כ חטאם של המרגלים שהוציאו דיבה על הארץ לומר שהארץ אוכלת את יושביה (במדבר י"ג ל"ב). והנה ארץ –– (בראשית ב' ד') ביום עשות הוי' אלקים ארץ ושמים – היא המלכות הוי' למפרע – צירוף החודש ה'ו'ה'י'. ובחודש הזה (תהילים קי"ג ט') אם הבנים שמחה –– הפירות מתבשלות ביתר שאת ההשפעה בתוקפא דתמוז.

ומפֵרות הארץ באים מצות רבות התלויות בארץ. והמרגלים כפי תורתם של אדמו"ר הזקן נ"ע לא החשיבו מצות התלויות בארץ, כי רצו יותר בלחם אבירים היינו המן ובארה של מרים, ולא ביורה ומלקוש התלוים בזכות מעשה המצות, ובעננֵי הכבוד שעליהם עמוד האש והענן, ולמה להם להכנס לספיקות של חריש וקציר בעולם שעלול להביא את האדם לחשוב (דברים ח' י"ז) כי כחי ועוצם ידי עשה לי את החיל הזה, אבל מתאוה הקב"ה שיהיה לו דירה בתחתונים ורצה בהרצאת יהושע וכלב, (במדבר י"ד ז') טובה הארץ מאד מאד. וכפי שתרגם אונקלס שם, 'עד לחדא לחדא', יחידה שבנפש. ולכן אמר רחמנא 'שלח לך אנשים', *שיק נאר מענשן* – שיהיו עצמאים ונקיים משוחד עצמם למצוא חן בעיני אנשים, ויתורו את הארץ, שילמדו תורת הארץ להכניס את התורה לתוך עניני הארץ.

ראש חודש מנחם אב לכבוד הילולא דאהרן שושבינא דמטרוניתא אהרן הכהן - אושפיזו של ספירת הוד!

כי אהרן הקריב בחייו הרבה קורבנות, ותמיד כששמע וודוי דברים של הבע"ת בהביאו קורבן הי' מדגיש (ויקרא א' ב') אדם כי יקריב מכם קורבן, שבאמת היה על החוטא להקריב את עצמו על עברות בשוגג כי על מזיד לוקין.

והנה זאת היה תמיד דרכו של אהרן (משנה אבות א' י') אוהב שלום ורודף שלום. וכשאחד בא ואמר שחטא לה' שאל אותו בשוגג או במזיד, ואם היה עונה לאהרן שחטא במזיד אז אמר אהרן הכהן חלילה ידידי! במזידו האם אתה ח"ו יודע את רבונך ומכוון למרוד בו, האתה באמת יודע את רבונך, בוא אתי ידידי "הדר כבוד הודך ודברי נפלאותיך אשיחה," (תהילים קמ"ה ה') וכאשר דיבר עם בע"ת ראה כי באמת לא היה במזיד ובאמת לגבי רצונו הפנימי ודעתו היה יותר מדי קצרה, ולכן שוגג היה וראוי להקריב קורבן כדי שיתכפר.

מה שאין כן במשה אצל מקושש עצים בשבת וכו' (במדבר ט"ו ל"ב). משה שהיה שושבינא דמלכא דווקא ראה את המזיד שיש אפילו בשוגג כי לעבור רצון המלך מרידה אפילו אם לתיאבון כי לגבי משה יראה מלתא זוטרתא היא (ברכות ל"ג:). ואהרן שעסק בעגל (שמות ל"ב ד'), תמיד רצה למצוא איזה פתח לכפר על ישראל וגם רצה איזה תרופה לבכיה לדורות. לכן כשבא זמנו להסתלק בקש מה' שהוא ובניו יהיו מנקים אפילו לשופכי דמים בערי המקלט לכפר בעדם במיתתו. לכן מסר נפשו בר"ח מנחם–אב כדי לכפר על כלל ישראל ועל השוגגין. ולמעט את החורבן שישפוך חמתו על עצים ואבנים (מכות כ"ד:).

ולמה טרח את עצמו לעשות את העגל תבנית שור אוכל עשבו כי חשב שכאשר יראו את העגל יהיה חוכא וטלולא וליצנות – וכל ליצנותא אסורה חוץ מלצנותא דעבודה זרה – ויהיה ברור להם הבהמיות בדרישתם ובקשתם ויבושו וילכו לבתיהם מלא חרפה. אבל כאשר בני אדם עוסקים באמונה טפלה אז חוש ההומור נעלם מהם. ואהרן הכהן, שדן את כל אדם לכף זכות, לא שיער לעצמו שברצינות יעלה על דעת העם שבאמת (שמות ל"ב ד') **אלה אלהיך ישראל.**

לכן אהרן הכהן שהוא הכהן הגדול לדורות במיתתו גאל את הורגי שוגג מערי המקלט לשוב להכלל בתוך שאר בני ישראל כמש"כ (ויקרא ט"ז ו') וכיפר בעדו ובעד ביתו ובעד כל קהל ישראל, שלפי דעתו היה בשוגג ומיתתו היתה מכפרת עליו ועל בני ישראל.

עוד קצת מענין הזה: (משלי א' ח') שמע בני מוסר אביך – (דברים ח' ה') כי כאשר ייסר איש את בנו הוי' אלקיך מיסרך – ככה התורה בחו"ל – ואל תטוש תורת אמך תורה באה"ק. ומי שבא להיות בארץ אפילו לזמן מועט מוצא (יהושע א' ג') שכל מקום אשר תדרוך כף רגלכם בו לכם נתתיו – *ס' ווערט ווערן זיין אייגענס.*

עוד – שמע בני מוסר אביך – כי כאשר ייסר איש את בנו הוי' אלקיך מיסרך – משה רבינו היה שושבינא דמלכא (זוהר ג' כ.) ודבריו כדברי האב ומוסרו, והחוטא צריך לקבל את עונשו. משה רבינו אכל לחם אבירים בארץ לא זרועה ולא טעם מפרי הארץ, ומצוות התלוית בארץ, בפירות תירושך ויצהרך שהם בבחי' תורת אמך, תורת האם המולידה את החיים באופן אורגני וחיוני (דברים י"א כ"א) כימי השמים אל הארץ, דייקא. וכל מי שרוצה באמת ללמוד תורה בזמן הזה, תורת חיים באהבת חסד צריך לינוק גם מתורת האם המגדילה ומיניקה בסבלנות. הבעל תשובה הלומד תורה בבחי' חוץ לארץ – תורה רגזנית כתורת אב המפחיד על בנו שיש בה מן העונשין, אינו טועם טעם תורת אמך הבאה עם ברכת כהנים אהרן שושבינא דמטרוניתא (שם בזוה"ק).

בס"ד עש"ק פרשת פרה התשנ"ג

בענין פרה אדומה

לטהר טמאים ולטמא טהורים --- באומר קדוש (יוצר לשבת פ' פרה)

(במדבר י"ט ב') ויקחו אליך פרה אדומה תמימה, וצ"ל איך מקיימין מצות פרה אדומה בפנימיות בזמן שא"א לקיימה במעשה, והנה חוקה זו

בדרך כלל מובאה לדוגמא לבחינת חוק, היינו מצוה שהיא למעלה מבחי' טעם ודעת. כי משפטים הם מצות שהדעת מחייבת אותם כגון גזל ועריות. ועדות הם מצות שהדעת מסכימה אתם כגון ציצית, תפילין ומצות ארבע מינים המעידים על יחסנו עם הבוב"ה. מה שאין כן חוקים שהם בדרך גזרה (פסיקתא רבתי שם) חוקה חקקתי וגזרה גזרתי ואי אתה רשאי לעבור על גזרתי -- אין לך רשות להרהר אחריה.

והנה יש כמה מיני כתב, יש והדיו כותב על הקלף וראוי להמחק וזהו בבחי' משפטים ויש וכותבים עם קנקנתום (רש"י סוטה י"ז: - וויטריאל בלע"ז) ואם כותבים בו אז אף אם מוחקים אח"כ נשאר על הקלף רושם כחול של הכתב, והרושם הזה אינו נמחק לגמרי כי נשקע קצת בקלף וזהו בבחי' עדות. (רק אור השמש לזמן רב יכול ללבן אף את הרושם עד שלא נשאר) ויש עוד שכותבים באותיות החקיקה וכתב זה אינו עומד להמחק כי הכתב נעשה ע"י חקיקה היינו שגוף האבן נחסר ממנו מה שנחקק לאותיות והכתב בהעדר הישות. ולכן החקיקה אי אפשר להמחק. [וכדאי לציין כי בערבית חקיקת מורה על האמת, כמו שהרמב"ן כותב עפ"י האמת היינו הסוד של פרד"ס] ולכן בחי' חוק הוא ענין הסוד.

והנה, בזמן שליטת מזל טלה מימי האבות עד חורבן הבית הב', היו המשפטים בבחי' נגלה והעדות בבחי' נסתר. ובזמן שליטת מזל דגים, היינו התפתחות תורה שבעל פה, היו העדות בבחי' נגלה והחוקים בבחי' נסתר אבל בזמן הזה אתחלתא דמזל דלי נתגלים טעמי החוקים בפעולתם השַמַניים כפשטי התורה, ולכל הפחות כרמזים בדרכי החיים. ובעיקר בא זאת על ידי ההכרה שבאדם יש גם כן מפ'ר'ד"ס ומה שפָעיל פועל בבחי' גזרה. למעלה מן השכל.

עם כל זה יש בחינת סוד נוספה שעליה כתיב (תהילים כ"ה י"ד) סוד ה' ליראיו ובריתו להודיעם, ובזמן הזה אלף הששי סדר ספירת יסוד, הסוד הוא שהיחוד הכי עצום ומורגש הוא יחוד ז"א ונוקבא, ושהשי"ת נמצא בבחי' אות ברית קודש, הצנור האמצעאי - הבריח התיכון הממשיך מכתר למלכות ומבריח מן הקצה אל הקצה. הסוד הוא המורה איך להמשיך כוחות הנפש לתלת שליטין: **מוחא לבא וכבדא** (זוה"ק חלק ב' קנ"ג.) היינו עולים ויורדים ב-ו, ב-וי"ו, העמוד האמצעי, (תיקוני זהר כ"ז:). ועוד יש סוד עצום בהשתתפות האדם עם בוראו בבחי' (במדבר י"ב ח') 'פה אל פה', שהוא היחוד שאין בו שני ולא פה לאוזן והמי"ב וד"ל (עיין זוה"ק ב' קט"ז.):

וענין פרה אדומה נראה בע"ה שפרה אדומה אחת יש בה כח הרבה לטהר כמה אלפים טמאי-נפש. ופירש בעל מי השלוח מאיזביצא (מי השילוח חלק א' פ' חקת) כי הטומאה היא מתרעומת על ה' על מה שברא את המוות. וכולנו שגורלנו להיות (משנה אבות ד' כ"ב) בעל כרחך אתה

חי -- מת, לכן הנוגע במת שיש לו נגיעה ונפגע בנגע זו נטמא. והיות שבכל דבר יש בו מרצוא ושוב, ומדה כנגד מדה, ולאום מלאום יאמץ, בכן יש בזה משקל בטומאה. ולכאורה היה צריך להיות שמדה טובה ומדת פורענות שוים בשוה והי' דרושה פרה אדומה שלמה לכל טמא מת אבל (חולין ס.) משמיא מיהב יהבי, (יומא ע"ו.) ומרובה מדה טובה ממדת פורענות, וע"ז אמר רחמנא לטהר טמאים הרבה וכל א' במה-שהו, ולטמא רק איש א' העוסק בשרפת הפרה טומאה קלה.

וצ"ל למה צריכים לטמא אפילו איש אחדו אך הענין הוא כי בכל דבר כח הפועל בנפעל (ס' התניא, שער היחוד והאמונה פרק ב'), וגם בזה יש יחס גומלין, כי גם הנפעל פועל על הפועל. לכן כל הבא לטהר אחרים עליו לדעת כי לכה"פ בדקות נתפס הוא בטומאת אחרים כי יחס זה מחוקי העולם שהנשפע גם ישפיע על משפיעו.

לכן אמר רחמנא ויקחו – **פרה** – כדי שיהי' פועל לטהר חוסיו של הקב"ה צריכה להיות **אדומה** היינו מתוך האדם – ***וואס איז מענשליך*** – באותו הכהן , **תמימה** שיעשה עבודתו לטהרם בתמימות של בכל מאדך, וכמו שתרגם אונקלוס (במדבר י"ד ז', טובה הארץ מאד) **עד לחדא**, שהתוספות (מנחות י"ח.) מבאר 'עד הנפש שנקראת יחידה', עם כל עצמותו, **אשר אין בה מום**, מום בגימ' פ"ו (כמנין אלקים) היינו להעלות ולתקן הניצוצות הנשארות מרפ"ח שנפלו לשבירה – (מרחפת – מת רפ"ח) (עיין מגלה עמוקות ואתחנן אופן נ"ח). כי זאת עבודת כל אדם להעלות את הפ"ו נ"ק (שנשארו אחר ש"ערב ר"ב עלה אתם, (שמות י"ב ל"ח) היינו ר"ב מרפ"ח). **אשר לא עלה עליה עול**, אפילו עול התורה שיש בה טמא – טהור, מותר – אסור, עול ופריקת עול. אבל מי שעוד בתמימותו ובאישיותו בן אדם – בשר ודם פשוט וכולו בשערות אדומות היינו אדם שעליו נאמר על כרחך אתה נולד וחי ומת, ויש בו טוב ורע, יכול לחיות עם חוקי חיים. אבל אם יש בו 'שערות שחורות' המורים על מרה שחורה, לאמר על הטבע שנטבעה בו כאשר משפיל ומבייש עצמו לומר, אתה רשע רע משוקץ ומתועב ואין בו מתום ומותך טוב מחייך, אין בו טהרה. מי שמעריך את החיים כאילו הקב"ה בא בטרוניא עם בריותיו זהו פסול.

ומי שיש בו 'שערות לבנות' היינו שאומר על עצמו שהוא כבר בלי שום שמץ רע ולבן כשלג ואינו נטפס בצערם של הטמאים זהו ג"כ פסול. ולכן צריך כל אחד לראות את עצמו כחלק כלל ישראל כשערה אדומה ולא של גוון אחר. אז הפרה פרה ורבה ועשתה פרי בבחי' מרובה מדה טובה (קהלת ב' י"ג) כיתרון האור מן החושך, ובה כח רב לטהר טמאים כדכתיב (ירמי' י"ז י"ג) מקוה ישראל ה' – (משנה יומא ח' ט') ו'לפני' מי – אמא – בחי' אבא אתם מטהרים אז 'מי' בגי"מ נו"ן מטהר אתכם! אביכם שבשמים,

אבא חכמה, למעלה מבחי׳ בינה – מי, ואז אם הבנים – אמא עילאה – שמחה, כי ע״י ההשקה במקוה ובטבילה במיי הרחם נטהרים.

ועבודת הכהן היא לשרוף את הפרה ולקבץ את עפרה. והיות שאי אפשר לעוסק בצרכי ציבור של אמונה שלא להתגאות לכה״פ (סוטה ה.) שמינית שבשמינית, ולהיות בגבהות קצת שהוא הוא אשר על ידו נטהרים כל כך הרבה טמאים, וגם התחושה בכהן היא שמה שעושה עומד ברום העולם ומזה יכולים לטעות להאמין במדרגת ומעלת עצמו, והוא בא לחשוב שאני באמת גדול וכהן בכל מה שאני עושה ומגיע לי הכבוד -- כי בזה טעו בני עלי הכהן שחשבו שכל מה שעושים הם לטובת עצמם -- ג״כ חל עליו בחי׳ עבודת הכהונה ומה שאסור לאחרים מותר לו, לכן וטמא עד הערב -- ויכבס בגדיו היינו מחשבה דיבור ומעשה שלו (כדלעיל פ׳ בהעלותך),

ואחר ששהה ליום להיות לבד ובבדידות ובמוחין דקטנות וכבשר ודם פשוט **יבא אל המחנה**, להיות ככל ישראל אחיו -- וטהר. כי ראה את עצמו בלי ההפרזה של משרתו בכתר כהונה, ואין לו עוד תרעומת על הקב״ה, ויש לנו בזה רמז שאנו צריכים לקחת לעצמנו בחזקה זמני בדידות והתבודדות כדי לבא לידי טהרה.

ולעתיד לבוא (ישעי׳ כ״ה ח׳) בלע המות לנצח, (שם י״א ט׳) ומלאה הארץ דעה את ה׳ כמים לים מכסים, ויהי׳ יניקתנו מעץ החיים לא נצטרך אפילו לאפר פרה, אלא (דניאל י״ב ג׳) והמשכלים יזהרו כזהר הרקיע, בגוף התחיה הבהיר, ויהי׳ רצון השי״ת כ״כ בגלוי שנוכל לעמוד על רצונותיו ית׳ הפרטיים באופן ישיר בלי הלבושים בכללי התורה כמבואר בסה״ק מי־השלוח (חלק א׳ מס׳ מגילה דף י״ב ד״ה והקרוב עליו) כי כולם ידעו אותי אמן כן יהי רצון.

פ׳ בלק

ויגר מואב מפני העם מאד כי רב הוא ויקץ מפני בני ישראל, (במדבר כ״ב ג׳).

בלק בן צפור ראה את עצמו כאציל ומורם מעם, ויגר כאילו נעשה alienated כמו גר ונוכרי מפני העם כי רב הוא, היינו פוסק את הדין.

בלק חש שיקוץ ותיעוב מפני בני ישראל (פסחים ס״ו.) כי הנח להן לישראל אם אין נביאים הן בני נביאים הן, ויש להם בירושה אהבה מסותרת שלא להיות נפרדים מרצון ה׳. אף שלאצילים מעכו״ם נראה כטועים מן הדרך. לכן עסק בלק רק עם זקני – אצילי מואב ומדין שיש

להם מה לפחד שיאובדו את מקומם הרם, בו הם גוזרים ואחרים העם משועבדים להם וחייבים למלאות רצונם.

בלק אמר את אשר תאור יואר (שם ו׳), ובלעם אמר אל האלקים (שם י״א) בלשון קבה לי את העם, וה׳ אמר (שם י״ב) לא תואר. כי יש קללה ויש נוקב ויש ארור שהם ג׳ מדרגות בקללה. הכי קלה היא הקללה וכמ״ש (בראשית י״ב ג׳) ומקללך, היינו מי שאינו נוהג כבוד כלפיך ודורש קלונך לבזות אותך אני ׳אאר׳ בקללה של ארור ממש. בלק רצה להעביר את ההגנה והמקיף של ענני הכבוד. הבטוי קבה יותר חמור מל׳ ארור, כי נוגע בפנימיות ועושה נקב וחלל ומחלל ומוציא את החיות מן המקולל כאילו שוחטו. ולכן רצה בלק שהוי׳ יסכים שהוא יקוב את העם וה׳ לא הסכים אפילו שיאור.

בלק אמר (במדבר כ״ג י״ג) אפס קצהו תראה וכולו לא תראה וקבנו לו משם, וזהו הסימן כי ברור הדבר אשר המקלל לא ראה במי שרצונו לקלל רק את החיצוניות שלו – אפס קצהו – כי כל הרואה את חברו בכללו כולו אז איך יוכל לקללו בראותו אף נקודה קטנה של טוב העומדת על הברכה. ומי שעיניו פתוחות רואה (משנה אבות ד׳ ג׳) שאין לך אדם שאין לו שעה, (קהלת ג׳ א׳) כי לכל זמן ועת לכל חפץ.

כשבלעם מדבר אודות ה׳ הוא מכנה אותו בשם הוי׳ (במדבר כ״ב ח׳), הוי׳ אלוקי (שם י״ח), מה יוסף ה (שם כ׳), ומשה המספר את הענין תמיד מכנה את ה׳ בשם אלקים, ויבא אלוקי׳ (שם ט׳), ויחר אף אלוקים (שם כ״ב), ולמה יחס בלעם עצמו לשם הוי׳ עד שגם נענה כי ׳ויתיצב מלאך הוי׳, כי בנבואה מקבלים משם הוי׳, וכל הקורבנות להוי׳, וטעה בזה כי חשב שמצד מדת הרחמים יש ג״כ רחמנות על מואב, עד שנתוודע לבלעם כי שם הוי׳ הוא השם המיוחד לישראל וכל שאר האומות יש להם שמות בהם קוראים אליו, ככתוב (דברים ד׳ ז׳) מי כהוי׳ אלוקינו בכל קוראנו אליו, ולכן אמר (במדבר כ״ב ל״ח) אשר ישים אלקים בפי אתו אדבר, וכאשר ראה שלא הועיל חזר שוב לשם הוי׳, (שםכ״ג י״ב) הלא את אשר ישים הוי׳ בפי.

פ׳ פנחס

לרב תרבה נחלתו כו׳ -- אך בגורל תחלק הארץ, (במדבר כ״ו נ״ד–ה). -- (דברים י״ד כ״ג) במקום אשר יבחר ה׳ לשכן שמו שם, יבחר ל׳ עתיד.

וקשה הלא הכל ניתן למשה מסיני – וכמו שהקשו חז״ל (ספרא בהר א׳) מה ענין שמיטה אצל הר סיני – אף אלו נאמרו מסיני -- ולמה לא נחלקה הארץ אז, כי כבר הי׳ אחרי שמנאן משה בפעם האחרון בחייו ואז כבר היה ברור לאיזה שבט צריכים להרבות, ולמה נתנה התוה״ק מקום

לגורל שתלוי במזל ולא בשכל ודין. אך הענין הוא שמטעם סוד ה׳ בשם (שמות ג׳ י״ד) אהי״ה–אשר–אהי״ה, שיש דברים שלא נתגלו קודם זמנם. כי יש דבר אשר יעשה הזמן שלא יעשה השכל והוא למעלה מהבלי הזמן, כי (קהלת ג׳ א׳) לכל זמן ועת לכל חפץ. כי לאדם יש בחירה ויש ג״כ נביעת שפע לזמן וסדר זמנים מן הספירות שעל ידם נשפעו המזלות. וישנם גם דברים שהם למעלה מן הזמן שנוגעים בכסא הכבוד כמו התשובה (יומא פ״ו.) שבכחה יכולים לתקן אף מה שעבר, כי יוה״כ תולה ותשובה גומרת. וסוד יוה״כ נוגע בסוד פורים – (אסתר ג׳ ז׳) הוא הגורל, (ויקרא ט״ז ט׳) וגורל א׳ לה׳ וכו׳.

ולגורל יש קול (רש״י במדבר כ״ו נ״ד) שהגורל הי׳ צווח ואומר אני הגורל עליתי לגבול פלוני ולשבט פלוני. ולכן עד שנחלקה הארץ לא היה באפשרי לומר בדיוק איפה יבחר ה׳ לשכן את שמו שם. (ונראה שיש אפילו אחרי הגורל אפשרות לשנות מה שהגורל החליט ושבט דן יוכיח איך שנעתקו מקירוב לפלשת לצפונה של ארה״ק, עיין שופטים י״ח ב׳) ולכן מודים אנו (תהילים קל״ג א׳) מה נעים ומתאים גורלנו.

ויקרב משה את משפטן לפני ה׳ וגו׳ כן בנות צלפחד דוברות וגו׳, (במדבר כ״ז ה–ז׳). **לפני הוי׳ תטהרו**, (ויקרא ט״ז ל׳) – היינו יוה״כ. ולמה נו״ן רבתי, הואיל ותמיד צריכות בנות ישראל לעמוד לפני משה ולפני אלעזר ולפני הנשיאים וכל העדה. כי משפט כזה שצריכים לעשות חדוש בזכויות הנשים א״א לפי המ״ט שערי בינה בהם המלכות אחרי שאר הספירות, אבל לפני הוי׳ היינו למעלה משם הוי׳ שבתפארת, ז״א, כי צריכים לעלות לשער הנו״ן בינה אימא עילאה לפני הוי׳. כי משפט הנשים היינו באותיות הלבנות המקיפות את השחורות (עיין זוה״ק חלק ג׳ קלב.), עדיין לא נתגלה לכלל עד ימות המשיח, ולכן הי׳ משה מקריב משפטן לפני הוי׳ למעלה מהזמן של ההתגלות שהי׳ לו בעת ההיא.

היינו כמו שכתב בעל אוהב ישראל (פ׳ בהעלותך ד״ה והנה עתה) על כנור של ימות המשיח של ח׳ הנימים. וז״ע ׳בני בינה ימי שמונה׳ (שיר לחנוכה) אימא עילאה, כי זה ממש הלכתא ל–משיחא, ואל תקרא הלכתא אחר שיבוא משיח צדקנו בב״י, אלא להביא לימות המשיח (משנה ברכות א׳ ה׳), כשחיים באופן כאילו כבר בא המשיח וזאת מביא ל–ימות המשיח. ובימינו אלה צריכים לשים אוזן קשבת למשפט הנשים ולהקדים את משפטן על שאר ההתחייבות של העבר.

פ׳ מטות

אל ראשי המטות – איש כי ידור נדר, (במדבר ל׳ ב–ג).

ולמה דווקא מצות התרת נדרים זאת לראשי המטות. אלא כי לעשות תשובה צריכים להתיר נדרים היינו דברים שעשה ג׳ פעמים ונעשה

לו כהיתר וכהרגל שיש לו חזקה, וצריכים להתיר נדרים כאלה ע"י שראש המטה מוציא לו פתח חרטה. ולכן בכל דור ודור יש ראשי המטות נשמות כלליות הפותחים לנו שער ופתח לחרטה לדופקים בתשובה.

וקשה – למה לא תוכל האשה ג"כ לבטל את נדר האב והבעל. אלא כי הנדר הוא דבר זמני בד"כ, וכמו שהאיזשביצער (ס' מי השילוח חלק א' מטות ד"ה איש כי ידור נדר) כתב אשר הנודר יש לו טענה נגד השי"ת למה לא אסרת דבר זה או זה מצד התורה היות שאותו הענין מכשיל אנשים כמוני ומזיק להם. ולכן נתן השי"ת לנו את האפשרות להדיר דברים ולעשותם חתיכא דאיסורא לעצמו מדאוריתא ע"י הנדר, עיי"ש באריכות.

ואחר שגובר על הנסיון בא אל החכם להתיר נדרו. מה שאין כן באשה אינה צריכה לנדרים רשמיים, כי כאשר מעוברת או מניקה נודרת דרך הטבע שלא להינות מדברים המזיקין לעובר או תינוק. ומ"מ צריך הרבה עיון למה אישה דווקא יקימנו או יפירנו ולא היא כגבר.

פ' דברים

בעבר הירדן בארץ מואב - מחוץ לארץ **'הואיל משה'**, (דברים א' ה'). – תרגום 'שרי משה', כלומר שנתן רשות שכל שיבוא אחריו, אחר מותו, באר את התורה הזאת, להיות כמעין המתגבר, לאמר – לומר תורה גם להגיד לאחרים.

וכפי שבאר בס' מי-השלוח על הפסוק (שם ט') ואמר אלכם בעת ההוא לאמר לא אוכל לבדי שאת אתכם, - כי ביקש שיתפללו עבורו ולא מצא נבונים שהבינו עיי"ש, ונראה כי לזה רומז ואומר אלכם בעת ההוא לאמר, – כמו (דברים ג' כ"ג) ואתחנן אל ה' בעת ההוא לאמר, היינו כי הייתה השעה מוכשרת, כי היה צירוף הוי' טוב לקבלת התפלה, והא ראיה כתיב (שם י') ה' אלקיכם הרבה אתכם והנכם היום ככוכבי השמים לרב.

איכה אשא לבדי, (דברים א' י"ב)
טרחכם בפשיטות ~ במדבר
משאכם בענן נושא עון ~ חורבן בית ראשון עבודה זרה תמיד להיות המתווך ביניכם ובין אלוקיכם
וריבכם, האי שלום חורבן בית שני ושנאת חינם.

פ' ואתחנן

ואתחנן אל הוי' בעת ההוא לאמר, (דברים ג' כ"ג).

ואתפלל בהתפעל, *ס'האט זיך פון מיר ארויס געדאוועט*, אף בלא יודעים היתה תפילתי מתפרצת ממני בבחי' (תהילים ס"ט י"ד) ואני תפלתי, אף שלא הייתי אז בבחי' (דברי הימים א' ט"ז כ"ז) עז וחדוה במקמו, אלא נכנע ושפל ברך בעיני לא נמנעתי מלהתפלל, כי (קהלת ג' א') לכל זמן ועת לכל חפץ – ועת לדבר ועת לחשות מלדבר, כדכתיב (שמות י"ד י"ד) ואתם תחרשון. אבל באמת כבר אמר דוד המלך ע"ה שאפילו בעת לחשות מלדבר (תהילים ל"ד ב') אברכה את ה' בכל עת תמיד תהלתו בפי, וכשם שמבורכים הטוב והמטיב ודיין האמת תמיד תהלתו בפי, אפילו בעת ההיא שמצד השכל לא היה זה עת רצון, *מ"מ ס'האט זיך אין מיר אנגעהויבן מתחנן צו זיין*, לכן לאמר, לא רק בלחישה אלא בדיבור בפה כשיחה בינו לבין קונו. (עיין ס' מי השילוח חלק א' ואתחנן)

(שם כ"ד) הוי' אלקים, – אדנ"י הוי' כתיב – אתה החלות להראות את עבדך את גדלך ואת ידך החזקה, ובקרי לא קשיא כי הוי' מראה את הגדולה היינו חסד – וידך החזקה בחינת הדין – על ידי שם אלקים, אבל לפי הכתיב קשיא.

והנה כתוב (תהילים כ"ג ד') שבטך ומשענתך וגו', וזה לפי הכתוב כאן אדנ"י שבטך, והוי' משענתך, המה בשוה ינחוני. כי כאשר עולים דרך הסולם אז בתחילה נפגשים עם שם אדנות במלכות שהוא הכתיב, ואחר כך בשם הוי', וצריכים לחסד – גדלך, חסד חנם שאינו בזכות, כדי לעבור דרך המסך הממית ומחיה בטל התחיה, ואז כאשר נעשה חזק אז יכול לסבול את היד החזקה, ואז קורא את הכתוב ומהפך את הכתיב לקרי וזה שאמר משה רבינו עליו השלום אתה – את – ה' מוצאות הפה מלכות החלות – באתערותא דלעילא – להראות את עבדך את גדלך במלכות, עד שנתחזק והעלה מ"נ באתערותא דלתתא, קורא קרי ומהפך טעמא מרירא למתקא אמן כן יהי רצון.

כִּי יְהוָ"ה אֱלֹהֶי"ךָ אֵשׁ אֹכְלָה הוּא אֵל קַנָּא: (דברים ד' כ"ד)

הנה כי הד' יסודות הם כמו משל, פרצוף עולה ויורד כל שיעור הקומה – fractal להשם הנכבד – בד' אותיותיו, וכתיב ליהו"ה הארץ ומלואה – תבל ויושבי בה. (תהילים כ"ד א') וכל אחד יש לו גישה לאיזה יסוד לפי שורש נשמתו.

יש מי שצמא למים ומתחנן צמאה לך נפשי, (שם ס"ג ב') – מחוסר מים לרוות נפשו בד"ת.

יש שמתחנן ורוח קדשך אל תקח ממני (שם נ"א ג') – שמשתוקק לאויר ורוח בחי' נשיקין לאתדבקא רוחא ברוחא.

יש נושא עיניו למעלה ואומר אשא עיני אל ההרים, (שם קכ"א א') לבחי' אברהם שאמר ואנכי עפר, כדאיתא במדרש (ב"ר ס"ח ב') – שנפשו מלחכת לבחינת עפר וענוה.

יש אשר ידבנו לבו להקריב עצמו כדכתיב, כי קרבו כתנור לבם... בקר הוא בער כאש להבה, (הושע ז' ו') שנשמתו מתוססת מרוב חום בחי' אש התלהבות.

וזה אמר משה רבינו ע"ה כי יהו"ה אלהי"ך אש אכלה הוא.

וגם יש דצח"מ כמין פרצוף של שם הוי'.

דומם -- בעשיה – בחי' ה' תחתונה.

צומח -- ביצירה – בחי' ו'. (ושם האילן דמניהו פרחין נשמתין לבני נשא – תקו"ז י"ז.)

רוח -- מדבר בבריאה – ה' עליונה. רוח ממללא

ואש -- באצילות – י'

וקוצו של יו"ד העולה עד למעלה מעלה מקום יחידה שבנפש, בחי' לא ברוח ולא באש ולא ברעש, רק בקול דממה הדקה (מלכים א' י"ט י"ב).

לא תספו על הדבר וגו' ולא תגרעו ממנו, (דברים ד' ב').

משה רבינו עליו השלום אמר כאשר תמסרו דבר בשמי לא תוספו על הדבר אשר אנכי מצוה כו' לאמר דבר בשמי שלא אמרתיו, אף שעל פי (מגילה כ"ח.) שכל מה שתלמיד וותיק עתיד להורות כבר ניתן לבחינת משה, אבל מה שלא אמר משה בעצמו והתלמיד הוותיק חידש בעצמו תמסרו בשמו של המחדש, שהוא חידש ובירר והסיר את הקליפה מעל התורה שחידש.

והאומר דבר בשם אומרו (משנה אבות ו' ו') מביא גאולה לעולם, ומי שתולה באילן הכי גדול במשה רבינו מה שלא אמר אז להיפך משעבד בני אדם, וגם להיפך מי שאומר דבר בשם משה רעיא מהימנא ואומר רק חצי הדבר היינו את (דברים י"א ט"ז) 'השמרו לכם פן יפתה לבבכם', ואינו אומר את (שם כ"א) 'כימי השמים על הארץ', הוא עובר על לא תגרעו, כי דברי משה בשלמותם הן התורה, וכן (תיקוני זוהר קי"ד.) באפשטותא דמשה בכל דרא ודרא, שלא ליגרע חס ושלום מהצד השני של האמת ושבעים פנים לתורה (זוה"ק א' מ"ז:) ישר והפוך.

ואתם הדבקים בהוי' אלקיכם חיים כלכם היום, (דברים ד' ד'). אונקלוס (שהוא המתרגם לדורות של מזל דגים מתורת מזל טלה) תרגם ואתון דאתדבקון בדחלא די"י. ותמיד מתרגם ככה להפריד בין הדבקים כדי שלא יגשם הקורא את פשטם של הכתובים כאילו יכולים ח"ו להדבק בו ית' בעצמו ובגשמיות, ולכן מתרגם בדחלא. ובזמן מזל דלי יכירו שכל החיות שלהם מן הדביקות בו ית'.

כי היא חכמתכם ובינתכם, (דברים ד' ו').

ולמה לא נקט גם דעתו?

והענין הוא כי בקערת הסדר מח הבינה שמור למצה האמצעית שבה עושים 'יחץ', חוץ מטעם שהמצה נקראת 'לוי' ועליו נאמר (בראשית מ"ט ז') אחלקם ביעקב ואפיצם בישראל, יש עוד טעם, כי יש בינה והבנה שבאה קודם המעשה איך שיודעת מן השמועה איך לעשות את המעשה. וכמו שאשה ששמעה על חבלי לידה ולמדה איך להתנהג בנשימות לעזור ללדת ואם קודם הלידה היו שואלים לה 'את מבינה'ו היתה עונה הן, אבל ההבנה האמיתית צפונה לה עד אחרי הלידה כי יש בינה, היינו החלק היותר גדול של המצה שנאכל אחרי הסעודה כאפיקומן, היינו הבינה וההבנה שבאה אחר המעשה, כמו שהאשה שכבר הולידה מבינה מה זאת צירי וחבלי לידה.

והמצה הייתה בבחי' צפון ומוצנע ונעלם עד אחרי החויה ואז מבינים בבירור. כי רק אחרי החוי' נתוסף הדעת שלא הי' שם במוציא מצה קודם המרור, וטרם שבאו בני ישראל דור המדבר לארץ ישראל אף שהשכילו והבינו מה שמשה רבינו אמר להם וכן האמינו לו, אבל רק יהושע וכלב ידעו, שכבר היו באה"ק, לכן אמר אח"כ (דברים ד' ט') והודעתם לבניך. ובאמת כאשר תסתכלו ותתבוננו בפנים תראו אשר הצפון היינו הדעת כבר ניתן לכם במצפון. וכתיב (שם ל"ה) אתה הראת לדעת, כי אתה הראת שסוף סוף תהיה הגאולה לדורות כמו שנגאלו מגאולת מצרים.

מ"מ דור דעה לא לא נכנסו לארה"ק, והדור הבא היו צריכים ללמוד דעת מן הארץ, (תהילים ס"ז ג') לדעת בארץ, דייקא, דרכיך, אבל לא היו להם הכלים לדעת. ודווקא בארץ בלי המן וענני הכבוד ובארה של מרים ואהרן הכהן עם האורים והתומים והכרובים ביחודם, וכן היו להם נסיונות בבעל ואשרה שהם יודעים, כלומר בזיווג זו"נ, ואוב וידעוני, שם נתוודע להם.

ובאמת משה רבינו ע"ה לימד אותנו עד ביאת המשיח בבחי' ספר דברים כללי התורה. ולפי המי–השלוח ז"ל (עיין ס' מי השילוח חלק א', מס' מנחות ד, נ"ג) שלעת עתה ההנהגה לפי משה רבינו (דברים י"ז י"א)

לא תסור (שם י״ג א׳) ולא תוסיף ולא תגרע, ובימות המשיח תהי׳ ההנהגה כפי שלמה המלך לפי פרטי המציאות בבחי׳ (קהלת ג׳ א׳) לכל זמן ועת לכל חפץ. והנה בית ראשון נבנה ע״י שלמה המלך (מלכים א׳ ה׳ י״א) ויחכם מכל האדם, בחי׳ חכמה והתכללות, ובית שני ע״י עזרא ונחמיה בפקודת המלך כורש, בבינה התחלקות.

לכן בבית ראשון הי׳ אחדות וגם ערבוביא ולא הבדילו בין ה׳ והבעלים, ונחרב ע״י חטא עבודה זרה, (עיין מס׳ כלה פרק ח׳). ובבית שני שההתחלקות גבר בו וכמה מפלגות פרושים, צדוקים בייתוסים ובריונים אסיים וחושבי קצים, והרבה שנאת חינם גברה עליהם עד (גיטין נ״ו.) שענותנותו כו׳ חרבה עירנו – ונראה אשר בחכמה בחי׳ אב שליטת האבות בלבד, או בבינה בחי׳ אם שליטת האמהות בלבד אין קיום למקדש.

מה שא״כ בבית השלישי שעליו כתוב (ישעי׳ י״א ט׳) ומלאה הארץ דעה את הוי׳ כמים לים מכסים, בחי׳ אפס בלתך גואלנו לימות המשיח, אז הדעת שבה החכמה והבינה (זוה״ק חלק ג׳ ד.) כתרין רעין דלא מתפרשין, וכולם יודעו אותי. אז יהי׳ בזמן שהדעת נמנה אין הכתר נמנה (ישעי׳ ל׳ כ״ו) והיה אור הלבנה כאור החמה, ודווקא כל מיני מלכים (חולין ס:) ישתמשו בכתר אחד באחדות גמורה. כי הכתר לא יהי׳ עוד בבחי׳ מקיף אלא בפנימיות הדעת וההכרה (דברים ד׳ ל״ט) וידעת היום, (שם ל״ה) אין עוד מלבדו.

עוד בענין המקדש

(שמות י״ט כ׳) וירד ה׳ על הר סיני, ועלה בבחינת קפיץ ואזיל, בתחילה בבחי׳ מקום ואח״כ נע ונד, ואח״כ ביהמ״ק בעולם, ונחרב ונתפשט זרע האור, ואח״כ שבת ויוה״כ בשנה ואח״כ בנפש, בתחילה נביא יחיד, (יחזקאל ל״ג כ״ד) אחד היה אברהם, שהיכיר את בעל הבירה (בראשית רבה ל״ט א׳). ואח״כ נביאים ובני הנביאים, ואח״כ בני אור במדבר יהודה. ואחריהם יורדי המרכבה והעולים להיכלות ואנשי מעמד וכו׳ הפיטנים וחסידי אשכנז, והמקובלים בעידן הזהב בספרד, ואחרי הגירוש המקובלים בצפת ליחידי סגולה, ובהופעת הבעל שם טוב (משלי ה׳ ט״ז) נפוצו מעינותיו חוצה עד לאנשים פשוטים, (דברים כ״ט י׳) חוטב עצך ושואב מימך, ועוד מעט (תהילים צ״ו י״ג) כי בא, כי בא לשפט את הארץ, להשתתף בארץ (שם ס״ז ג׳) לדעת בארץ דרכך, בכל גוים ישועתך, יודוך עמים אלקים וגו׳ וייראו אותו כל הארץ.

פ׳ עקב

ברוך תהיה מכל (מן-כל) העמים וגו׳, (דברים ז׳ י״ד-ז).

כממלכת כהנים (שמות י״ט ו׳) תמשיך ברכה – תרומה ומעשר מכל אשר פעלו האומות לגבוה, ואז לא יהיה בך עקר ועקרה. ובזה אכלת את כל העמים, היינו שתעכלו ותבררו מה שפעלו העמים.

אבל (שם ט״ז) לא תעבד את אלהיהם כי מוקש הוא לך, אף שלהם אין זה מוקש. כי (שבת קנ״ו.) אין מזל לישראל, מה שאין כן להם באה השפע על ידי המזל והשר שלהם.

(שם ז׳ כ״א) לא תערץ, ותכבד מה שבחוץ, כי הוי׳ בקרבך א-ל גדול ונורא, אשר אנחנו מקלסים אותו בנעריצך ונקדישך במשכנו כמ״ש (שמות כ:ה ח׳) ושכנתי בתוכם. וכמו שאביו של הבעש״ט נתן לבנו הצעיר את הצוואה – *האב פאר קיינעם קיין מורא נישט נאר פאר ג-ט אלליין--*.

(דברים ח׳ ט׳) ארץ אשר לא במסכנת תאכל בה לחם -- *אין דעם לאנד מוזט דו זיך ניט מאכען פאר א שמאטטע זאלסט ניט זיין קיין מיסכן – פאר א שטיקל ברויט.* אל תהיה מסכן בעד פת לחם לא תחסר כל בו. – (תהילים ל״ד י׳) כי אין מחסור ליראיו.

(דברים ט׳ ז׳) ממרים הייתם עם ה׳, – שאף בתוך המרידה הייתם עם ה׳ ובכחו ורשותו, (עיין ס׳ מי השילוח חלק א׳ פ׳ עקב).

שמע ישראל / וראה

כל אדם יש לו מדה מיוחדת שבה משתמש, וכל שאר המדות הם כידים לאותה המדה ומשרתיה. והלומד תורה צריך להשמיע לאוזניו בניגון וטעמי הניגון. לכן מי שזכה ויש לו מורה הגון מוצא בו את מדתו החזקה, וע״י מדה זו מוציא שאר המדות מן הכח אל הפועל – ושפיר אמר רבי זוסיא כי בשמים לא יבקשו ממנו למה לא היה כאברהם אבינו ושאר הז׳ רועים. כי מדת עצמו היא הדרושה ממנו. מכל מקום על ידי מדת עצמו יכול להפעיל את כולם לפי הצורך. כי בעולם התיקון הכל בהתכללות (בראשית ב׳ ד׳) וביום ׳עשות׳, שיתף בה מדת הרחמים המביאה לידי התכללות (כפי המבואר במאמר החלצו).

ומי שיש בו בשמיעה (תא שמע) יותר מבראיה (תא חזי) אומר (דברים ל״ב א׳) האזינו השמים ואדברה ותשמע הארץ אמרי פי. שאף שהוא ערל-שפתים מכל מקום משמיעת הארץ והאזנת השמים פותחים בו שערי הדבור גם כן שיכול להורות את שירתו לישראל.

76

ואפשר לומר כי אברהם אבינו ע"ה היה כחו הגדול ברגליו ולכן אמר לו ה' (בראשית י"ב א') לך לך, (שם ט') ויסע אברם הלוך ונסוע הנגבה, (שם כ"ב ג') וילך אל המקום אשר אמר לו האלקים.

והנה המדה העצמית היא הלבוש הבא מן ההורים כמבואר בתניא (חלק א' פ' ב') כי הכל ע"י אותו הלבוש. ומי שמתמצא בלבוש יכול להוציא הרבה מן הכח אל הפועל. אבל רחמנא לצלן יש הרבה נשמות ערטילאות אשר לא ידעו ולא יבינו סוד כותנות אור–עור (עיין בראשית רבה כ' י"ב). כי תורת העשיה בפשטיה לבד היא בבחינת מן השפה ולחוץ, שאין להם יחס בין הכוונה היותר פנימית ומעשיהם, באופן שכוונתך הנעלמת רצויה אבל מעשיך הגלוים אינם רצוים. ואיך יבוא לעשות את הרצוי דווקא, רק על ידי המדות וההרגש. ולכן גם כל תורה ותפילה שאין עמה דחילו ורחימא, אהבה ויראה, לא פרחת לעילא (תיקוני זוהר כ"ה:) כי אין לה גדפיים וסוד זה עמוק ונורא.

וזה ג"כ (במדבר י"א א') ויהי העם כמתאננים – (שם כ"א ה') לחם הקלוקל, כי אכלו רק בחיצוניות ולכן העדיפו במאכלי מצרים, כי אכלו בלי כוונה פנימית. ומה שנשאר להם קצת מן כוונת אכילתם היה ברגע האחרון שהיו מכוונים "בשר!", נהפך לרעבתנות. ורעבתנות טעמה פגומה מאד. אבל משה רבינו ע"ה אשר טעם במן כצפיחחת בדבש כי כל מה שקיבל מן השמים היה לו בבחינת לחם אבירים. ולא הבין איך לא הרגישו טעם נעלה באכילתם כפי כוונתם.

ולפי סיפורו של המוהר"ן נ"ע (סיפור ט') על ה'חכם' וה'תם' הכל נכון, כי התם ידע סוד הגוף הדק, מה שאין כן ה'חכם' שעסק בחכמות חיצוניות בלבד וברפואת הגוף בלי להביט על הנשמה הרואה ואינה נראית, ולא ידע מהמדות שבאמצע. ולכן כל אדם יש לו שם המורה לא על הגוף, כי הגוף נראה, וגם לא על הנפש, כי מי יודע טיבו של הנפש וגילגוליו. אלא השם הוא על הלבוש המחבר גוף ונפש. ולכן לפעמים צריכים לשנות את השם או להוסיף עוד שם כדי שהחיות תתחזק בו לחבר את הגוף והנפש.

ענין יראה ואהבה

וְעַתָּה יִשְׂרָאֵל מָה יְהוָ"ה אֱלֹהֶי"ךָ שֹׁאֵל מֵעִמָּךְ כִּי אִם לְיִרְאָה (דברים י' י"ב)

והנה השי"ת רוצה להעניק לנו אהבה – אהבת עולם אהבתנו – וכדי לשום את האהבה בתוך כלי – איזה היא הכלי להכיל את האהבהו הוי אומר: היראה (ששני אותיות של הסוף של יראה – א"ה הנה הם אותיות

התחלה של אהבה – א"ה) ומי שרוצה בהרבה אהבה צריך להביא כלי רחבה וגדולה של יראה להשאילה לה' כדי שימלאנה באהבה. אבל צריכים להשגיח שלא להביא כלי כך גדולה שאי אפשר לו לסבול את היראה, ולכן מה יהו"ה אלהי"ך שאל מעמך היינו שכל וחכמה בחי' מ"ה שלא להכביד עליו מן היראה.

וכמשל: עשיר הרוצה להעניק להעני מן היין הטוב מבקש ממנו להביא כלי הראויה לקבל מה שאפשר לו לקחת אתו מן היין .אם הביא כלי יותר גדולה לא יוכל לשאת אותה ואם יותר קטנה ישתה את היין טרם בואו לביתו. וצירך להיות בעל שכל להביא כלי נכונה להשאיל לבעל הבית.

עוד אף דכתיב לך יהו"ה הגדולה והגבורה וגו' (דברי הימים א' כ"ט י"א) ויש גבורה – אתה גבור לעולם אדנ"י – היינו שאתה מצמצם את אורך כביכול לגבי העולם כדי שיהי' העלם, כדי שהעולם תוכל לסבול את האנרגיא הבלי גבולית של הבורא. אבל ענין הגבור שבני אדם מרגישים בבחי' פחד יצחק אין לו להקב"ה שום מושג, כי הוא אחד ואין שני להמשיל לו – למשול עליו – ולכן צריך הוא ית' לבקש ולשאול מקרוצי חומר אותו ההרגש. כי באברהם כתיב אימה חשכה נופלת עליו (בראשים ט"ו י"ב) ופחד יצחק (שם ל"א מ"ב) ויירא יעקב מאד (שם ל"ב ח') אזי השאילו האבות להשי"ת את רגשי היראה שלהם. ובזה מובן ג"כ מה יהו"ה אלהי"ך שואל מעמך כי אם ליראה, כאשר אנו עומדים ביראה לפניו ית' אנו נותנים לו את המה שהוא שואל מאתנו.

ראה אני נותן לפניכם היום ברכה וקללה, (דברים י"א כ"ו). -- את הברכה אשר תשמעו אל מצות הוי' אלקיכם אשר אנכי מצוה אתכם היום, וגו'. והענין הוא, כי יש בעיה בענין האנוכיות באדם האם זאת ברכה או קללה, ומי יודע איך משתמשים בזה אם לברכה או חלילה להיפך. ולכן אומר ראה, ל' יחיד, אתה היחיד רואה את הפרדוקס – התרתי דסתרי, ב' הפכים בנושא אחד – שזה לפניכם, ל' רבים. ותצטרך לראות את הפרדוקס כיחיד, כבחירה עצמית, שאין לך להשען על דעתם של אחרים, ולכן ראה!

ועוד 'ראה' כי הפרדוקס קשה לשמוע באזנים כי (ראש השנה ל"ד: תרי קלא לא משתמעין, ובנקל יותר לראות בעינים כי הראיה תופסת בב' הפכים בנושא אחד בסקירה אחת וניתן לעין לתופסם, אבל האוזן והפה רק יכולות לאחוז בענין א' בשעה א' בלבד. ולכן לאחוז בב' קרנות הדילמה הוא אפשר רק בראיה. לכן הזוה"ק נוקט ל' תא חזי, במקום ל' הגמרא, תא שמע.

ומה זה 'אנכי' ולא אני, כי האני יש בזה פשטות חד משמעית והאנכי ב'כף' הדמיון באמצע (כמו שבעל מי–השלח כתב על (שמות כ' ב') אנכי הוי' אלקיך, חלק א', פ' יתרו ד"ה אנכי) יש בו הרבה משמעות ויכול

להיות אנכי מצוה של הברכה, וגם המניע את האדם לסור מן הדרך, ומי יודע איך לבחור באיזה קולו של המצפון בו נמצא אנכי של הוי', ומה הקול של האנכי העומד (דברים ה' ה') בין ה' וביניכם, אנוכיות של היצר הרעו

ואין לך אדם שיש לו הדבר כ"כ ברור שאי אפשר לו לטעות, ולכן נוקט מלת 'אנכי' בשניהם, לכן העצה היא אשר אנכי נותן לפניכם, דייקא, ולא מאחריכם, כי בדרך כלל (גיטין מ"ג.) מה שאין אדם עומד על דבר הלכה אלא אם כן נכשל ונתפס בו בתחילה, בזה בא לו ההבחנה אחרי שכבר קלקל, וכל עבודת האדם לבא להבין את הדרך הטובה לפניכם – קודם המעשה – ולא מאחוריכם, היינו לדעת מה שיודעים אחרי הטעות קודם שנתפס בה.

(פרפראות – ולכן מיעץ לנו מרע"ה (דברים י"א כ"ט) ונתת את הברכה על הר גרזים, כתיב חסר, כי גריזים מלא בגימ' 270 רע, וחסר גרזים בגימ' 260 סר וזה סר מ'רע' נמצא שהוא יו"ד. וההר עיבל קי"ב, קב"י" היינו קללת יוד. דהיינו שהיוד בחי' יחידה שבנפש, אצילות.)

פ' כי תצא

כי תבא בכרם רעך ואכלת ענבים כנפשך ואל כליך לא תתן . כרם רעך הם דברי תורה שחברך מחדש ואם הם ראוים לטובת נפשך תאכל ותבשיע איתם אבל אל כליך היינו לגנוב את החידושים ולהגידם בשמך אתה – אל כליך –לא תתן כי המביא דבר בשם אומרו מביא גאולה לעולם.

כִּֽי־יִקַּ֥ח אִישׁ֙ אִשָּׁ֣ה חֲדָשָׁ֔ה כו" נקי יִהְיֶ֤ה לְבֵיתוֹ֙ שָׁנָ֣ה אֶחָ֔ת

ושמח את אשתו אֲשֶׁר־לָקָֽח את אשתו כתרגומו ויחדי ית אתתיה והמתרגם עם אתתיה (תרגום יונתן) אינו אלא תועה.

וזה מורה על החיוב שלא לבא לזיווג הקדוש לטובת הנאת עצמו היינו עם אשתו כאילו היא רק כלי להנאתו בלי להתחשב על הנאת אשתו – לכן כתיב את אשתו כדי שהיא תרגיש הנאה כי על ידי זה נקי יהיה לביתו—זו אשתו

שבת פרשת נצבים

כִּֽי־קָר֥וֹב אֵלֶ֛יךָ הַדָּבָ֖ר מְאֹ֑ד בְּפִ֥יךָ וּבִלְבָבְךָ֖ לַעֲשֹׂתֽוֹ׃ (דברים ל' י"ד)

תרין רעין דלא מתפרשין (זוה"ק ח"ג ק"כ.) – הביטוי הזה נאמר ג"כ על חכמה ובינה כשהם בכלי המח. צד המח הימני – חכמה – שולט על

החלל השמאלי של הלב, וצד ההמח השמאלי שולט על החלל הימיני – הוא דבר מן המוסכמות בין יודעי מדעי הרפואה.

בעניני ההשכלה החסידית ובפרט בחסידות חב"ד ניתן הרבה לדבר על ענינים גבוהים – ממלא כל עלמין, סובב כל עלמין, אורות כלים עולמות וספירות – ובהיות שהמושגים באים בתיבות ההשכלה החסידית שיכולים לבטא בדיבור בהיר כאילו נוגעים בעולם הבריאה או העשיה, עלולים לשכוח שהחויה העקרית שעליה בנויות המושכלות הן בעולמות היצירה והאצילות. באלה העולמות אי אפשר להביע מה שהנשמה משגת במלים שכליים. ולכן לפעמים נראה כאילו מתפלפלים בנסתר כמו בנגלה.

מובא בספה"ק מאור ושמש פ' ראה ד"ה ונראה, וז"ל, "הנה יש להבין מה זה סודות התורה שקוראין כל ישראל סודות התורה, שאין לומר שהכוונה על חכמת הקבלה וכתבי האר"י ז"ל וזוהר הקדוש, דהנה לשון סוד הוא דבר שאי אפשר לגלות לאחרים כלל, והלא כל הקבלה וכתבי האר"י והזוהר יכולין לגלות לאחרים ולפרשם ביתר שאת, ואם כן כיון שנתגלה אין זה סוד". עכ"ל עיי"ש, אלא מה שחושבים אנשים שלומדים תורת הנסתר איני עוד נסתר כ"א נגלה היות שכבר נדפס בספרים. וכן מומהר"ר הרב מאפט בעמח"ס אוהב ישראל זצ"ל היה מדגיש שכדי להבין מה שהוא מציע לשומעיו/קוראיו צריכים להתקרב בבחי' 'בהעיר לב' מקודם ואח"כ 'ושים שכל'.

לפני כשנה או שנתים שמעתי על אשה שהיא מלומדת ב-neurolgy וקרה לה שבץ במח השמאלי ל"ע ואז היתה לה החויה של המיסטיקאים של היחוד העצום שביקום. אבל לא היתה יכולה להשתמש בכלי הדיבור או להמציא מילים שבהם אפשר לבאר ולהסביר לאחרים מה שהיא חזתה.

ונראה לי שמי שרוצה באמת להשיג את התוכן העקרי של הדא"ח שלומד ומעיין בהם לא די לו להבין ולדבר בשטף מה שזוכר מן המלים, אלא חייב 'להעמיק דעתו' היינו במקום שהחכמה והבינה הם ביחוד, כדי שמה שמבין יה' ג"כ מורגש ברגשי ומורשי לבבו. וכמה חביבים עלי דברי הרבי הריי"צ מליובאוויטש נ"ע בענין חוש הציור. וכדאיתא בס' ליקוטי הלכות לר"ן זצ"ל וז"ל בא"ד, ובשביל זה נקרא הארץ אדמה. לשון דמיון, היינו בחינת המדמה, כמו שכתוב, וביד הנביאים אדמה (הושע י"ב י"א). כי עקר אחיזת המדמה הוא בבחינת הארץ שהוא תכלית הגשמיות. ובשביל זה נקרא האדם בשם אדם על שם המדמה. שהוא לשון דמיון בחינת מדמה. כי עקר האדם נברא בשביל הבחירה שהוא תלויה בכח המדמה: ... שבלבול המדמה הוא בחינת זוהמת הנחש. ועקר הקדושה והטהרה של איש הישראלי הוא כשזוכה לטהר ולברר את המדמה. (ברכת הריח וברכת הודאה הלכה ד')

זכור נא הסיפור הנורא איך הרב המגיד נ"ע כשבא להבעש"ט והרצה לפניו את הקטע מספה"ק עץ חיים של האר"י ז"ל לא הסכים הבעש"ט הק' ולא קבל ממנו עד שהוא - הבעש"ט בעצמו - גמר אומר לפניו כל הענין, ואז הבין והשיג המגיד שמה שראה ולמד מקודם הי' דבר רק במלים יבשות.

כלי הדיבור והשמיעה של האדם אינם יכולים להשמיע שני דברים ביחד - *תרי קלי לא משתמעי* (ראש השנה כ"ז.) בידי אדם, אבל ע"י הקב"ה - אנכי ולא יהיה לך - זכור ושמור - בדיבור אחד נאמרו (במדבר רבה י"א ז') ונקלטו - ולא היה דבר ה' תלוי בשמיעה (*תא שמע* בנגלה) אלא כל העם רואים את הקולות (שמות כ' ט"ו) (תא חזי בנסתר) לכן וינעו ועמדו מרחוק (שם), אבל משה, שהוא בחי' חכמה עלאה, ניגש אל הערפל (שם י"ח) חושך - לבינה אשר שם דווקא הא-להים.

פ' האזינו

יערף כמטר לקחי תזל כטל אמרתי, (דברים ל"ב ב').

יש מעלה בטל, דלא בזכותא תליא, על המטר, ויש גם להיפך. כי המטר בזכותא ובעבודה קשה תליא, ובקשיות עורף להתגבר על כל מיני מניעות ועכובים מה שאין כן בטל שזה בזול יותר. ומשה רבינו ע"ה העדיף העבודה בכח עצמו ועוסק תמיד בענין שכר ועונש. לכן הלקיחה האמיתיית שיש בה מן הקיום ואינו נאבד כטל בשמש אמר יערוף כמטר לקחי -- לקיחה של ממש, מה שאין כן הטל שהוא כאמירה זולה בלבד. ויש מקום בראש להניח שתי תפילין, (עיין משנה עירובין י' א').

כי שם ה' אקרא, (דברים ל"ב ג'), בתפארת, לכן הבו גודל - חסד לאלקינו - הדין והגבורות כדי שיתמזג הזיווג.

זכר ימות עולם בינו שנות דר ודר, (דברים ל"ב ז'). היינו אף שזוכרים מה שהיה בעבר אף על פי כן צריכים להבין ברורות - *גוט פארשטייען* - שנות השתנות של דור ודור. ובהבנה זו מאיר בין השיטין ה'זכר ימות עולם', היינו האמת התדירה וקבועה, היום יומית הבילתי משתנה מדור דור. זכור ימות עולם במוחין דאבא חכמה, המח הימיני, אבל להבין שנות דור ודור צריכים לקחת עם מח הבינה, המח השמאלי של אמא עילאה. ובזה תבין גם סוד (משלי א' ח') *שמע בני מוסר אביך ואל תטש תורת אמך*.

שאל אביך ויגדך, (דברים ל"ב ז'). שהוא המנגד נגדך בדברים הקשים כגידים, אבל זקיניך ויאמרו באמירה רכה לך.

בדרך צחות של כאב בזכרי ההרפתקאות בימי היטלר י"ש. (שם ח') יצב גבלת עמים למספר - the quota בני ישראל, שלא נתנו לנו

מספרים לקבל רשיונות כניסה, וזה כל זמן ש'בהנחיל עליון גוים' ועדיין ארץ ישראל אינה מתפשטת לכל הארצות. ואז עדיין 'בהפרידו בני אדם'.

כי חלק הוי' עמו,)דברים ל"ב ט'). *א ייד איז א שטיקל ג-ט.*

תהילים

(תהילים י"ח ג') סלעי ומצודתי, אתה ה' הוא הוא המחסה והמקלט לי, ויש גם שאתה היית צד אותי במצודה כדי להגן בעדי מן המשחית כי באמת אני בכלא בעולמך ואנא מפניך אברח.

(תהילים כ"ד ג') מי יעלה בהר ה', זהו בינה לעלות בבחי' *חל*,

ומי יקום יעמוד וי"ו היינו ז"א מדות בבחי' *מקאאם*.

אז יותר נקל (שם ז') שאו שערים ראשיכם, לשער בליביה לפתוח שערים (משלי ל"א כ"ג) נודע בשערים בעלה, ומובן זה דור דורשיו מבקשי פניך אפילו יעקב סלה לעלות במסילה.

(תהילים ל"ד ב') **אברכה את ה' בכל עת תמיד תהלתו בפי**,

בכל העתים, אף שיש (קהלת ג' ז') עת לדבר ועת לחשות כו' מה שאין כן בכל העתים, (ברכות ס:) כשם שמבורכים וכו'.

(תהילים נ"א י"ד) **השיבה לי ששון ישעך ורוח נדיבה תסמכני**,

(שם קי"ט צ"ח) מאויבי תחכמני מצותיך כי לעולם היא לי. (שם נ"ד ו') הנה אלקים עזר לי אדני בסמכי נפשי.

והנה האויב התדיר הוא הלי, (משנה אבות ה' י') שלי שלי ושלך שלי – (תהלים קי"ט צ"ה) לי קוו רשעים לאבדני. היינו סיסטמה של האנרגיה הרעה שאנו קוראים בשם קליפות. והרשעים היינו הקליפות תמיד מצפים ומקווים שכל מה שהאדם עושה יהי' רק בשביל ה'לי', אבל כאשר אני מתבונן ב'עדתיך נאמנו מאד' (תהילים צ"ג ה'), אני ראה שיש איזה אמת במה שהרשעים טוענים, אבל הוא רק ה'מת' של א-מ-ת, כי אלופו של עולם חסר מן הענין. כי באחדות המאד – לחדא – יחידה שבנפש, עדותיך נאמנו מאד, ובשביל לי נברא העולם. (סוטה ב.) ומ' יום קודם יצירת הולד מכריזין, ו'לי' בגימ' מ', (שמות כ"ה ב') ויקחי לי תרומה, היינו תורה שנתנה למ' יום וקחו לי – אותי – לשמי לשם שמים (עיין רש"י שם). בזה מהפכים את ה'לי' הגרוע והפסול ל'לי' כשר ומעולה.

לכן 'מאויבי' דווקא 'תחכמני מצותיך', ללמוד מאויבי איך להיות egoist אבל לשם שמים. כי לעולם – מה שהעולם נברא (סנהדרין ל"ז.)

הי׳ רק בשביל לי. ואיך יקיים (ברכות נ״ד.) בכל לבבך בב׳ יצריך, בלי קצת לי – האש זרה שהאדם צריך לו כדי לעבוד לה׳ עבודה תמה. ואף על פי שאש יורד מן השמים (עיין מס׳ עירובין ס״ג.) צריכים להביא קצת אש מן ההדיוט. משא״כ בני אהרן, נדב ואביהו שהם מסרו כל ה׳לי׳, האש זרה שלהם לה׳, לא הי׳ להם שוב מה לעשות בעוה״ז. וזהו מש״כ (תהילים קי״ט צ״ט) מכל מלמדי השכלתי כי עדותיך שיחה לי. כל דבר בעולם יכול ללמדני מה שהוא בעבודה (משלי ג׳ ו׳) בכל דרכיך דעהו.

וזהו שאמר דהמע״ה אני חשבתי שעשיתי את העברה לי, וכן התפלל (תהילים נ״א י״ב) לב טהור ברא לי אלקים – ואיך אדע מה לי ליוצרי ומה לי ליצרי, לכן האמין שכשיטהר ה׳ את לבו עם הלי שלו אז הרוח הקודש שמתנוצץ בתוך תוכו של הלי יכול עוד להגלות. והתפלל (שם י״ג) אל תשליכני מלפניך ורוח קדשך אל תקח ממני. וה׳לי׳ נהפך למקור הששון בישועת ה׳ כהרף עין ורוח נדיבה תסמכני, כי (שם ע״ג כ״ה) מי לי בשמים ועמך לא חפצתי בארץ, (שם כ״ח) ואני קרבת אלקים לי טוב. כי המבין בעומק יודע שאף דבר שנראה לכאורה שבכחו להניע אותי לעשות שום דבר הוא אותו ה׳לי׳, אבל בתוך הכוונה עומד הלי האמיתיי, ויקחו לי לשמי. והרשע (שם ל״ז י׳) כשהתבוננת על מקומו איננו, כי הכל כאשר לכל נאצל ונברא ונייצור ונעשה (ישעי׳ מ״ג ז׳) לכבוד-י בראתיו יצרתיו אף עשיתיו. וההתבוננות בבינה בנ׳ שערים, נ׳ בגי׳ ׳לך׳, מראה כי מן הלי נעשה לך ולך, לך כי לך, לך אף לך, כי לו נאה כי לו יאה (פיוט בהגדה של פסח).

(תהילים צ׳ א׳) **מעון אתה היית לנו בדר ודר**, לעתיד נדע ברורות כמו שמשה רבינו ע״ה ידע כבר, שמה שחשבנו שאנו ח״ו בחוץ לפרגוד ומחיצת הקב״ה אינו אמת, (עיין ס׳ מי בשילוח חלק א׳ פ׳ חקת ד״ה זאת חקת).

(תהילים ק״ד ל״ה) **יתמו חטאים מן הארץ ורשעים עוד אינם וגו׳** היינו שהחוטאים יתהפכו ויֵעָשו לתמימים וילמדו מתהליכי הארץ, ואז ורשעים עוד אינם, ומטעם בל תשחית של הטבע ממש צריכים ללמוד דרך הארץ מן הארץ – (שם ס״ז ג׳) לדעת בארץ דרכך.

(תהילים קי״ט ס״ג) **חבר אני לכל אשר יראוך ולשמרי פקודיך**, למה נקט יראוך ולא אוהביך, ופשיטא שאני חבר לאוהבים הנותנים באהבה רשות זה לזה להקדיש. משא״כ היראים לפעמים מתוך יראתם ומתוך שמירת תפקידם בתוקף ובקנאות לא כ״כ בנקל לבוא לאהוב אותם. המושל הראשון בלבו של האוהב, שברצונו כבר מוחלט כי רוצה שהנאהב יקבל כל מיני תענוג, ונותן מקום לכל מיני גרסאות ושינויי מנהג, ומתפעל מזה ומכיר טובה למחדש המביא חידוש לה׳. אבל הירא ושומר תפקידו קשה לו לתת מקום לדרך חדשה הנראה לו כסטיה מן הדרך הסלולה שנפקד עליו.

ולכן מתעקש שדווקא דרכו המסורתי והקבועה מדורות היא הדרך הישרה. לכן אמר דהמע"ה חבר אני לכל אשר יראוך, כי אהבה ויראה תרין גדפין, (זוה"ק ג' כ"ח.) וגם לי נחוצים הסייגים וההגדרות שלא לצאת כליל מתחום התורה. ואם נמצא שיש התנגדות בינינו מ"מ מנגדנו ג"כ שלמים ברצונם עם ה', ולכן יש הדדיות בינינו, (משנה אבות ה' ו') כצבת בצבת עשויה, ואין לי להאשימו ואין לו להאשימני כי נחוצים כל א' מאתנו על תפקידנו.

משה רבינו עליו השלום לפני מיתתו לא ביקש מקודם על עצמו אלא התפלל (במדבר כ"ז ט"ז) יפקד ה' אלקי הרוחת לכל בשר איש על העדה, אשר יצא וגו'. ולמה לא בקש על שאר המדרגות של נר"נ ח"י, כי נפש יש בעשיה (עיין תיקוני זוהר ס"ח:) ויש שצריכים לפעול בעשי', ולפי שעה יכולים ליחדם ויש בנשמה שיש חזיון ושכל, והמנהיג יכול לתת טעם ונמוק לדבריו ודברים נשמעים, אבל כשהדבר נכנס למדות הלב זה אומר בכה, (שער הגלגולים הקדמה ל"ו) הלל מחסד ושמאי מגבורה. ועוד הרבה נטיות כפי הרוח שלהם, ועוד יותר כי ישנו בעל חסד שנתעבר ונלבש בו לפי שעה רוח אחרת כאילו כועס. כי יש רוח לפי המדרגה שנקרא מקום, ויש שבו לפי שעה מטעם הזמן וההארה והוראת אותה שעה, וזה חל עליו בדרך עראי אבל אינו ממקום עמידת עצמות נשמתו.

ולכן יש שאפילו חסר הוי"ו המחבר בין רוחו של זה לרוחו של רעהו. ולכן כתוב רוחת (חסר) לכל בשר, כי מרובים צרכי עמך ודעתם קצרה. כי אין להם אפילו הוי"ו, ולכן לקח את יהושע שנתוסף לו אות היו"ד ואליהו – פנחס שנחסר לו כמה פעמים הוי"ו. שניתן להם הכח לחבר את העם לנקודה העליונה. לכן שמו בן-נון, בן הנו"ן שערים שיש לו כניסה לשער הנו"ן. לכן כשעומד לפני אלעזר הכהן וישאל במשפט האורים והתומים, ובכל פעם שזקוק להכרעה מאת ה' יהי' לפניו כל השבט מתנוצץ בתוך כל השבטים כדי שלא ישפוט לטובת שבט אחד לבד ולשבט אחר ולגרום נזק.

וביעוץ צריכים להזהר כי לנפש ונשמה יש (שמות י"ב מ"ט) תורה אחת יהיה לאזרח ולגר וגו'. אבל בעניני הרוח וכל הדברים בעולם היצירה צריכים להיות איש הרוח כיהושע, (שהוא נמשל לירח שיש בו מחידוש ומילאוי, עיין מס' ב"ב ע"ה.).

כן כתוב הלאה ויסמוך את ידיו. הקב"ה אמר למשה וסמכת את ידך ל' יחיד. ע"ז אמרו רז"ל (ב"ק צ"ב:) שמחזיקים טובה למרע"ה שנתן מהודו ליהושע בעין יפה. ונ"ל בע"ה שאילו סמכו ביד א' הי' לו לבטים אם ימין או שמאל. אבל היות שהדבר הקשה הוא מטעם רוחת לכל בשר (חסר ויו) לכן סמכו בב' ידיו שישקול תמיד שיש ב' ידים ימין ושמאל. וכן ג"כ יש בקהלת (ג' א' ושם) לכל זמן ועת לכל חפץ, ויש י"ד עתים לעשות וי"ד עתים לא לעשות. (ישעי' מ' ל"א) וקוי ה' יחליפו כ"ח, ויודעים כרבי משה

לייב מסאסוב באיזה יד וכיס צריכים להשתמש האם לקרב או לרחק, וע"ז ג"כ רומזים ב' ידי משה כשהרימם, (שמות י"ז י"א) גבר ישראל, בכל הצדדים.

(תהילים קי"ט קכ"ד) **עשה עם עבדך כחסדך וחקיך למדני.**

מה ענין חוקים אצל חסד, הלא הי' יותר מתאים אם החוקים היו אצל דינים, ואלו כתב עשה עם עבדך כגבורתך וחקיך למדני.

אך הענין הוא כי יש כמה מיני חוקים, חוקי התורה וחוקי הטבע, וכולם בבחי' חוקיך היינו חוקים שחקקת. ומי שעובר על חוקי הטבע אף בשוגג ניזק, והנזק ברוחניות ג"כ עושה רושם, ולמה לי לדעת על התוצאות הרעות אחר המעשה, לכן אבקשך שתורני את התוצאות כדי שאדע קודם המעשה לא לעבור על החוקים, לכן עשה עם עבדך כחסדך וחוקך למדני טרם שאכשל.

למה אסורה נגיעה בין אות לאות בתורה כי ישראל נוט' יש ששים רבוא אותיות לתורה, וישנן נשמות של עשיה בחינת נפש, שהן בחינת דיו על קלף שיכול להמחק, שהן בחינת עפר הארץ, ויש כתב בקנקנטום על קלף שעשוי להמחק על ידי המחק ואור החמה לימים, (עיין לעיל ענין פרה אדומה).

נשמות דיצירה בחינת רוח – (בראשית כ"ב י"ז) חול הים. ויש נשמות דנשמה דבריאה והן בבחינת (שם) כוכבי השמים, אותיות החקיקה שהמחק אינו שולט עליהן וגם אין אור שולט, שהאור אינו מוחקו אלא הטיט לפי שעה יכול לכסות על אותיות החקיקה אבל מעט (איכה א' ט"ז – עיני עיני יורדה) מים והטיט הועבר ושוב האותיות נראין בשלמותן שהם אהובי ה' (ירמי' ב' ב') זכרתי לך... בארץ – לא – זרועה, אותיות החקיקה שהן במעלות קדושים וטהורים כזהר הרקיע מזהירים ואז יש כמה מיני אותיות לתורה וכל אחד לפי שורש נשמתו.

ומי שרוצה שיהיה אות כשרה בתורה צריך לו להיות אות עצמאית בלי נגיעות בין עם אלה שמלפניו ומאחוריו –או עם אלה שהן למעלה ולמטה, אף על פי שבלעדו לא היתה התורה חס ושלום כשרה, מכל מקום כל אחד הוא רק חלק ואין בתורה מלה שאין לה לכל הפחות ב' אותיות. ובשבת (משנה שבת ז' ב') כותב ומוחק ב' אותיות חייב אבל אות א' לא כלום. וצריכים להיות חלק ממלה משפט ופרק. מ"מ כולם מוקפים גויל גל י–ו שהן האותיות הסתומות, וה"ה הן השקטות, היינו שצורת האדם מוגבלת על ידי האויר ויש סביבו גם כן (בראשית רבה י' ו') ממה שמכה בו ואומר לו גדל, שהן ההשפעות של כל המקיפין. ולעת עתה אנו רואים רק האותיות השחורות כפי שאמר הרל"י מבארדיטשב זכרונו לברכה (עיין

קדושת לוי מס׳ אבות ד״ה ונבאר), זאת אומרת שהאותיות שהן בחינת פנימי באור נראות בעולם הזה עכשיו, אבל המקיפים רק לעתיד לבא.

אֶשָּׂא עֵינַי אֶל הֶהָרִים מֵאַיִן יָבֹא עֶזְרִי: (תהילים קכ״א א׳)

ההרים – ההורים, האבות; אברהם יצחק ויעקב (בראשית רבה ס״ח ב׳). אשא עיני, ב׳ העינים שלי בראיה שלמה אל האבות. באף שאיני יכול להיות יותר גבוה מהם, מ״מ אני הגמד עומד על שכמיהם ולכן ע״י שאני עומד על גביהם אשא עיני למעלה ולמרחקים יותר ארוכים.

ואם תאמר, היאך אתה מעיז לעמוד על גביהםו התשובה היא מאין יבוא עזרי, מאין דייקא, ואותו ה׳אין׳ ג״כ בא לעזור להם בזמנם. אאע״ה אמר אנוכי עפר ואפר (בראשית י״ח כ״ז) ויצחק היה עולה תמימה, וילכו שניהם יחדיו (שם כ״ב ו׳), ויעקב אמר קטונתי מכל החסדים (שם ל״ב י״א), ולהם באה העזרה ג״כ מן האין, כי אף שאברהם אבינו הוליד את יצחק אבל ליצחק לא הי׳ לו דוגמא איך להתיחד במדת הדין כי אברהם במידת החסד היפך הגבורה. ויעקב אבינו שהי׳ מתווך בין חסד לגבורה בתפארת ורחמים לא הי׳ לו דוגמא מאבותיו איך להיות מרכבה למדת האמת. והי׳ לו למצוא את מדתו אף ש״עם לבן גרת״י״– בגימ׳ תרי״ג, אכן יש אלהי״ם במקום הזה ואנכי ״לא״ ידעתי (שם כ״ח ט״ז) היינו מ״אין״ מקור ה״לא״ אשר משם באה עזרם.

וגם אנו בעידן דדן אנחנו סומכים על עזרה מן האין, היינו במצבינו שלא קדמו להם בהיסטוריא להבעיות המתהווים בימינו אלו. בטוחים אנו בה״הנה לא ינום ולא יישן שומר ישראל״ כי ״יהו״ה ישמור צאתך ובואך מעתה ועד עולם״ (תהילים קכ״א) ולא לבד בעבר אלא אף בהווה ועתיד.

(תהילים קמ״ה י״ט) רצון יראיו יעשה

והנה יש ברירה שאדם בורר לעצמו א׳ מב׳, כי הבחירה שוה בכל צד והוא מכריע בין שתי האפשריות, ויש גם ברירה שבעומק כבר בחר לו דרך בו יעשה ויפעול את ברירותיו אף שלא ידע ולא הרגיש בגלוי. ויש רצון שדווקא בו הכח לבקוע בתוך החיים ולשנות מה שהוא מתוך מפנה פנימי ובזה יכול לפעול שנוים בעולם.

והנה הרבה פעמים אדם בורר לו איזה שהו דבר אבל למרות אותה הברירה אין בו הרצון לקיים ולחיות את בחירתו, ואף שהבחירה כלומר חופשית מ״מ הרצון אין בידו לקיים את ההסכם השטחי. (שם ל״ב ו׳) וע״ז יתפלל כל חסיד אליך לעת מצוא, – (ישעי׳ נ״ה ו׳) דרשו את ה׳ בהמצאו

–– קראהו בהיותו קרוב, שהשי"ת ישמע שועתו ויתן בו את הכח להפעיל את הבחירה מרצון.

וזה שאמר הכתוב 'רצון יראיו יעשה' – שהוא ית' יְעַשֵׂה לו את הרצון, שהשי"ת לוקח את הבחירה ונותן בה תגבורת הרצון – ואין לך דבר העומד בפני רצון כזה. ומאד מאד נוגע זאת לענין תשובה ותיקון המדות.

הרפא לשבורי לב ומחבש לעצבותם, (תהילים קמ"ז ג'). ואיך זה אתמהה, וכמאמר הקארלינער 'אין לך דבר שלם כמו שברון לב יהודי' – *א צובראכענע יידישע הארץ*. וכאשר סוף סוף על ידי יגיעות רבות מגיעים לשברון הלב מי רוצה שיוקח זאת ממנו, והענין הוא כי כדי שיהי' שברון הלב בבריאות ולא מטעם מרה שחורה או חולי הנפש של דכאון ונמיכת רוח שקוראים -depression- דעפרעססיון, שלא יתערב בתוך המרירות של שברון הלב שמץ של עצבות. וכמו שחסידים מדברים ע"ז שמתוך מרירות יש לו טענות נגד עצמו ומצד עצבות יש לו טענות לה' ולזולת. ולכן ביידיש מתרגמנן הפסוק (תהילים קמ"ג ז') *ער מאכט געזונט דאס צובראָכענע הארץ מיט דעם וואס ער בינדט צו דאס עצבות, בלייבדט דערנאך א געזונטע צובראכענע הארץ.*

חגים

בס"ד כ"ד תמוז' 'היאהרצייט של אמי מורתי ז"ל

מאמר עץ החיים של המועדים

(קהלת ג' א') לכל זמן ועת לכל חפץ - (משלי ט"ו כ"ג) ודבר בעתו מה טוב.

דרשו הוי' 'בהמצאו' קראהו בהיותו קרוב, (ישעי' נ"ה ו').

<u>בקול הדקה -- 'בדממה'</u>

בדקה, - רגע - בדממה ובהתבוננות יכולים לשמוע את הבת-קול של (דברים ו' ו') אשר אנכי מצוך היום. היות שקול הבת-קול בא בדממה דקה ובעדינות יתירה קשה לשמעו אם יש איזה קול יותר עב ויותר חזק הגובר ודופק עליו ומבלבלו. לכן נחוץ לבוא להשקטת החושים והתפשטות מהשקעה בג' לבושי הנפש, דהיינו ממחשבה דיבור ומעשה. אז (חבקוק ב' כ') ב-הס מלפניו כל הארץ, נמצא - הוי' בהיכל קדשו. ובנפש, זהו פירוש הפסוק 'דרשו הוי בהמצאו'.

מחברי הספרים הקדמונים כתבו הרבה על ביטול היש. והבטוי הזה לכאורה מדבר כאילו איזה כליה ח"ו יקרה להמתבטל כשיתאמץ להבטל.

אבל אם תחשוב שע"י הביטול תהיה כלי לברכה אז תבוא לאותה הזכות ובהירות - טרַנספֶּרֶנסִי transparency ואז הרגש מציאות עצמו לבד יתבטל ולא יכסה ויעלים על הרגש העילה שעליו. מי שזוכה להִבָּהר לשקופיות זו ולרכז את המבט הפנימי על מה שעולה במחשבתו בלי הרגשת ישותו הוא קרוב לרוח הקודש.

והאדם יכול ע"י התבוננות בזמנים מסוימים ומיוחדים לזה, שיש להם מן התדירות וקביעות זמן, להכנס לאוהל מועד (שמות כ"ט מ"ב) אשר אִוָעד לך שמה, והכובש ומרסן את מחשבתו מלשוטט אנה ואנה - ובאִם המחשבה לרגע סרה מֵשיבָה בנחת להתרכזותה - כמו שמובא בספר יצירה (פ"א, משנה ח'), עשר ספירות בלי מה בלום פיך מלדבר ולבך מלהרהר, ואם רץ לבך שוב למקום שלכך נאמר (יחזקאל א' י"ד) והחיות רצוא ושוב. ועל זה נכרת ברית, עכ"ל. ושם במשנה ד', הבן בחכמה וחכם בבינה, בחון בהם וחקור מהם והשב יוצר על מכונו.

על האני מאמין:

הבא בסוד הספירות יודע אשר כל ספירה וספירה בפרט – וכולם ביחד בכלל – צריכים לשים לב ולרכז עליהם כדי להתקשר אליהם ולהדבק בהם, (עיין הרמ"ע מפאנו, מאמר מאה קשיטא, ס' ל"ב). וידוע כי מקיימים מצות התלויות בלב ע"י התבוננות והרהור בהתעוררות הלב. ואותו ההרהור החי עקרי הוא לצורך גבוה ולהגדיל את השם בבחי' (תהילים ל"ד ד') גדלו לה' אתי, ולהתעסק בבנין המלכות שעל ידי זה נרוממה את שמו יחד. לענינינו זה פונה לקו הזמן וכדלהלן.

והרה"ק ר' אהר(ן)-לה רוטה נ"ע בעל סה"ק שומר־אמונים הדריך אותנו לעשות הצהרה – אַפִּירְמֵיישון – affirmation – בל"ב מצות התלויות בלב, וגם כתב אני מאמין ארוך המכיל בתוכו את דעתם של הרמב"ם ז"ל והאר"י הק', ומראה איך לקיים את מצוות התלויות בלב כשמעיד את עדות האמונה שלו – סהדותא דמהימנותא.

ואף שבאמת מי יכול לומר מאמין באמונה שלמה בכל לבבו כבר למדנו מהרה"ק ר' משה קוברינר ז"ל שבמקרה זה יאמר 'הלואי שאני מאמין', וכוונה זו רצויה מאד לעליונים שיעזרו לאדם לצרפה למעשה.

אמונה והרגש הנאמנות Loyalty ויש כיוון למושג אמונה שהוא נאמנות *געטריישאפט*, לויַאלטִי loyalty (שיר השירים ג' ד') אחזתיו ולא ארפנו, להיות נאמן בנרנח"י -- (בנפש, רוח ונשמה, חיה ויחידה) ובמחדו"מ (במחשבה, דיבור ומעשה) בדבקות לאותה המדה.

וכדי להיות מקושר לאותה המדה בנפש צריכים ליחד שעת־הקושר/כושר, כי הנפש כבר בגוף ובכן היא כבר נמצאת במקום – עולם, אבל אי אפשר להדבק בה בלי להקציב זמן לדבקות. והתוה"ק נותנת לנו הזדמנויות ע"י בחי' שנה, מועדים לשמחה, חגים וזמנים לששון, ימי זכרון במובן שימת לב.

עולם - **שנה** - **נפש**. קוי מדה דימֶנסיונס

בספר יצירה ישנם ג' בחינות, **עולם** – מקום, בד' רוחות העולם ומעלה ומטה, **שנה** – זמן, ונפש, היינו היחידה של הנמצא, היצור החי בתוך המקום ולכמה זמן. וע"י ג' הקוים האלה יכולים למדוד כל דבר בעולם שהם ג' קוים. של המציאות, coordinates תאמים

וכפי שת"ל נתגלה לנו יש עץ חיים, שיעור־קומה – של עשר ספירות, כח"ב (כתר–חכמה–בינה),--או חב"ד, (חכמה–בינה–דעת), חג"ת, (חסד–גבורה–תפארת), נה"י (נצח–הוד–יסוד) ומלכות. וכדי שהאדם יכול להדבק במדותיו ית' צריך למצוא בנפשו אותה המדה שרוצה להדבק בה. למשל, הרוצה להדבק בחסדי ה' צריך לגמול חסד לאחרים,

(מס' סופרים פרק ג') מה הוא רחום אף אתה רחום. ובדרך כלל הבהירו קדמוננו בספרי מוסר ובספרי דא"ח (דברי–אלקים–חיים) וח"נ (חכמה נסתרה) איך זה בעבודה פנימיית בנפש האדם. ומה שאנו פונים להתפלל כנגד המקדש והעֶשר קדושות מורה על בחי' עולם, היינו מקום.

<u>לחץ הזמן.</u>

ויש עוד להבין, איך נבין ונתעסק בדבקות בבחינת זמנו ולעת עתה נחוץ לנו מאד להבהיר את הענין כי נמצאים אנו בגלות מרה בענין הזמן. כוחות השיווק העולמי משווה את הזמן לכספים וכמו דאמרו אנשי – טַיים אִיז מוּנִי – time is money וכל הקדושה שהאציל הבורא תוך הזמן, היינו ארך־אפים ומדת הרחמים – בו משַנה עתים ומחליף את הזמנים – נאבד מאתנו, ולולא השבת הקדוש לא נשאר בחיינו אף שריד ופליט מלחץ הזמן המלאכותי. Commodity time קומודִיטִי טַיים – כי עמוסים אנו בסבלות שרי מִסִים ומַסים בקוצר רוח ועבודה קשה המפרכסת גופו ונפשו של אדם. כי תחת אשר חָיינו בזמן אורגַנִי טבעי ובריא - organic time אשר עיני השי"ת עליהם, אנו חיים בזמן שכל שעה שאיננו עוסק באיזה עסק פרודוקטיבי נראה כביטול זמן בעיני שרי המסים שכבשו את דעתנו, המענים אותנו תחת סבלותם. אף את זמני המנוחה – השֵנה והנופש אנו מצדיקים כאילו זה ג"כ רק כדי להפעיל להחזיק ולאמץ את מלאכת העבודה, עבודת עבד נרצע למסחרו או למשרדו.

ותו"ל אשר יש לנו סדר השנה של מועדי־קדשך. והמחזיק בהם אוחז בעץ החיים. כי בזמן מקודש אנו חיים חוץ לאותו לחץ ובזכר ליציאת מצרים.

<u>מועדים בימות החול.</u>

ומי שיחמול על עצמו יקח לו אפילו בימות החול, משעות הבוקר רגעי קודש של פסח קטן ולעת מנחה שארז"ל (ברכות ו:) לעולם יהי אדם זהיר בתפילת המנחה, רגעי שבועות, ולמעריב מהארת הסוכה, (תהילים י"ז ח') בצל כנפיך תסתירנו, ובין נשימה ונשימה אפילו בתוך יום העבודה יכול לקיים (שמות כ' ח') זכור את יום השבת לקדש, ע"י שביתת רגעי קודש בשימת לב.

<u>עש"נ בספירות</u>

ובספירות יש ג"כ ענין עש"נ (עולם–שנה–נפש). וכבר ידוע ומפורסם אצלנו איך הספירות נוהגות בנפש האדם בעשר בחינותיה .וכפי שהרשב"צ ז"ל (חסיד חב"די נעלה, מלמדו הפרטי של האדמו"ר מהריי"צ , אמר פעם בהתוועדות וכן שמעתי מהמשפיע שלי מוהרי"ד ע"ה) " די

קבלה איז געקוממען און האט געמאכט פון ג–ט א מענש, און חסידות האט פונ'ם מענש געמאכט א ג–ט". ז"א שהקבלה קרבה לדעתנו את האלקות לראות בעלמא עילאה את העלמא תתאה בדמות האדם, ובאה החסידות וקרבה לדעתנו שהאדם יכול לגלות את האלקות שבו כי אנו באמת בדוגמא שמעלה.וב'מקום' כבר מצאנו במתניתן (כלים א' ו') בענין עשר קדושות בקדושת הארץ אשר הארץ הקדושה הכוללת ולמעלה מזה כו' עד עזרת הכהנים וקה"ק מקודש מכולם. עלינו עכשיו להכנס לשער הח"ן כדי להבין את הי' ספירות ב'זמן'.

וזהו סדר הספירות בנוגע למועדים היוצא לנו מספרי קדמונים.

כתר - **יום הכיפורים**

חכמה - **בינה** – (ליקוטי תורה, פ' וירא) תרין רעין דלא מתפרשין – ב' הימים דראש השנה שהוא – יומא אריכתא.

דעת – זהו כוונתו ושימת לב האדם המתבונן בהאני מאמין, ומתכוון לחיות את (משלי ט"ו כ"ג) הדבר בעתו מה טוב.

חסד – (אברהם) – **פסח** – חג הגאולה – (בראשית י"ח ו') לושי ועשי עוגות.

גבורה – (יצחק) - **שבועות** – מתן תורה, (עירובין נ"ד:) מפי הגבורה שמענו.

תפארת – (יעקב) – **סוכות** – (בראשית ל"ג י"ז) ולמקנהו עשה סֻכת.

נצח – (משה) – **פורים** – (פיוט לפורים) תשועתם היית לנצח.

הוד – (אהרן הכהן) – **חנוכה** – (על הניסים) להודות וכו' על נִסֶּיךָ.

יסוד – (יוסף הצדיק) – (עיין מס' חולין ס:) **ראש חודש**.

מלכות – (דוד המלך) – (תיקוני זוה"ק תיקון י"ט) **שבת**.

התפקיד החברותי בהקדשת הפרצופים.

ולענינינו. כמו שכתבו המקובלים (פרי עץ חיים – שער יוה"כ פרק ה') בענין ימים נוראים שאנו עוסקים בבנין המלכות, כך בכל חג ומועד אנו עוסקים בבנין אותה הספירה המאירה בשעתה להגדיל ולהקדיש שמיה רבא. (תהילים ל"ד ד') גדלו להוי' אתי ונרוממה שמו יחדו. ומה שאנו – מקדשים את הזמן (סנהדרין צ"ט:) אשר תקראו א(ו)תם – אַתֶּם במועדם, ועושים היחוד ביחד עם כל ישראל .

זה מפעיל ומרחיב בעדנו את רקע פעולת השכינה ומוסף כח בפַּמְלְיָא של מעלה (זוהר חדש - מדרש רות - מאמר גדול כח של ברכת המזון). התפקיד הזה אינו עולה יפה עד שיש 'מנין', social critical massסושַל קרְטֶקל מַס, של מאמינים היינו נאמנים לקיים (תהילים ל"ד ד') ונרוממה שמו יחדו.

וכל הלשונות של תהילת ה', יתגדל – יתקדש, יתברך, ישתבח, ויתפאר ויתרומם ויתנשא ויתהדר ויעלה ויתהלל, – עשרה בדיוק – מורים על ההגדלה בכל ספירה וספירה. ולא רק עשר הספירות שהם בחי' נקודות, קָמץ בכתר, פַּתח בחכמה, וכו, בלבד, אלא גם כ"ב השבילים של אותיות התורה והתפילה שהם ביחד ל"ב נתיבות חכמה, כולם מקבלים – זה מזה – כח להפעיל (תהילים מ"ד ה') ולצוות ישועות יעקב.

<u>אמונת הרבים - כסא להשראת השכינה.</u>

והנה ידוע אשר בפסח באוכלנו מַצות מִצוָה מחזקים את האמונה, (זוה"ק חלק ב' קפ"ג:) כי מצה מיכלא דמהימנותא. בחג הסוכות אנוּ יוֹשבים תחת כנפי השכינה (זוה"ק חלק ג' ק"ג.) בצלא דמהימנותא. הרי זה נוגע לחזק את האמונה והבטחון בה, החי בחיינוּ לאמץ ג"כ נאמנותנוּ לה' לעובדו בלבב שלם, היינו, בפסח מחזקים את יחסנו למדת חסדו ית', בסוכות למדת תפארתו ורחמיו. כמו כן בכל חג יש להמשיך לחזק את הספירה והמדה של אותו היום. ולכן יכולים אנו לכוון באני מאמין כוונה מיוחדת לאותה ספירה וכדהלן.

מי שמבין זאת יכול לראות בחינה של האני מאמין המתאימה לאותו החג ואז עולה הכוונה בכי־טוב בבחי' (משלי ט"ו כ"ג) דבר בעתו מה טוב.

ורבי נחמן ז"ל בסיפורו של הז' בעטלרש, בסיפור הבעטלר השלישי, מורה איך הזמן נברא, 'וזה המַעיָן אין לו זמן כי זה המַעיָן אינו בתוך הזמן כלל. אך עיקר הזמן של המַעיָן הוא רק מה שהלב נותן לו במתנה יום אחד ... זה האיש החסד והאמת נותן במתנה יום אחד להלב, והלב נותן את היום למַעיָן אזי שוב יש זמן להמַעיָן', ועיי"ש כי הסיפור נאה, נורא ועמוק.

<u>האדם קיום הזמן</u>

והר"נ ז"ל (סיפורי מעשיות – מעשה י"ג) מוסיף שרגעי הזמן מצטרפין ע"י האדם המקבץ 'כל החסדים של אמת אשר מהם התהוות הזמן', כי צריך להיות שתוף פעולה בין הבורא והנבראים כדי שיהי' איזה תוכן, – כוונה ומשמעות – מִינִינג - meaning - להזמן. וזה תלוי בנשמות בנ"א. ואפילו בין חכמי התכונה הקוסמית יש מושג שכעקרון

המושרש ביסוד היקום וקוראין לזה אנתרופיק anthropic principle פרינציפל.

ובזה יובן שאף כי (תיקוני זוהר דף י"ז.) משמיא מיהב יהבי ואנת הוא דאפיקת מלמעלה עשר ספירן מטעם חסד חינם, ואנן קרינן לון, היינו קוראים וממשיכים למטה, עשר ספירן, ובזה נתקיים לאנהגא ולאנהרא בהון עלמין דאתגלין ועלמין דלא אתגלין. וזה טעון ביאור רחב בבינה ולעת עתה בקיצור בחכמה וד"ל ברמיזא דא. כדי שאיזה פרצוף יתגבש ויתקיים, יתחזק יתגדל ויתקדש צריכים לשיתוף פעולה בין היוצר והיצורים.

לפעמים ההתחלה מטעם אתערותא דלעילא כמו בפסח בחודש הא"ב־יב מלמעלה למטה – (שיר השירים ב' ט"ז) דודי לי בתחילה ואני לו אח"כ, ולפעמים אין הדבר תלוי אלא בנו באתערותא דלתתא, מלמטה למעלה אלול – (שם ו' ג') אני לדודי תחילה ואח"כ דודי לי, חודש ת"ש"ר"י א"ב למפרע בתשר"ק. אבל בין כך ובין כך אין הפרצוף מתקיים עד שיש ברית ושותפות בין ההעלאה הבאה מהתחתונים וההמשכה הבאה מלמעלה. ואפילו אם כבר נעשה אותו היחוד והברית – (התרגום אונקלוס – בראשית ט' י"ג – מתרגם ברית – קיימא) צריכים אנו ליזון ולפרנס את הפרצוף להתגדל ולהתקדש ולהשפיע עליו מכוחנו ודעתנו ע"י כוונת הרבים בבחי' ונרוממה שמו יחדיו. וכל האוצר של אותיות התורה והתפילה וכל זכות המצות והמע"ט (המעשים טובים) ממלא אותו השם והפרצוף. וזוהי י"ל כוונת ה'לשם יחוד -- בשם כל ישראל', (עיין ספה"ק נועם אלימלך פ' דברים, ד"ה עוד בפסוק). ובזה יובן לנו מה שארז"ל ע"פ (תהילים מ"ח ב') גדול ה' ומהולל מאד בעיר אלקינו הר קדשו. (ילקוט שמעוני, שם שם – רמז תשנה) אימתי הוא גדולו כשהוא בעיר אלקינו, היינו, כנס"י (שמות כ"ה ח') ועשו (הם) לי מקדש ושכנתי בתוכם (בתוכו – בכיוון המשכן לא נאמר, – עיין של"ה – שער האותיות, אות ל', לב טוב).

<u>עבודת האמונה</u>

<u>בעץ החיים של השנה.</u>

ונחזור לענינינו. היות שלפי כוונתנו יש בכל א' מהספירות מעמד בקו הזמן – נשאל, איזה נאמנות ואמונה, איזו בחינה של 'מהימנותא' מאירה ביום הכפורים הוי אומר, אני מאמין באמונה שלמה שהשי"ת <u>בכתר עליון</u> (שמות ל"ד ו') ובארך אפים, הוא מחכה לתשובתנו כדי שיהיה סולח, מוחל ומכפר לנו על כל החטאים, העוונות ופשעים. כי הוא ית' נותן יד לפושעים, אם אנו פותחים לו לכה"פ כחודה של מחט הוא ית' אומר (במדבר י"ד כ') סלחתי כדבריך.

וביום א׳ דראש השנה פותח לנו שערי ראשית וחכמה להתחיל מחדש, וביום ב׳ פותח לנו נ׳ שערי בינה לתשובה, לאימא עילאה שהיא מקור החסדים ובעלת הרחמים. ובזה אומר, אני מאמין באמונה שלמה שהשי״ת בחכמה (ירושלמי סנהדרין נ״א.) פותח לנו חתירה מתחת כסא הכבוד – הבינה – בשמוע קול שופר, (עיין זוה״ק חלק ב׳ מ״ו:) יובל העליון, ועי״ז אנו יכולים להתחיל מחדש להמליכו וליחדו ולספר הודו עד כדי כך שכל אשר נשמה באפו יאמר (תהילים ק״ג י״ט) הוי׳ אלקי ישראל מלך ומלכותו בכל משלה. וזהו מהימנותא בה׳ כאבא ואמא.

ובפסח כבר ידוע שאוכלין מצה לשם האמונה – (זוה״ק חלק ב׳ קפ״ג:) מיכלא דמהימנותא, (ומיכלא דאסותא). פסח הוא החג של אברהם אע״ה שהאמין בה׳ וברדתו למצרים פתח לנו שערי יציאת מצרים ועשה חסד וצדקה ועסק בפדיון שבוים.

וכשתביט על תכנון קערת הסדר תראה בג׳ מצות חב״ד, ושש מנות בקערה שהם זרוע בחסד, ביצה בגבורה, מרור בת״ת, כרפס בנצח, וחרוסת בהוד, והחזרת ביסוד – זעיר אנפין – והקערה הנוקבא מלכות, והד׳ כוסות ד׳ העולמות לפי אותיות השם הנכבד. והסדר מתחיל מ׳קדש׳ באצילות, ובהגדה בבריאה. ואחרי הסעודה ברכת המזון וההלל הגדול ביצירה. וכוס אליהו – בין יצירה ועשיה עד שבא לשמח בבטחון שאחרי חסל סידור פסח כהלכתו – כאשר זכינו לסדר אותו כן נזכה לעשות בעשיה – בשנה הבאה בירושלים. ויכול לאמר, אני מאמין באמונה שלמה שהשי״ת בכבודו ובעצמו ולא ע״י מלאך ולא ע״י שרף עוסק מטעם חסד חינם ואתערותא דלעילא ובבחי׳ טל – דלאו בזכותא תליא (עיין זוה״ק חלק ג׳ קכ״ח:) – לגאול אותנו בד׳ לשונות של גאולה, ובד׳ עולמות, ורופא אותנו מכל מחלות מצרים וגבולים.

ובשבועות מאירה ספירת בינה בנו״ן שעריה לתוך מדת הגבורה מתן תורה – מפי הגבורה שמענו, (עירובין נ״ד:), בצמצום ללוחות אבנים שצמצם בהם י׳ הדברות, (תנחומא ויקהל ז׳) וצמצם שכינתו בין שתי בדי הארון. וגם מלת עצרת מורה על הצמצום וההגבלה רק ליום א׳ (וב׳ בתפוצות) (ויש מילואים נעלמים לשבוע שלם ולא גלוים). ואנו שעמדנו כולנו (שמות י״ט י״ז, ועיין ילקוט שמעוני, בראשית פ׳ כ״ב – רמז ק״א) בתחתית ההר כיצחק אבינו בעקדה (שבת פ״ח:) פרחה נשמותנו על כל דיבור ודיבור. ומתיחדים עם נשמותיהם של דוד המלך ע״ה, והבעש״ט נ״ע, והגר צדק מווילנא הי״ד שקידש ש״ש בפרהסיא, שנשמתם נשתאבו בשבועות בגופא דמלכא בנשיקות פיהו ית׳. ויכול לאמר, אני מאמין באמונה שלמה שהשי״ת שהוא לעילא ולעילא מזמן ומקום בהוה הנצחי, הוא נותן התורה ועוד אומר אנכי ולא יהי׳ לך בדיבור אחד, (ילקוט שמעוני שמות פ׳ כ׳ המשך רמז רפ״ד) באופן שכל דור ודור יכול לשמוע

דבר ה' מחדש לפי הזמן והמקום, ואנו מקבלים עלינו את ההגבלות של תבלין התורה להתגבר על יצרנו ולעשות נח"ר ליוצרנו.

ובסוכות מאירה ספי' **תפארת** בחי' יעקב ע"ה, (בראשית ל"ג י"ז) ולמקנהו עשה סכת. והאושפיזין עילאין באים כל ז' ימי הבנין, אז נתגדל יעקב לישראל סבא (זוה"ק חלק א' רל"ו.), ואז כל הספירות דז"א נֶעֱשים מרכבה לת"ת ונכנסים תחת צלא דמהימנותא, שהאמונה נכנסה ממקיף לפנימי. (ויקרא כ"ג מ"ב) 'בסכת' - מקיף - 'תשבו', בהתישבות בפנימיות 'שבעת ימים' ז"א במלכות, (זוה"ק חלק ג' רנ"ה:), הוי' ואדנ"י ביחד בגימ' 91 ובגימ' סוכה (מאכל). וסגולת האמונה של סוכות מביאה לזַכות מטר שבזכותא תליא. וכדי לזַכות לאותה זכות על האדם לקחת ע"ע אחריות על חיי עצמו. והאמונה מחזיקה בו להאמין ולהרגיש זאת במוחש בשבתו בסוכה, (שבת ק"ד.) והבא לטהר מסעין לו. ובסוכות נזכר שהוא אחראי כי סוכות (תנחומא, אמור כ"ב) ראשון לחשבון עוונות.

ומצות ד' מינים ג"כ מורה על עץ החיים בתיקונו, זו"נ (זכר ונקבה) ביחוד בידיו, ג' הדסים חג"ת, ב' בדי הערבה נצח והוד, והלולב יסוד והאתרוג בחי' רחם, המלכות. והמנענע אותם מתחיל בחזה, אותו המקום אשר מכה בו בוודוי, מקום בגוף שמרגיש האחריות. והמנענע בכל לבבך (משנה ברכות ט' ה') בב' יצריך יכול לאמר, אני מאמין באמונה שלמה שממקור רחמי השי"ת עלינו נוכל מתוך שמחה להגביה לְבֵנו בדרכי ה' ולהגיע (זוה"ק חלק א' רל"ו.) מקטנות יעקב לגדלות ישראל סבא. וע"י מעשינו זוכים אנו להמשיך שפע רב בכל העולמות כי נתעוררים בנו האושפיזין עילאין, ובעבורם אל תמנע מים (פיוט – תפלת גשם).

ובפורים שה' עזר לנו ב'אסתר' בסתר להנצל משמד והרג. כל הניסים נעשו לנו ע"י אמצעים וסיבות וגרמים ששורשם במסירת נפש, (אסתר ד' ג') שק ואפר יצע לרבים, (שם שם ט"ז) וצומו עלי וגו', לכן תשועתם,היית ל 'נצח'. מסבב הסיבות ב"ה הסתיר את עצמו מאחורי הסיבות של ושתי, כרשנא, בגתן ותרש, נדידת שנת המלך וזכר מעשה מרדכי, חרבונה ועוד ועוד. ואף ששם ה' לא נזכר במגילה, כל האופי היה של תשובה לה', תפילה ובטחון עד (שם ט' כ"ז) שקימו וקבלו היהודים, (שבת פ"ח.) קיימו עכשיו מה שקבלו כבר בימי משה רבנו, אושפיז הנצח. אף אנו קוראים את המגילה ועוסקים במתנות לאביונים ותמיכה (אסתר ט' י"ט) ומשלוח מנות איש לרעהו.

הן אמת שהגורל – פור – מטיל עלינו לכאורה אף דברים קשים, אבל באמונה ובטחון נוכל לומר עם אסתר המלכה (תהילים כ"ב ה-ו) בך בטחו אבותינו -- אליך זעקו ונמלטו. אז רואים דרכי נועם של הקב"ה אתנו, ובאים לראות מה נעים גורלנו אשר (איוב ל"ז ט"ז) תמים דעים, (תהילים ס"ו ה') נורא עלילה, מבקע אלינו מפלא העליון מקור הגורל. ואז

נתעורר בנצח, צחיות כתר עליון (זוה"ק חלק ג' קכ"ט.) דלית שמאלא בהאי עתיקא, שאפילו מי שחש את עצמו בדרגא נמוכה; אנוש- אנוש וכולו חייב – (מגילה ז':) מיחייב איניש לבסומי בפוריא, עד שמגיע לפי שעה אף לרגע קטן בתוך מה שמשַכר אותו בתוך שמחה ואהבת רעים, באדר מזל דגים, נוני ימא, (תהילים ק"ד כ"ו) כלויתן זה יצרת לשחק בו, (זוה"ק חלק ג' רפ"ח:) לרישא דלא ידע ודלא אתידע.

ואז ברוך מרדכי וארור המן שוה בשוה ולא איכפת עוד. ויכול לאמר, אני מאמין באמונה שלמה שהשי"ת הוא מסבב הסיבות ועילת העילות בנורא עלילות, (ברכות י.) ובהדי כבשי דרחמנא בין רגע (אסתר ט' א') ונהפוך הוא אשר ישלטו היהודים וגו' ובזה אני מחזק אמונתי ובטחוני בהשגחתו של השי"ת עלינו.

ובחנוכה שאז מאיר לנו האור הניסי בנרות שאין לנו רשות להשתמש בהם אלא לראותם בלבד כדי ל'הוד'ות ולהלל, (נוסח הדלקת הנרות) , מדת הוד אושפיזת אהרן הכהן, והחשמונאים הכהנים אז נתפרסמה בינינו ובעולם ההנהגה וההשגחה בגילוי ובפומבי פרסומא ניסא. ובחנוכה נעשים כל ישראל אפילו הרחוקים משאר המצות (שבת כ"א:) מהדרין מן המהדרין, (תהילים צ"ו ו') בהוד והדר לפניו, (יומא י"ב:) מעלין בקודש ולא מורידין, אף שמניחין את המנורה (בבא קמא ס"ב:) למטה מעשרה טפחים, (מסכת סופרים כ') מזוזה מימין (ושם שדי בנצח) נר חנוכה משמאל (הוד) ונראה פרסום הנס (שבת כ"א:) עד כדי שתכלה רגל – ההרגל – מן השוק – התודעה של מקח וממכר ותועלת עצמו עד שאפילו רגלי דתרמודאי – התגרין – כָלין, ואנו חיים לפי שעה בעולם שאינו נוהג כמנהגו, מנהג השיווק סתם אלא במנהג פלאי וניסי. ויכול לאמר, אני מאמין שהשי"ת מקור היופי והנועם, ההוד והפאר, ושאמונתנו נתחזקה ע"י תפילה ביופי הנגינה וע"י הדורי מצוה, מנורה נאה וטלית נאה, ושאר תשמישי מצוה נאים ונעימים (שמות ט"ו:) זה א-לי ואנוהו, וכל אחד ואחת יכול להשתעשע על הניסים ועל הנפלאות במשחקי ילדים כיַאות לבני ממה"מ הקב"ה, בארמון בית אביהם (עיין זהר חדש, ואתחנן – מאמר קו המדה) המדליקים בוצינא דמהימנותא בה' המפליא לעשות.

ובהנוגע לראש חודש, ישנם הרוצים לתקן את הנוסח בסידור מ'ראה והתקין צורת הלבנה', ל"ראה והקטין כו', מטעם (חולין ס:) לכי ומעטי את עצמך, כי לפי הקטרוג אי אפשר לשני מלכים להשתמש בכתר אחד. וכבר בארנו במקום אחר ובארוכה (לעיל, ענין פרה אדומה) עה"פ (תהילים כ"ה י"ד) סוד הוי' ליראיו ובריתו דייקא להודיעם. כי ביחוד בשר של הרעים האהובים נוכח פני ה', הברית מודיע להם סוד הזיווג של י"ה וו"ה, כי אז האדם השלם, היינו, זכר ונקבה (בגימ 400 – שמים) ברא אותם. (בראשית ד' א') והאדם ידע את – ביחד עם – חוה אשתו, כי היא נעשית לו (משלי י"ב ד') אשת חיל עטרת בעלה. אז ביחוד הזה אי אפשר שאין שני מלכים

משתמשים אלא בכתר אחד ביחודא שלים, ומתקנין מיעוט הירח לפי שעה. (ועוד יש מילין לאלו–ה בענין הזיווג שנתחדש בר״ח שהוא בחי׳ יסוד ויוסף הצדיק – ותמר בראשית ל״ח כ״ו שצדקה ממני.) כן שפיר קאמר ראה והתקין צורת הלבנה.

והענין הוא כי בכל חודש וחודש נתהוה חידוש ימים ודמים ושנוי ווסת, (עיין מגלה עמוקות עה״ת פ׳ בהר) ותמורה באותיות הוי׳ המאירים (דברים ג׳ כ״ג) בעת ההיא לאמור. ואף שבר״ח נראה (זוה״ק חלק א׳ קכ״ה.) דלית ליה מגרמיה כלום, זהו הנוגע באור החוזר אשר אור הזה, אורם של הט׳ ספירות כח״ב חג״ת ונה״י שבאור א״ס צמצם לצדדין, אבל (שם שם י״ב. וע״ע שם ג׳ ערה.) נהורא אוכמא של המלכות עצמה בזה לא שלט הצמצום ובאור אוכמא של – (תהילים קל״ט י״ב) גם חושך לא יחשיך ממך, כי ממך – (שיר השירים א׳ ה׳) שחורה אני ונאוה – יש מקום להעמדת העולמות. והארת נהורא אוכמא נתגלה דווקא בר״ח והיחוד דווקא בחושך (תהילים פ״א ד׳ – כמו בכסה ליום חגנו) והיַמים והגלים מעידים שאף שאין אור הירח נראה לעינינו המים נמשכים לירח אפילו בהעדר האור. ודווקא מתוך החושך נראתה הנקודה של עלות השחר, וכל הסדר החדש נתחדש, ובתוך החודש גם אנחנו מתקדשים כשהלבנה במילואה. ויכול לאמר, אני מאמין באמונה שלמה שעל ידי התחדשות הלבנה אני בא להתחדשות האמונה והבטחון. ועל ידי הסוד הזה אני מאמין (תהילים קל״ט י״ב) שגם חושך לא יחשיך ממך, ושהשכינה הקדושה מושכת במי הגעגועים שלי – (ס׳ עץ חיים – שער הכללים) מיין תחתונים בוכין – (ישעי׳ כ״ו ט׳) נפשי אויתיך בלילה, ושאנו עתידים להתחדש כמותה (כמו הלבנה).

שבת המלכה: (ישעי׳ נ״ח י״ג) אם תשיב משבת רגלך – ההרגל שלך וגו׳, באים להכרה החיובית פוזִיטִיבִית להיֵש׳ של ׳זכור׳, בתוך ה׳אין׳ של ׳שמור׳ (שמות כ׳ ח׳ – דברים ה׳ י״ב). (שיר השירים ח׳ ה׳) ותחת התפוח עוררתיך – (זוה״ק חלק א׳ קנ״א:) בחקל תפוחין קדישין, וכתר יתנו לך (פרדס רימונים שער ג׳ פרק ח׳) בעתיקא קדישא, כי (ישעי׳ נ״ח י״ד) אז תתענג על – דייקא – הוי׳ (זוה״ק חלק א׳ רי״ט.) למעלה אפילו משם הוי׳ לעילא כי (תהילים קכ״א א׳) והרכבתיך על במתי ארץ, ההרים – (בראשית רבה ס״ח ד׳) ההורים – שהם ז״א, והאכלתיך נחלת יעקב אביך – (שבת קי״ח.) נחלה בלי שום מצרים – כי פי ה׳ – (תיקוני זוהר דף י״ז.) מלכות פה קרינן לה – דבר. ויכול לאמר, אני מאמין באמונה שלמה בקדושת השבת שמחזיק בי האמונה בשלמות של היעוד של יום שכולו שבת ומנוחה לחיי העולמים, שזרועות עולם תומכים בי לשבות עם כל יגיעי כח השובתים בשביעי.

ובזה נתתקן עץ החיים בבחי׳ הזמן, וכל ספירה וספירה מאירה (משלי ט:ו כ״ג) בדבר בעתו מה טוב, כי (קהלת ג׳ א׳) לכל זמן ועת לכל

חפץ, ובחמלת השי"ת (רש"י בראשית א' א') שיתף מדת הרחמים, וארך אפים שמאריך אף, ובורא את הזמן בחי' שנה להאיר לנו את העולם והנפש (ישעי' נ"ה ו') ודרשו הוי' בניקוד אותה הספירה – בהמצאו אלינו בתקופות השנה.

ולחזור עוד הפעם.

<u>מועדים בימות החול.</u>

ומי שיחמול על עצמו יקח לו אפילו בימות החול משעות הבוקר רגעי קודש של פסח קטן, ולעת מנחה שארז"ל (ברכות ו:) לעולם יהי אדם זהיר בתפילת המנחה רגעי שבועות, ולמעריב מהארת הסוכה, בצל כנפיך תסתירנו, ובין נשימה ונשימה אפילו בתוך יום עבודה יכול לקיים (שמות כ' ח') זכור את יום השבת לקדשו ע"י שביתת רגעי קודש בשימת לב.

חזק מיחד כאחד עשר ספירות

ומפריד אלוף לא יראה מאורות

ספיר גזרתם יחד מאירות

תקרב רינתי לפניך הוי

(ר' אברהם מימין, תלמיד הרמ"ק – בא–ל מסתתר)

בס' שיעור קומה של הרמ"ק סי' נ"ב כתב וז"ל:

והנה הדברים הקשים שבחכמה הזאת הוא שיחסו ענין המדות תחת הזמן ואמרו זמן חסד - פסח, זמן שבועות - ת"ת, זמן גבו"רה - ר"ה, זמן יסוד - סכות, זמן נצח - חנוכה, זמן הוד פורים, וזמן עטרת - מלכות.

ושיטה זו מנגדת למה שכתבתי. כי אני נסמך על מה שיוצא מכתבי האריז"ל ומתורת חב"ד. ולפי דעתי וזכרוני בכללות הנה יוהכ"פ הוא בכתר מטעם שם הוי' דלעילא ובבחי' (שמואל א' ב' י') הוי' יחתו מריביו, דלית שמאלא בהאי עתיקא (זוה"ק חלק ג' דף קכ"ט.), ומזה נצמחה הכפרה שאפשר להפוך את החטאים שהם כשני שכשלג ילבינו (ישעי' א' י"ח).

ור"ה יומא אריכתא בתרין רעיין דלא מתפרשין, (ליקוטי תורה, פ' וירא) חכמה ובינה אבא ואמא, בבחי' ראש, ובבינה עולם הכסא, דינא רפיא לקום מכסא דין ולשבת בכסא רחמים (זוה"ק חלק ג' דף רל"א:).

ובענין פסח לא פלגינן כי פסח בבחי' לושי ועשי עוגות (בראשית י"ח ו'), בחי' אברהם. מה שא"כ בשבועות, מתן תורה מפי הגבורה שמענו,

(עירובין כ"ד:) וכנגד ילחק אבינו. ואף שיש מילואיס לחג הוא בבחי' עלרת ולמלוס, יוס א' בלבד.

בענין סוכות שיסד יעקב אע"ה (בראשית ל"ג י"ז) ולמקנהו עשה סכת, פשוט שזה בת"ת בחי' ישראל סבא, (זוה"ק חלק א' רל"ו).

נלח הוא פוריס, תשועתס היית לנלח, ונלח בחי' אושפיזא דמשה רע"ה וקימו היהודיס מה שקבלו כבר (שבועות ל"ט.), הלכה למשה מסיני.

וחנוכה בהוד, שקבעו ל**יהוד**'ות ולהלל וכו' היינו מזוזה מימין ונר חנוכה משמאול דייקא, (מסכת סופריס כ'), למטה מי' טפחיס, ובעץ החייס הוד בשמאל ולמטה בנ"הי.

וראה נא בסה"ק נתיבות שלוס על חנוכה שכותב על תיקון ספי' הוד שהיא אושפיזא דאהרן הכהן ומתאיס ליעל ידי כוהניך הקדושיס" של נס חנוכה.

ר"ח ביסוד והטעס ברור ופשוט מובן מאליו כי בזה יש ענין ראה והקטין - והתקין לורת הלבנה (חולין ס:), שיש בזה חידוש וקידוש.

ומלכות פשיטא שזה ענין שבת המלכה וישמחו **במלכותך** שומרי שבת וקוראי עונג - עס מקדשי שביעי - מלכות.

וכל מיני פירושיס הס בבחי' אלו ואלו כו' וע' פניס לתורה, (במדבר רבה י"ג ט"ו) ודרוש וקבל שכר.

בענין הבעש"ט ושיחת עופות ודקלים

זוגתי תחי' ואני בתוך נוף הטבע באוסטרליא בדד בגי הקנגורואים רחוק מישוב האכלוסים.

קודם שנמסענו הוערתי לדעת מה ההלכה בענין סדרי החגים ושאילת גשמים בחלקו הדרומי של כדור הארץ. חקרתי ודרשתי בתשובות ומצאתי שאף שרק אחדים דנו בזה לא דנו מתוך תחושה וחויה. תחושתם הייתה רק מה שאדם החי בחלק הצפוני חש ולכן דנו בזה כאילו השאלה היא רק דבר שכלי ודנו מתוך סברתם ובראיה אחורנית לפוסקים שקדמו להם ולא דנו בזה כדבר תחושי. אבל היות שאנו ישבנו בסוכה בימי האביב של שם (והעלים של הערבות של הארבע מינים היו טריים ומלובלבים בפרחים בתחילת צמיחתם והיה נכר שלא היינו בחג האסיף שהקריאה של עשר תעשר מכנה פסח כחג האביב– ובקשתי מהם גם מצות וכרפס לכבד את האביב – וסוכות כחג האסיף). פה באוסטרליא היה הדבר בולט ביותר (אף שברזיל ג"כ ברומה של כדור הארץ אבל היא יותר קרובה אל קו

המשוה – אקווטור – ושם אינם מרגישים את חילוף האקלימים כ"כ) וכן ג"כ בניו־זילאנד, ארגנטינה ודרום אפריקה קיימה להם אותה השאלה .

לכן התחלתי בשאילת גשמים לומר משיב הרוח ומוריד השפע וב־ברך־עלינו אמרתי ותן שבפע ברכה על פני האדמה. (נא יעיין המעונין שו"ת מנחת יצחק חלק ו' סימן קע"א בנדון הזכרת הגשם ושאלה בברכת השנים, במדינות שסדר זמני קיץ וחורף משונים מרוב העולם – ובשו"ת הר צבי או"ח א סימן נ"ו שאלה: אנו תושבי זילאנדיא החדשה שהיא בחלק הדרומי של כדור הארץ ומשונה אצלנו זמני הקיץ והחורף משל מדינות אירופה, כי הקיץ מתחיל מימי חג הסוכות והחורף מתחיל מחג הפסח ואילך --- ולכן במדינת ניו זילאנד אל תשנו ממנהג ישראל בכל התפוצות שאחרי סוכות תאמרו ותן טל ומטר ואחרי הפסח תאמרו ותן ברכה ולא ותן טל ומטר)

בתהתפללי אז וכששמעת שיר הצפרים שלא שמעתי כזה מעודי ובראותי את צמרת האילנות שהיו שונה מהרגיל אצלנו וגם רשרוש הרוח באנפי האילנות היה שוני לחלוטים ממה ששמעתי עד עתה.

נזכרתי אז על בקורי באוקראינה, להשטתח על קברו של הבעש"ט נ"ע איך שהוא היה מבין את שיחת העופות והדקלים ובוודאי לא דברו אליו בלשון בני אדם אלא אדרבא הוא ז"ל הרכין את אוזנו לשיחתם הם. חוץ ממה ששמעת על רבי שלמה מקרלין ז"ל ורמזי המהר"ן מבראצלב בשיחותיו לא בא אלי שום שמועה מגדולנו שנטו אוזן ללשונות הטבע

מתוך מסורתנו אנו לומדים כי כל ענין הגלות הוא לברר את נצוצי הקדושה הטמונים באיזהו מקומן. מכל מקום לא מצאתי שתופסי התורה שמו לב לתופעות כאלה להכניסם תוך ההלכה או האגדה. (אמת, שיש לנו פרק שירה אבל שם צטטו פסוקים מן התנ"ך בלשון בני אדם.)

לכן נראה לי שאחד מן תקונים של התחדשות היהדות דווקא להכנס לשטח הזה כי מאוד נחוץ זאת לרפואת הטבע והתבל. ובפרט השרידים שה' קורא אותם להכנס לשטחים רוחניים יותר עדינים צריכים לעבודה עדינה כזו כדי לעזור להתיר צרורות של הגזרות המאימים על יקום–החיים ולהביא להבראת העולם:

ושמרו בני ישראל את השבת, (שמות ל"א ט"ז). איך אפשר הדבר שישמרו ישראל את השבת בשלמות מאחר (שבת י"ב.) שהלכתא רבתי לשבת, לעשות את השבת לדורותם היינו לפי הדור, ולפי הנצרך ואפשר לדור, ואפילו אם יש דורשים לגנאי בבחי' (שבת קי"ב:) אם הראשונים כבני מלאכים וכו' מ"מ (בראשית ו' ט' – ועיין רש"י שם) צדיק תמים בדורותיו, ועאכו"כ לדורשים לשבח, ועי"ז נעשה ברית עולם קבוע

וקיימא, היינו שניצחיות השבת נעשתה לעולם אם כל דור ודור עושה כפי תנאי זמנו. אז ביני היינו עצמות א״ס ב״ה ובין בני ישראל, איש על מחנהו ואיש על דגלו, (פיוט לשבת - כל מקדש, עפ״פ במדבר א׳ נ״ב). אות היא לעולם ע״פ (מגלה עמוקות ע״פ ואתחנן אופן קפ״ו) י״ש ש׳שים ר׳יבוא א׳ותיות ל׳תורה וכל ישראל יש לו חלק וכל אות ואות מצטרפת לשם המפורש שיתגלה לע״ל וכל אות אז מתקיימת במילויה לעולם. כי ששת ימים עשה ה׳, (מדרש תהילים קמ״ח) ולא יום א׳ ומאמר א׳ בלבד ללמד כו׳ כי בכל יום ויום ממע״ב נתגלה אור אחר וגוון אחר ואנו כגוונא דילי׳ למהוי אחד באחד (זוה״ק חלק ב׳ קל״ה.), בכל דור ודור בגוון אחר ובגלוי חדש ובאופן שלא קדמו כגון זה מעולם. ואז את השמים היינו אוא״ס הסובב - הטרנצדנטלי, ואת הארץ אוא״ס הממלא כל עלמין - האמננטי, וביום השביעי יום השובע אשר כולם ישבעו מטובך (עמוס ח׳ י״א) שאין בו עוד צמאון (ישעי׳ י״א ט׳) כי כולם ידעו אותי. אז שבת וינפש,

היינו שאז לא יפעל עוד לטובת מלוי חסרונות והשגת תקון כי כבר יהי׳ השם מלא, וינפש ויהי׳ העולם כרצונו כנפשו כשרצה הוא ית׳ בתחילת הבריאה, ויחזרו (זוה״ק חלק א׳ רי״ז:) לאשתאבא בגופא דמלכא ביחוד עצום ואמיתי, והוא ונפש אדם השלם היינו כל ברואי עולם שנברא בצלם יהיו בבחי׳ וינפש. וכשתרגם הרב שמשון רפאל הירש בגרמנית:

"Am siebenten Tag hat Er geruht **und ist zur Seele geworden."**

אשר ברא אלקים לעשות: השי״ת פועל בבחינת בריאה (יש מאין), ואנו בבחי׳ עשיה ממה שכבר נברא, והיות שהעשיה בידינו ובבחירתינו יש מזה הפתעה ונחת רוח לו ית׳ מן החידוש שאנו גורמים. וגם זאת מטעם החסד חינם של (תהילים צ׳ י״ז) מעשה ידינו כוננהו, שנתן לנו האפשרות שיהי לנו מה לעשות, *וואס ג-ט האט באשאפן כדי מיר זאלן האבן וואס צו טוען.*

לראש השנה

זה היום תחילת מעשיך זכרון ליום ראשון (נוסך תפלת מוסף – זכרונות)

הרבה נכתב על הפסוקים האלה ובזה הנני מוסיף נופח ממה שחנני ה' בנוגע לעידן זה, כמ"ש אתם נצבים היום (דברים כ"ט ט') היום דייקא, בעידן דדן, שאז אפילו אנו שאנו בבחינת שואב מימך וחוטב עציך (שם) שכל המערכה של עקבתא דמשיחא נשענת עלנו.

וכפי שמובא בספרים ראש השנה ענינו בנין המלכות כמו שאנו מתפללים מלוך על כל הארץ ביקרך, וחוץ ממה שצריך להיות בתקיעת שופר קול פשוט 'אבא אבא רחמני' יש הרבה שמוטל עלינו מבחינת אתערותא דלתתא שהתחלנו בחודש אלול מתחילה אני לדודי (פרי עץ חיים – ראש השנה א') באתערותא דלתתא וחודש תשרי היינו מתחילים מסוף תשר"ק ואח"כ דודי לי.

ומה התפקיד שלנוו לעורר בנין המלכות, אמרו לפני מלכיות וכו' (ראש השנה ל"ד:) ובזה מעוררים אנו רצון למלוכה, ובעבודה בערכנו זה צריך לכמה ענינים. מלכיות להוסיף כח בפמליא של מעלה (זו"ח מדרש רות – מאמר גדול כח ברכת המזון), עת יגדל נא כח ה' (במדבר י"ד י"ז) וכדאיתא בש"ס, בשעה שעלה משה למרום מצאו להקדוש ברוך הוא שהיה קושר כתרים לאותיות אמר לו משה אין שלום בעירדו אמר לפניו כלום יש עבד שנותן שלום לרבוו אמר לו היה לך לעזרני, מיד אמר לו ועתה יגדל נא כח ה' כאשר דברת. (שבת פט.) כי ישנם שעיקר כוונתם היא לחזק את היהדות או קיום האומה ואינם שמים לב כי האוצר של כח ה' המופיע בחיי התבל ריק הוא, כי אין אנו דואגים לצורך גבוה ובמה נתמלא האוצר של כח ה'ו ישראל מפרנסים לאביהם שבשמים על ידי התורה ומצות שפרחת לעילא (איכה רבה א' ל"ג – זוה"ק ח"ג ז:) ובלי דחילו ורחימו לא פרחת לעילא (תיקוני זוה"ק כ"ה:) ולכן עלינו לשבח כו' מתוך נדיבת לב להשקיע מהאנרגיא שלנו, להוסיף כח המביא לכתיבה וחתימה טובה בעדנו.

ומה ענין מלכיות בחיינוו כי יש לנו ערכים בבחינת גבוה על גבוה שקוראים בלע"ז priorities ועלנו לעשות חשבון צדק באיזה קדימה אנו משקיעים כוונה ואנרגיא לחיים הרוחניים, חיי היושר, כי אינו די שאנו מתפללים כתבנו בספר זה או זה אם אין אנו כותבים את הקוויטל – הפתק שלנו בעצמנו, כי מן השמים עונים מה תצעק אלי (שמות י"ד ט"ו) תכתוב אתה את התוכנית של השנה הבאה, וכדי לעשות זאת עלינו להעריך את

הערכים באופן כזה שערכי החיים של קדושה ויושר ינהיגו את שאר ערכי פעולתנו.

ומה ענין זכרונותו כי זוכר ה׳ את כל הנשכחות, ובכל יום ויום בת קול יוצאת מהר חורב ומכרזת ואומרת אוי להם לבריות מעלבונה של תורה (משנה אבות ו׳ ב׳) הוי כמה פעמים בשנה שמענו את הבת קול, כמה פעמים שרתה עלינו השראה של קדושה בה החלטנו להרים את מצב התודעה שלנו, וחבל אשר כל ההשראות אלה בלע״ז theophanies כחלום עפו, ולמרות שלעת שחשנו קרבת אלקים גמרנו לחיות על פיהם נעלמו אלה רגעי קודש מזכרוננו, ובראש השנה עלינו להעמיק את זכרוננו ולהוציא את רגעי קודש שחשנו אל התודעה ואתם לכתוב את הקוויטל שלנו לשנה הבאה.

ומה ענין השופרותו תקע בשופר גדול לחרותנו, כי עדיין אנו אסירי הרגל שנעשה טבע שני, (של״ה - יומא - פרק דרך חיים תוכחת מוסר נ״א) וכמה מהדברים שאנו רגילים בהם אינם עוזרים לחיים טובים, וכבר למדנו שבאם אנו רוצים להעמיד עצמנו על אדמת קודש הבת קול אומרת של נעליך מעל רגליך (שמות ג׳ ה׳) היינו המנעול שעל ההרגל, ולצאת מעבודת הפרך של גלות שקוראים בלע״ז addiction כי אם אנו עדיין עבדי ההרגל שאינו עוזר לחיים בו אנו בשמחה נוכח פני ה׳ לא נוכל לקוות להיכתב ולהחתם לחיים טובים לשנה הבאה.

לכן עלינו להתפלל בעד הרמת קרן כח השם שיתגדל ויתקדש שמו של הקב״ה בעולמנו

היום תאמצנו, היום תברכנו, היום תגדלנו.

תִּקְעוּ בַחֹדֶשׁ שׁוֹפָר בַּכֵּסֶה לְיוֹם חַגֵּנוּ: כִּי חֹק לְיִשְׂרָאֵל הוּא מִשְׁפָּט לֵאלֹהֵ״י יַעֲקֹב: (תהילים פ״א ד׳-ה׳)

והתקיעה בשופר הגדול (ישעיה כ״ז י״ג) היא באצילות אשר שם גם השופר התוקע וגם הקול אחד הוא. לכן באמת השופר גדול הוא שאין שם שום שברים ותרועה רק תקיעה גדולה בבחי׳ רב חסד, בחי׳ קול גדול ולא יסף (דברים ה׳ י״ט) כדאיתא בזוה״ק ח״ב פ״א.). לכן אנו מבקשים מה׳ בכל תפלת שמונה עשרה ׳תקע אתה בשופר גדול לחרותנו׳, כי אנו הנבראים בעלמא דפרודא אין אנו יכולים לתקוע תקיעה גדולה כזו. כדי לתקוע אנו זקוקים ל׳אשר קדשנו במצותיו׳ לשון צוותא וחיבור ודבקות שהשי״ת מיחד אותנו לתקוע. אבל בעולם הבריאה, בו הבינה מקננת, כדאיתא, אימא עלאה מקננא בכורסיא (תוקוני זוה״ק כ״ג.) יש בו משום חכמה תקיעה, ובינה שברים-תרועה, כי בינה מפרטת את הקול. ואז

התקיעה של חכמה ושברים–תרועה של בינה הם תרין רעין דלא מתפרשין (זוה"ק ח"ג ק"כ.), והתקיעה שאחריהם היא בבחי' הדעת.

ומי שכותב לעצמו את הפתקים שלו בבריאה ובבינה כונן את השמים הרוחניות שלו בתבונה (משלי ג' י"ט) ואז הכל פשוט בבחי' ה"ה ראשונה של השם, ואין שום קטרוג שם.

מ"מ אף שהפתק בבריאה ושם בשלמות בלי קטרוג כי בבריאה – צדיק שאינו גמור ורובו טוב ועדיין לא בא תוכן הפתק לעולם וצריך לעבור דרך עולם היצירה ואז התקיעות בין תקיעה אברהם חסד, ושברים יצחק גבורה ומזל מאזנים מראה שצריכים לעמוד באמצע להשתמש במדות כפי הנצרך להיות כאברהם בבחי' ירא אלהים (בראשית כ"ב י"ב) ולעקוד את יצחק ע"ג המזבח אם זה לפי צורך העבודה ואם לאו צריכים להיות כיצחק חופר בארות עד שבא לרחובות (שם כ"ו כ"ב) ומקום החסד, בו רוצה לברך גם את עשיו לשם התכלית המכוון, ויאהב יצחק את עשיו כי ציד ב–פיו (שם כ"ה כ"ח) זאת אומרת שע"י מדת אהבה יכול לצוד את השי"ת בפיו אשר בו יוצא לשוח בשדה (שם כ"ד ס"ג) כחום – אש הגבורה – היום (שם י"ח א'). והעיקר שלא יפול לשום מדה אלא להשתמש בה – אהבה ויראה למלאות תפקיד נשמתו.

ויש בזה קושי: כי הנופל באהבה בא לכסות על כל פשעים, והנופל לתוך יראה ופחד אינו מוצא את הפתח לתשובה, ולכן בסדרא תנינא ביצירה המורה על עמודה דאמצעיתא בבחי' ו"ו ז"א, אשר המאוזנים תלויות בו.

ומי שאינו מאבד את דרכו ומשקלו יכול לבא לסדרא תליתאה בתקיעות דמיושב ולעבור על הפרטים בעבודתו בבחי' תרועה – טרומיטין פרטיות אשר אז כל פרט ופרט על מקומו יבא בשלום (שמות י"ח י"ג) לפי סדר עולם הבריאה ועם הכחות והמדות של עולם היצירה הממלאים את העבודה במרץ וכח. וגומרים אז עוד הפעם בתקיעה גדולה לשם התכללות ושלמות ודבקות במקור ששם הוא התוקע הוא השופר והוא התקיעה.

ובתפלת מוסף אז תוקעין תקיעות דמעומד ואז העבודה לבוא ליו"ד ספירות – י' קולות של מלכיות. כי כל אחד יש ביה מהני מלכין שמלכו בארץ אדום לפני מלוך מלך בישראל (בראשית ל"ו ל"א – עיין לקוטי תורה מהאריז"ל שם) היינו שמלכו בו קודם הגיעו לבר מצווה אשר אז רק רע מנעוריו (שם ח' כ"א) וההנהגה שלו ע"י אחרים המגדירים לו את ההתנהגות, וצריך לשמוע למוסר האב ותורת האם (משלי א' ח') הבאים אליו מן החוץ ובקצת כפיה ואלימות בבחי' בלי פלוג, ונתוספים על דעת ההורים ג"כ מוכיחים הגוזרים גזרות.

אבל מיום שאדם עומד על דעת עצמו צריך לשקול בפלס עצמו איך
לעשות נחת רוח ליוצרו. וכל העשרה פסוקים של מלכויות באים לשחרר
את האדם ממלכי אדום, עד שיותר ביום ההוא למלך על כל הרצונות.
ותוקעין ושוברים ומריעין את כל מלכי אדום להמליך את הוי' לבדו או
כבן או כעבד.

סדרא תנינא באה בזכרונות, דברים שאדם לומד ממאורעות חייו
ועושה מהם כללים במקום הפרטים. והראיה שלו אין עוד כ"כ בהירה כי
הזכרונות מאפילות את האור הנוכחי של הרגע של עכשיו. וצריך להעלות
על זכרונו את הזכרון העקרי של 'משביעין אותו תהי צדיק ואל תהי רשע',
(נדה ל':) זכרון תפקיד נשמתו, ולשבר את זכרונות שווא בתשר"ת תש"ת
תר"ת כדי שיכיר את תפקידו כבן או עבד.

ואח"כ בא לשופרות אשר בהם נכנס הבעש"ט ז"ל בעליית נשמתו
להיכל המשיח להלהיב את הניצוץ כדי שיתעסק בתיקון העולם במלכות
שד"י. וצריכים לשבור מקור הגאווה שהיא החולאת המתדבקת לעניני
משיחיות וגאולה, ובכל זאת לאחוז במקום 'לא את בן חורין להבטל ממנה'
(אבות ב' ט"ז) לברר ולגאול את חלקו בעולמו, כי כל ישראל יש להם חלק
בעולם המתקרב ובא (סנהדרין י' א').

וזה נעשה ע"י שופר של איל, איל אחר, אילו של העקדה, שאף
שהוא בן חורין נאחז מאיליו להיות שם לעזר לבני אדם בסיבוכיהם, הוא
הסבך, ולוקח מקומו של יצחק, שלא עוד יצטרכו להקריב בכורי אדם כי
האיל לקח על עצמו את הגורל המשיחי, כי יצחק – אבינו אתה (ישעיה ס"ג
ט"ז) כדאיתא בגמ' בבחי' פלגא עלי ופלגא עלך (שבת פ"ט:) ומאז
השלשלת של גרמא   על דאטפת אטפוך (אבות ב' ו') – נתפרדה. לכן
תוקעין ומריעין לשבר את שלשלת הדין ואין עוד עונש כי השופר משפר
וממתיק את הדין.

לכן בקדיש–תתקבל עוד תוקעין כדי להמשיך ברכה מלעילא
לעילא מכל ברכתא ושירתא שכל הכוונות שלנו יהיו רצויות לפניו, ועושה
שלום במרומיו גם יעשה שלום עלינו לכתוח"ט, אמן.

ליום הכפורים

כי ביום הזה יכפר עליכם לטהר אתכם מכל חטותיכם לפני י-ה-ו-ה תטהרו (ויקרא ט"ז ל')

כמה מהמפורשים השוו את יום הכיפורים לפורים (תקוני זוה"ק נ"ז: ועיין ספה"ק קדושת לוי לפורים - קדושה ראשונה. מאור ושמש רמזי פורים ד"ה והנראה. פרי צדיק פורים אות א') דהיינו יום כ-פורים. כי בחג פורים נפסקה הלכה שאין מדקדקין בהן וכל מי שפושט ידו נותנים לו (ש"ע או"ח סי' תרצ"ד) ואנו מתפללים בנוסח תפלת נעילת יוהכ"פ אתה נותן יד לפושעים, יד דייקא, כי הקב"ה נותן לנו הכח לפשוט ידינו לבקש ממנו מתנת חנם.

ויש גם ענין הגורל ביוהכ"פ דוגמת פורים דכתיב ביה הפיל פור הוא הגורל (אסתר ג' ז') וכתיב ונתן אהרן על שני השעירם גרלות גורל אחד ליהו"ה וגורל אחד לעזאזל (ויקרא ט"ז ח'). ומה בזה ענין הגורלו [ואף שהפרשנים של ימי הבינים דרשו עזאזל כאילו נכתב עזזאל כלומר הס"מ, (עיין זוה"ק ח"ג צ'.) יודעים אנו שהפירוש הוא על העז-ש-אזל ונשלח המדברה להתמזג עם עזי בר ובזה טמון סוד הנוגע לאקולוגיא.

בפסוק יש לדייק כמה דיוקים, למה בחר לשון לפני יהו"ה תטהרוו על פי הקבלה בחי' 'לפני יהו"ה' אפילו למעלה משם יהו"ה - שמגיע למקום כתר ועתיק יומין דלית שם שמאלא בהאי עתיקה (זוה"ק ח"ג קכ"ט.) כדוגמא לבסומא בפוריא 'עד דלא ידע בין ארור המן לברוך מרדכי' (מגילה ז':) היינו לפי הקבלה שיש לעילא ולעילא מכל ברכתא ושירתא בחינה רישא דלא ידע ודלא אתידע (זוה"ק ח"ג רפ"ח:).

ועוד יש לדייק ענינו של כי ביום הזהו היינו כ"ו שעות של שבת שבתון, שעה אחת קודם ושעה אחת אחר יוהכ"פ, ב' שעות נוספות על המעת לעת. ומספר השעות מכוון לגימ' של שם הוי', וכאילו נתלבש הקב"ה כביכול בעצומו של יום, להיות היום כשמו כדי לכפר עלינו ממקום עד דלא ידע, שאין שם מגיע שום חטא. כי הזמן אין בו ממשות חוץ ממה שהבורא מתלבש בו כמו שהנשמה מתלבשת בגוף כך הקב"ה מתלבש בגוף השנה. וחבל שע"י חטאינו ופשעינו הוא מחולל בפשעינו (ישעי' נ"ג ה') ואותו הגוף של השנה שעברה אין סובל שום תיקון, וצריך השי"ת להתלבש תוך השנה החדשה הבאה. ובכל יום ויום אחר יום הכיפורים מוריד אות א' משמו, היינו היו"ד במוצאי יוהכ"פ, ה"א ראשונה ביום שלאחריו, עד שבסוכות ביום ראשון - ראשון לחשבון עוונות (מדרש תנחומא - אמור כ"ב). כי אז כבר ירד השם בשלמותו ואנו יכולים להכנס לצלא דמהימנותא (זוה"ק ח"ג ק"ג.).

ויש בענין הכתר איזה מין אי-וודאות שאינו תלויה ביושר ומוסר אלא עולה עד מקום של תוהו ולכן הגורל נחוץ. כי ענין הגורל נעוץ בנורא עלילה (תהילים ס״ו ה׳) – ולו נתכנו עלילות (שמואל א׳ ב׳ ג׳).

כל זה עמוק מאד מאד ואינו נהיר אלא למי שהכהן הגדול שבמשכן הלב נכנס לקודש הקדשים.

****

ועל כלם אלו״ה סליחות, סלח לנו, מחל לנו, כפר לנו.

אלו״ה סליחות – היינו דאמרי אינשי:

'Dieu me pardonnera - c'est son metier!' 'הקב״ה בוודאי יסלח – זה עסקו', (היינריך היינא – פייטן אשכנזי ממאה ה-19)

סלח לנו – סליחה היינו היות שלאדם ברצונו לפעמים שלא לעמוד בקרן תורה ואורה, ומושך את עצמו מן האור אל החושך כדי להרוות תאוותו, ולמען ספות הרוה את הצמאה באמרו שלום יהיה לי כי בשרירות לבי אלך (דברים כ״ט י״ח) עיני יהו״ה אל צדיקים (תהילים ל״ד ט״ז) ולא אליו. ואז כשרוצה להיות מקושר ומדובק ומיוחד צריך להתחיל בסליחה לבקש עוד הפעם סליחה, אדוני, נא הכנס שוב לחיי לתוֹדעתי לזכרון שלי. ולכן מתפלל על זה גלה כבוד מלכותך שוב עלינו והופע, ואז מתחיל לתקן מה שעִוֵת.

מחל לנו – מחילה היינו כשאדם מתקן את כל שעִוות מכל מקום יש עוד רושם מן הפגם שאינו יכול להעבירו ומבקש מחילה – 'עשיתי כל שבכחי והשאר בטובך ובחמלה במחילה תתקן אתה'. ואיך זהו על ידי שעוסקים בריקוד ובמחול של עד שתגיע למקומו במחול, בחי׳ יהללו שמו במחול. (תהילים קמ״ט ג׳) ואז מרגיש האדם צד הקדוש ברוך הוא, והשם יתברך מרגיש את כאב החרטה.

כפר לנו – כפרה היינו אף לאחר המחילה נשאר קצת רושם עוֹתר דק מזה וביום פקדי חס וחלילה ופקדתי (שמות ל״ב ל״ד) אבל על ידי כפרה אז אפילו הרושם עובר כאשר רואה האדם שהמרידה הפשיעה היתה גם כן ברצון השם יתברך, ולטובתו היתה, ועושה תשובה מאהבה המהפכת את העוון לזכות, והשם יתברך מצדו מעביר פשעיו ונעשים לו כזכויות, כי ביום הזה יכפר עליכם לטהר אתכם, עד שעולה אף לפני הוי׳ דלתתא ותטהרו.

כִּי בַיּוֹם הַזֶּה יְכַפֵּר עֲלֵיכֶם לְטַהֵר אֶתְכֶם מִכֹּל חַטֹּאתֵיכֶם לִפְנֵי יְהֹוָ"ה תִּטְהָרוּ׃ (ויקרא ט"ז ל')

היות שהתשובה היא להשי"ת במדת הרחמים, שם יהו"ה, ותשובה היא להעלות ולברר את הניצוץ שנפלה לתוך הקליפות ע"י העבירה שעשה ר"ל, לכן מי שמכה על החזה מתוך חרטה כללית, ואומר פשעתי בלי למצוא את הנקודה הטובה של הניצוץ שנפלה, להרימה ולהחזירה למקורה בקדושה לא יצא ידי חובתו. כי עיקר התשובה היא זה שימצא בעבירתו את הטעם הטוב למה עשה ככה – אף שבאמת לא היה צריך לעשות כן – אכן היות שמטעם הרוח שטות שנכנס בו להטעתו חש בזה איזה טובה לעצמו או תענוג או בצע או סיפוק, זו הנקודה עוד מתגעגעת להגאל ולהעלות שוב למקורה בקדושה. וע"י תשובה *שמגעת* למקום התגלות שם יהו"ה משחרר את הנקודה טובה.

התשובה היא לשם יהו"ה, ולא לשם אלהי"ם מדת הדין שאינה מבחינה בנקודות טובות בעבירות.

העושה תשובה בהכרת הנקודה טובה יום כפור מכפר לו, כי ביוה"כ מאיר ה' בחי' אנכי אנכי הוא מחה פשעך למעני, (ישעיה מ"ג כ"ה) היינו האנכי שהוא למעלה מכל אות וקוץ. והנה אנכי אנכי כמו אברהם אברהם, משה משה, למעלה ולמטה.

כי האנכי שהוא למטה הוא כמו Higgs Boson החלקלק הכי נעלם בתוך המציאות והנותן ישות למציאות, וברוחניות הנקודה בתוך יחידה שבנפש הוא לעילא ולעילא מכל ברכתא ופשעים. וכמו ביו"כ ג"כ בענין הנחמה כאשר קשה למצוא תנחומים כי המקדש חרב ואין כהן נכנס לקה"ק ומכפר עלינו, אז אנכי אנכי, מי שאנכי הוא מנחמכם, (ישעיה נ"א י"ב) אנכי למעלה ואנכי מלמטה. מי שאינו מוצא את האנכי למטה בנקודה הטובה קשה לו לקבל את התנחומים.

כי האנכי שהוא למעלה מכל שמות ומדות ואנכי למטה למטה מלובש בשמות ותוארים שאנו מעניקים לה' והם כמו מסווה לאותו האנכי שאני בנוכח אתו. ולכן גם צריכים לאסור נעילת הסנדל. (כמו של נעליך מעל רגליך (שמות ג' ה') היינו להסיר את המנעול שסוגר את האדם בתוך כלא הרגילות) כי כדי שהכפרה תהיה מועלת צריכים להסיר את הנעלים ולעמוד על קרקע האדמה – *די פשוטע מענשליכקייט* – [אנושיות פשוטה] יחף, בלי המסוה שיש על פנינו, איך להציג את עצמנו כדי להופיע לבני אדם.

יש עוד ענין בזה ביחס עם נפילת אפים, כי התשובה באה ממסירת הפקדון לה'. שזה תשובה תתאה כאשר הכוונה היא למסור את עצמו בחי'

בידך אפקיד רוחי, (תהילים ל"א ו') שבאמת הנשמה היא של הקב"ה, כי חלק יהו"ה עמו, (דברים ל"ב ט') ובמוסף בעבודה ובהשתחוואה לפי שעה סרה ממנו הישות עצמו ובזה באה אליו הכפרה.

ובנעילה מקבל על עצמו שוב את תפקידו הפרטי וחלקו בחיים, אבל כבר מנוקה מישות עצמו - כשומר חנם באצילות, כשומר שכר בבריאה, כשואל ביצירה, וכשוכר בעשיה - אז הוא בתשובה עילאה. ובזה נתמלא האנכי שלמעלה עם האנכי שלמטה המוחה את הפשעים של הפשיעה.

השיבנו - חדש ימינו כקדם, (איכה ה' כ"א).

אנו אומרים השיבנו, והוא ית' (הושע י"ד ב') שובה ישראל מקודם, (תהילים פ"ה ה') ושובנו הפשרה.

יש לפעמים אשר אע"פ שהברירה בידינו, האחוז והסיכוים שאנו לא נכשל בנסיון קטן מאד. ברור שבחטא עץ הדעת לא היו לאדם וחוה סכויים גדולים לעמוד בנסיון, כי הכל היה מוכן להכשילם באופן כזה אשר רק שמינית שבשמינית היו יכולים לא להכשל, (עיין מדרש תנחומא פ' וישב פ' ד') וזה האפשרות לא לחטוא היה בטל בששים. ומכל מה שנתרחש אח"כ שכן דווקא הי' רצון ה' לצרף את הבריות. ולזכות את ישראל שלא לאכול אף הפירות של עץ החיים כנהמא דכיסופא. וכמה מעלות טובות למקום עלינו, הציאנו ממצרים, נתן לנו את התורה, את השבת, ובנה לנו את בית הבחירה לכפר על כל עוונותינו (נוסח ההגדה של פסח). וכאשר נחרב ביהמ"ק ג"כ היה לנו לטובה (דברים ל"ב ג') וכפר אדמתו עמו, (איכה רבתי ד' ד') ושפך חרון אפו על עצים ואבנים ואותנו החיה.

ואפילו במעשה העגל, שלא היו ישראל ראוים לאותו מעשה (עבודה זרה ד:) אלא נכנס בהם רוח שטות להשתחות לבהמה תבנית שור, ואפילו לא שור שבמרכבה אלא פשוט בהמה (תהילים ק"ו כ') אוכל עשב, ואין לך שטות גדול מזה שנכנס בהם לפי שעה.

ולא היו ישראל ראויים לאותו מעשה אלא להורות תשובה לרבים. וכן האחוז שלא לחטוא היה קטן מאד לפי ההשגחה. וכן כתב ה'מי השלוח' (חלק א' פ' פנחס) אצל מעשה דזמרי, שיש י' נקודות בזנות א' המקשט עצמו וממשיך עליו החטא, וי' שאינו יכול לעמוד כנגד היצר.

במעשה העגל לא היו אחטא ואשוב'נקים שאין מספיקין בידיהם לעשות תשובה, (משנה יומא ח' ט'). וכן בדהמע"ה שלא היה ראוי לאותו מעשה, אלא שהאחוז שלא לחטוא היה כ"כ פעוט שלא היה

ביכולתו לעמוד כנגדו. וחז״ל שאמרו (עבודה זרה ד:) לא היה דוד ראוי לאותו מעשה, חשבו באחוז 90% לא הי׳ ראוי אבל כאשר לחץ היצר הי׳ עליו 100% כמעט שלא היתה הברירה בידו.

ועי״ז בא להורות תשובה ליחיד. היינו תשובה מאהבה שזדונותיו נעשים לו כזכויות (יומא פ״ו:) וכל התהליך של חטא ותשובה היה מטעם כבשי דרחמנא (ברכות י.) להביא לימות המשיח ע״י זרע שלמה.

וכן הגלות המר והארוך הי׳ ג״כ ברצון ה׳ (פסחים פ״ז:) כדי שיתוספו עליהם גרים. כבר העיר אדמוה״ז (ליקוטי אמרים אות י׳) שגרים בענין משמעותם הנצוצות הק׳ שנפלו לתוך עמקי הקליפות. וכן ישנם נשמות קדושות של גרי צדק שמסרו נפשם על קה״ש כמו הג״צ מווילנא.

והרבה נתלבן ונתברר בגלות עד שכמעט לא נמצאת עבודת אלילים בארץ כי בכל קצוי תבל מוקטר מוגש לשמי ובאופן ׳רשמי׳ לכל הפחות, נתקיים וידע כל פעול כי אתה פעלתו, (נוסח התפלה לימים נוראים).

ואף במדינות בהם שולטה הכפירה מטעם ממשלתם היו בהם מחתרות דורשי ה׳ וכמה מעבדות לעניני הרוח. ובוודאי בהשגחתו ית׳ (שמואל ב׳ י״ד י״ד) חושב מחשבות בל ידח ממנו נדח, (ירמי׳ ט״ז י״ט) ומוציא יקר מזולל הגליות.

ואנו יודעים שהתשובה הדרושה מאתנו אינה תלויה לגמרי עלינו היות שהקב״ה צריך להעמיד את הנסיונות באותם סיכוים שנוכל לעשות את התשובה המביאה לידי התחדשות.

ע״כ אנו תפילה, השיבנו ה׳ אליך, אתה (איכה ה׳ כ״ב) שעלינו קצפת עד מאד, אתה צריך להעמיד את הסיכוים ע״י מה שמתרחש בעולם, שנשובה, ואז חדש ימינו כקדם, ולא להחזיר אותנו לימי קדם ממש אל כמו קדם בימי אברהם אבינו שאז התחילה תקופה חדשה.

ואע״פ שהי׳ מקודם ביהמ״ד של שם ועבר ומלכי צדק מלך שלם והוא כהן לאל עליון (בראשית י״ד י״ח), מ״מ הי׳ אאע״ה חידוש גמור.

וכן עזרא הסופר, וכן רבן יוחנן בן זכאי, וכן הבעש״ט. אנו שאנחנו חיים אחרי החורבן של השואה שהי׳ באמת ׳קצפת עלינו עד מאד׳, צריכים לחידוש בלתי מוקדם לעת עתה, וצריכים להתחיל מחדש. וכמו שהשרף מקוצק (ס׳ אהל תורה פ׳ וישב, ד״ה ויהי בעת) ביאר את דברי הר׳ ר׳ בונים מפשיסחא (ס׳ קול שמחה פ׳ וישב, ד״ה ויט) במעשה יהודה והשבטים, בהחרטה שלהם על מכירת יוסף, ולכאורה נחרבה בית יעקב ח״ו.

ויהודה הבין שצריכין להתחיל מחדש ומצוה ראשונה היא פריה ורביה ומזה ברא הקב"ה אורו של משיח.

לכן אנו מבקשים חדש ימינו כקדם, לשוב בתשובה שקדמה לעולם (בראשית רבה א' ד') כאילו לא הי' לפנינו שום דוגמא איך לעשות אותה תשובה עד שהתשובה תביאנו 'אליך', ע"י סיוע מלמעלה נתחיל מחדש את העבודה המוטלת עלינו בהתאם לתנאי זמננו. אף שישנם הרבה ישיבות מיוסדים על יסודות התקופה שעברה צריכים לישיבה של חידוש הימים.

הן אמת שקודם אאע"ה הי' ביהמ"ד שם ועבר אבל עליו הי' הפקודה (בראשית י"ב א') לך לך, מכל מה שהי מקודם בארצך מולדתך ובית אביך, אל ארץ שה' הי' צריך להראות לו אראך. (שם כ"ב ב') והעלהו שם לעלה על אחד ההרים אשר אמר אליך. וכן מרע"ה לפרעה (שמות י' כ"ו) ואנחנו לא נדע מה נעבוד את ה' עד באנו שמה.

וזהו חדש ימינו כקדם, לסתכל על ההוי' בעינים חדשים כמתחיל מחדש, ואז נוטה עלינו ה' (ישעי' ס"ו י"ב) כנהר שלום וכנחל שוטף, (שם כ"ב) השמים החדשים והארץ החדשה, וזרענו וחיינו ג"כ יתחדש. אכי"ר בב"י א"ס.

ועל כלם אלוק סליחות – (נוסח הוודיו ליוהכ"פ) שהעסק שלך היא הסליחה - a pardoner est son metier זאת מלאכתו ית' לסלוח – סלח לנו, היינו היות שלאדם ברצונו לפעמים שלא לעמוד בקרן תורה ואורה מושך את עצמו מן האור אל החושך (דברים כ"ט י"ח) למען ספות את הרוה על הצמאה, באמרו שלום יהיה לי כי בשרירות לבי אלך, ועין הוי' אל צדיקים ולא אליו, ואז כשרוצה להיות מקושר ומדובק ומיוחד צריך להתחיל בסליחה לבקש עוד הפעם 'סליחה–אדוני! נא הכנס שוב לחיי לזכרון שלי', ולכן מתפלל על זה (נוסח מוסף – ומפני חטאינו) גלה כבוד מלכותך שוב עלינו והופע, ואז מתחיל לתקן מה שעוות.

מחל לנו ויש עוד מחילה, וזה כשאדם מתקן את כל שעוות מכל מקום יש עוד מן הפגם שאינו יכול להעבירו ומבקש מחילה – עשיתי כל שבכחי והשאר בטובך ובחמלה במחילה תתקן אתה. ואיך זה, על ידי שעוסקים בריקוד ובמחול של עד שתגיע למקומו, במחול, ואז מרגיש האדם צד הקדוש ברוך הוא, (עיין לקמן ענין ההקפות לש"ת) והשם יתברך מרגיש את כאב החרטה.

כפר לנו ואף אחר המחילה נשאר קצת רושם מזה, (שמות ל"ב ל"ד) וביום פקדי, חס וחלילה, ופקדתי, (ילוקוט שמעוני, שמות ל"ב – רמז שצ"ג) אבל על ידי כפרה אז אפילו הרושם עובר, כאשר רואה האדם שהמרידה הפשיעה הייתה גם כן ברצון השם יתברך ולטובתו ועושה תשובה מאהבה המהפכת את העוון לזכות, והשם יתברך מצדו מעביר

פשעיו (יומא פ"ו:) ונעשים לו כזכויות, (ויקרא ט"ז ל') כי ביום הזה יכפר עליכם לטהר אתכם, עד שעולה אף לפני הוי' דלתתא, ותטהרו.

ואת מוסף יום השבת הזה נעשה ונקריב לפניך **באהבה**. והלא (ברכות כ"ו.) אם עבר זמנו בטל קרבנו, איך נעלה את קורבן המוסף בזמן הזה באין מקדש ומזבח, ועל זה אנו אומרים בבחי' (הושע י"ד ג') ונשלמה פרים שפתינו – נעשה ונקריב לפניך ב–אהבה במה שאנו אוהבים אותך.

וכל מי שעוסקים בצורכי צבור באמונה, (נוסח מי שברך – לשבת). היינו הצורכי צבור של אמונה, הקב"ה ישלם שכרם, ומה השכר אפילו בהאי עלמא, דהא איתא (במס' קידושין ל"ט:) שכר מצוה בהאי עלמא ליכא, במצווה, (אבות ד' ב') ששכר מצוה ~ מצווה, להרבות ולחזק להם אמונתם ובטחונם בה'. והפרס הוא ג"כ בהאי עלמא, שירפא לכל גופם כו' וישלח ברכה והצלחה כו'

ברכות המצוות וברכת הנהנין

(נוסח השבע ברכות – לחתן וכלה) בברכת שהכל ברא לכבודו, וברכת יוצר האדם, יש בהם מברכות המצוות וברכת הנהנין שעולים בקנה אחד. ואיזה ברכה צריכים לברך למצות פו"ר, הרי אלה הז' ברכות, והם עולים כמקבילות באופן הזה:

שהכל נהיה בדברו // שהכל ברא לכבודו

שעשני בצלמו // יוצר האדם

אשר יצר את האדם בחכמה // אשר יצר את האדם בצלמו

רחם על ציון כי היא בית חיינו // שוש תשיש ותגל העקרה

שמחנו באליהו הנביא עבדך // שמח תשמח רעים האהובים

ישתבח שמך לעד מלכינו // ברוך אשר ברא ששון ושמחה

שיר ושבחה הלל וזמרה כו' // גילה, רינה, דיצה וחדוה

מאמר להקפות

וצבא השמים לך משתחוים, (נחמי׳ ט׳ ו׳).

(תוספתא שבת פרק ה׳) כל בעלי השיר יוצאים בשיר ונמשכים בשיר. ואותו השיר אשר צבא השמים משתחווים לשכינה שבמערב הוא השיר החדש שלא שרו מעולם קודם לאותו הרגע.

[והשר שהתאבק עם יעאע״ה כשאמר (בראשית ל״ב כ״ו) שלחני כי עלה השחר, ולמה דווקא אותו היום הי׳ עליו לאמר שירה לפני המקום ב״ה (בראשית רבה ע״ח ה׳), הענין הוא שמקודם התאבקו עם יעקב לא הי׳ לו מה לשיר. אבל עכשיו שטעם טעם אדם וצדיק הי׳ לו מה לשיר, מה שלא הי׳ בידי קודם שהתאבק עם יעקב.] וההשתחוואה של צבא השמים אף שיש בה מביטול היש, העיקר דווקא שיש בה ממין ריקוד (זוה״ק חלק א׳ רי״ז:) לאשתאבה בגופא דמלכא – געגועים של רצוא דמטי ולא מטי (זוה״ק חלק ג׳ קס״ד:) – ומתוך הנעשה ונשמע שבכל הנבראים, להיות בתכונה שהבורא הטביע בהם כדי לציית להבורא, בא לבחי׳ שוב, ומאותה רגע של דבקות שואב רוח הקודש והשפעות טובות בבחי׳ (תהילים ל׳ ב׳) כי דיליתני, (עיין בני יששכר מאמרי חדש שבט ב׳) היינו ההשפעה ממקור החסדים ולחלוטין חדשות לגמרי

כי בזה תלוי כל הענין של (בראשית כ״ח י״ב) עולים ויורדים בו -- ב–וי״ו, [כי (זוה״ק ב׳ קנ״ג.) תלת שליטין יש באדם, מוחא ליבא וכבדא והם ו, וַ, וו, וכתיב אצל יעקב ויחלום – היינו שהעלה את הנקודה מחיריק לחולם, *ער האט גע-חולמ׳ט)* עיין ס׳ קדושת לוי – פ׳ ויצא, ד״ה ויקרא שם).

ואף הספירות הם בבחי׳ עולים ויורדים בו -- לך משתחווים, כי הספירות הן ג״כ חלק מן הריקוד העצום שבההוויה, ובאותו השיר שרוקדים בו נתבטלה ספירה מבחינתה ונכנסת לבחי׳ חברתה. ויש ג״כ שיר של בין הספירות היינו **אוקטאבה** של חסד–שבחסד, וגבורה–שבחסד, עד מלכות–שבחסד. ובמלכות גופא יש כל כך כח לבטל מידה ולשנות את מהותה אל ההיפך עד שיוצאת הספירה מלכות–שבחסד בשם אחר ובחי׳ אחרת ונעשית חסד–שבגבורה. ועיין לעיל פ׳ לך לך.

וענין המלכות כולל בבחינתו מעין ענין הגבורה. כי גבורה היא הכח הלוחץ בזרם ומרץ לההשפעת החסד, כדי שתוכל להגיע למקום המיועד לה אף שהוא רחוק ממוצא החסדים. כי ענין החסד הוא להשפיע ודווקא בקירוב, ואז חסד זקוק לגבורה כדי להוביל את השפע לאותו מקום בסוף המעשה שהיה במחשבה תחילה – בבחי׳ (תהילים קי״ז ב׳) כי גבר עלינו חסדו, ועי״ז נתקיים ואמת הוי׳ לעולם. ומטעם אור החוזר הבוקע

חזרה למרומים הללו–י״ה, האותיות י׳ ה׳, (חגיגה י.) שבהם נבראו העולם הבא והעולם הזה, שהם ג״כ המוחין, חכמה ובינה, שתכננו את הקיום. וענין הגבורה הוא אשר פה ביטול וקיווץ, כדי לפנות מקום ל–יש והרחבה, וזהו״ע (תהילים קי״ח ה׳) מן המצר קראתי י–ה, למען, ענני – במרחב י–ה.

ויש שיר של ביטול כאשר ספירה נכנסת למלכות להתהפך מן הקצה אל הקצה. אף שהשינוי מחסד לגבורה נעשה קצת בכל מדרגה ומדרגה, מ״מ ההזזה לא נראית עד שנכנסה למלכות שסגולתה ביטול, ונותנת צו דבר המלך ודתו לחתימה וגושפנקא להתהוות בראיה חדשה. ובשיר הזה נתהפכה הלוויה הנעימה – הה׳רמוניה – שליוותה את השיר מקודם לעיקר נושא השיר ומה שהיה העיקר מקודם נעשה ללוויה. ויש עוד תכונה בשיר שהיא המדה הדופקת. ואם השיר בעצמו מלא נעימה, וגם יש לנעימה גם לוויה מ״מ עיקר הביטול והמשטר בא מבחי׳ דופק, כמו שכ׳ מוהר״ן ז״ל (ליקוטי מוהר״ן מהדורא קמא סימן י׳) (שיר השירים ה׳ ב׳) קול דודי דופק, היינו הריטמוס. וז״ע מאמר קו המדה בשיר ההויה (זוה״ק רל״ג.).

ועי״ז יובן ענין ההקפות –– היות ש״בר״ה יכתבון וביו״צ כפור יחתמון, היינו הנשמה, שע״י התשובה מגעת עד כסא הכבוד (יומא פ״ו.) היינו מקום היחוד בחיק הוריה קוב״ה וכנס״י. ואז בא הרצון לשנות דרך החיים ולשפר את המעשים. בתוך התשובה בוקע אור התשובה ומאיר מטעם ׳נמנעו כל הנמנעות׳ והכל אפשר, (פסחים נ.) ועולם הפוך ראיתי, כי (ברכות ל״ד:) במקום שבעלי תשובה עומדים אין צדיקים גמורים יכולים לעמוד, (ישעי׳ נ״ז י״ט) שלום שלום לרחוק ולקרוב.

והנה כל הדינים נמתקים בשורשם, וחבל שרק בשורשם נמתקים ולא למטה במקום שהדינים מקטריגים. ולכן הזהירנו הנביא (הושע י״ד ב׳) שובה ישראל עד –– הוי׳ –– מדת הרחמים –– אלקיך, כי השב אל האלקים, מדת הדין, לא פעל כלום בתשובתו ככתוב (שמות כ״ב י״ט) זבח לאלוקים יחרם –– בלתי להוי׳ לבדו. כל עיקר תשובת המשקל הפונה אל הדין הוא שמקלקל בימין מה שקלקל בשמאל. ותחת אשר נהנה באבר זו מצטער באותו אבר ומה יוצא מזה להקב״ה, וכמאמר ה׳שפת אמת׳ ע״פ (תהילים ל״ד ט״ו) סור מרע ועשה טוב, כי ׳*בלאטע* – טיט ואשפה – כל מה שתפשפש בה *בלאטע* עומדת, אלא עשה טוב למעלה ממשקל התשובה בשמחת הו׳שבת אבדה. ומזה בא האדם לקחת לעצמו בהלוואה –– בהקפה –– (כמאמר החנווני מקיף – משנה אבות ג׳ ט״ז) מדה לשנה הבאה.

הנה מקודם שיוכל לוודא איזה מידה נחוצה לו בחייו, מיוחדת בשבילו, צריך לעבור על כל המדות במחול וריקוד (וריקוד משמעותו ג״כ בירור בל״ט מלאכות, עיין לעיל פ׳ שמות) וכל ריקוד מסבבו בעולם אחר וספירה אחרת (תהילים פ״ט ג׳) כי אמרתי עולם חסד יבנה, –– הן אמת אני

אמרתי -- בבחי׳ (דברים כ״ו י״ז-י״ח) האמרת -- האמירך, באתי בברית עם העולם כי אי אפשר לעולם כי אם חסד יבנה. והרוקד באמת, בראשו לבו ורובו ולא רק ברגליו, רואה את עצמו בספירת החסד (תהילים קי״ח כ״ה) אנא ה׳ הושיעה נא, להיות איש החסד. כשבא לעד כאן הקפה א׳, ורואה שמחסד לבד יכול להיות חסד דתוהו בבחי׳ אנא אמלוך, וח״ו אפילו חסד דקליפת ישמעאל (בראשית ט״ז י״ב) ש-ידו בכל ויד כל בו, וכמו״ש בערוות אח ואחותו (ויקרא כ׳ י״ז) חסד הוא ונכרתו, אז רואה שצריך לבקש ממדת הגבורה לעזור לו ומתחיל בהקפה שניה, (תהילים פ״ט י״ד) לך זרוע עם גבורה תעוז ידך – השמאלית כדי שתרום ימינך.

ברוקדו בא לראות (זוה״ק חלק א׳ ר״א.) שיש דינא רפיא ודינא קשיא, ולפעמים קשה להבחין ביניהם ולא לבא ח״ו לכעס לשנאת חינם ולשפיכת דמים, ולכן בעי רחמי בהקפה השלישית, וכן מהקפה להקפה שבוחן כל מדה ומדה בבחי׳ (שמואל א׳ י״ז ל״ח-ל״ט) וילבש שאול לדוד את מדיו, כל כלי נשק שזקוק להם בשנה הבאה לראות איזה מהם מתאימים לו, ובסוף ההקפות עומד משתומם ושואל ומבקש למדת עצמו שבה תאיר נקודת נפשו ביחידה שבנפש, כי מה לו במדות שאינם שלו.

(זוה״ק חלק ב׳ קס״א.) אז אסתכל באורייתא --- למצוא את המידה שלו למצוא את שמו וברכתו הפרטית – (דברים ל״ג י״ב-י״ג) -- לבנימין אמר... וליוסף אמר, וכן כולם --- וברא עלמא. זכה ומצא טוב. לא זכה מבקש את משה רבינו שיגיד לו. אבל (דברים ל״ד ו׳-י״ב) ולא ידע איש וכו׳ לעיני כל ישראל... לכן צריך להתחיל מבראשית ברא – וחושך על פני תהום. וקורא שוב עד וינפש, ולא נחה דעתו. והקב״ה מנחמו ואומר לו (במדבר כ״ט ל״ה) ביום השמיני עצרת תהי׳ לכם, – בבחי׳ (בראשית ל׳ ל׳) מתי אעשה גם אנכי לביתי, (רש״י ויקרא כ״ג ל״ו – ד״ה עצרת היא) כי קשה עלי פרידתכם – כפי שאתם בעצם העצור בעומק עצמכם כי רואה (עבודה זרה ג.) שאין הקב״ה בא בטרוניא עם בריותיו, אלא כל א׳ עם הבירורים שלו.

ולא שיתפוס במדת האבות וכל האושפיזין, אלא הוא באופן הפרטי שלא קדמו אחר. ולכן (במדבר כ״ט ל״ה) כל מלאכת עבודה לא תעשו -- *א געמאכטע, קינצלעכע עבודה טוט ניט* --. מזה בא לשמוח בחלקו בחיים ועת לרקוד (קהלת ג׳ א׳) כי לכל זמן ועת לכל חפץ.

אם כן (רש״י בראשית כ״א כ״א – ד״ה מארץ מצרים) זרוק חוטרא לאוירא ואעיקרא קאי, מה הועילו חכמים בריקודים, אך הענין הוא כי מי שלא רקד כל הריקודים ביחד עם חבריו עוד הוא עומד כשופט וגוזר גזר דין על אחרים, כי לא הגיע אפילו לפי שעה למקום חברו וגם את עצמו דן בדינים קשים. אבל מי שרקד וחל במחול, מוחל לאחרים וגם לעצמו, כי רקד באספוקלריא המאירה, ואז כשאוחז שוב במדת עצמו, וזה בא אחר

שהרגיש מדות וספירות אחרות ובכל מדה ומחול שמח כיאות עד שבא שוב לשמוח בחלקו, וכל ישראל יש להם חלק לא לבד באוצרות העבר אלא ג"כ בעולם הבא לעתיד לבו בב"אס.

לעת עתה לא בא המחול כנ"ל אלא למי שחטא ונמחל לו, כי כל שיר שרוקדים בו הוא שיר החויה -- וכל מי שרוצה לשיר רק שיר שכולו זכאי כולו חף מפשע, כי מה יודע מחיים, (ברכות כ"ה:) כי לא נתנה תורה למלאכי השרת. השיר נהפך בפיו להבל הבלים שאין בו ממש. כי בזה ההבדל הנורא בין שיר החויה שקוראים באנגלית **Song of Innocence and Song of Experience.**

אבל לעתיד לבא נראה ברורות שעם כל החויות והחטאים עדיין (נוסח הושענות לסוכות, ע"פ שיר השירים ח' י') אום אני חומה -- (שם ו' י') ברא כחמה, אף כי גולה וסורה, מ"מ (שם ז' ח') דמתה לתמר. כי כל היחודים כאין לגבי אותו יחוד הגדול והאמיתי. ועדיין נהיה בבחי' בתולה, (ירמי' ל"א י"ב) אז תשמח בתולה במחול, ומה שנראה שהיינו בעולות בעלים ואשרות הי' רק אחיזת ענים, והצער והיסורים ג"כ (איוב כ' ח') כחלום יעופו, מתוך (ישעי' מ' א') נחמה בכפליים. ואז ג"כ נמחול אנו להקב"ה על המחזה המרעידה שהיתה לנו לפח ולמוקש מטעם נורא עלילה (תהילים ס"ו ה'), וישמח הוי' במעשיו (שם ק"ד ל"א), וישמח ישראל בעשיו (קמ"ט ב').

ומי שעלה לתורה מתוך המחול אף עתה זכה להרגיש מעין אותה השמחה. אשרי לו ואשרי חלקו.

ז' אדר -- *א דערהער*

למה לא היה משה רבינו ע"ה רוצה למות, הלא חי ק"ך שנים ופעל כל כך הרבה, אלא חשב כי עדיין לא גמר את כל עבודתו (כי יש בנשמות ישראל מקום וחלל פנוי מצד הרצון שלא להנות מנהמא דכיסופא) וזה ההרגש של אשמה רובץ על יהודי. לכן (מועד קטן כ"ח.) מת בנשיקה – השקה – כי מצד מעשה אדם שיהיו נקראים מעשי ידיו, הנשמה הפועלת בבחי' (דברים ח' י"ז) כחי ועוצם ידי, היא בחי' מים שאובים שעשו בהם מלאכה, וע"י השקה נטהרים, ושוב אין שום סתירה במעשה אדם שהם אף שנקראים על שמו נטהרים כי נתיחדו בהשקה, ואז כבר הוא אחד ואין שני בבחי' (דברים ד' ל"ט) אין עוד.

לפורים

זכור את אשר עשה לך עמלק וגו' אשר קרך בדרך ויזנב – והיה בהניח וגו' תמחה את זכר עמלק --- לא תשכח, (דברים כ"ה י"ז–ח–ט). תמחה את זכר עמלק -- היינו שלא ישאר אתך שום זכר של עמלק, ומ"מ לא תשכח – אתמהה, איך להסיר את זכרו ושוב לא תשכח. כי יש בזה תרתא

דסתרי, פרדוקס, שאי אפשר להבינו בפשטות. ובזה עומדים על ספק בענין מצוה זו.

ולמה ככה כי עמלק בגימטריה ספק, ומה הספק העיקרי שיש בכל אדם עמוק עמוק כח להחריב להאביד את עצמו, הבא מטעם טענת עזה ועזאל, וכמו שכתוב במאמר יום הכפורים, בס׳ בית יעקב (איזביצא). והקטרוג הזה הוא מה שנראה לנוצרים כחטא הכי קדום, חטא עץ הדעת, כי באמת ישנם עתים שאז הריח טוב של כל היקום מתהפך לזוהמה, ואז צריכים מאד מאד לזכור (דברים ד׳ י׳) יום אשר עמדת לפני ה׳ אלקיך בחורב, (שבת קמ״ו.) ופסקה זוהמתם, (כתובות קי״א:) וטל תורה מחייהו, או להתחזק בשם קדוש – (שיר השירים א׳ ג׳) שמן תורק שמך על כן עלמות–עולמות אהבוך.

והנה בשעה שעוסקים באיזו שהיא מלחמה ועסק, ובדרך (ירמי׳ ב׳ ב׳) במדבר בארץ לא זרועה, קשה מאד למחות זכר עמלק – שהוא הספק בערך ושווי הקיום, כי באמת (תהילים ח׳ ה׳) מה אנוש כי תזכרנו, ומכל מקום גם כן – (שם שם ו׳) ותחסרהו מעט מאלקים, (שם ל״ד י׳) ואין שום מחסור כלל ליראיו, אפילו מחסור הצמצום הראשון. ולכן מזהיר הכתוב כאשר תהיה במצב של אשליה ויאוש, אל תתיאש, אלא זכור את אשר עשה לך עמלק, זה הספק החותך את תוך תוכו של הקיום, בדרך בצאתך ממצרים, כי האמנת גם כן קצת שהאמת עם המצרים, שאין בך שום מעלה חוץ מלהיות בבית עבדים – ויזנב בך, היינו שהאמנת קצת שאתה ראוי להיות זנב ולא ראש. והם זרקו בך את הענין של (במדבר כ״ד כ׳) ראשית גוים – דווקא – עמלק, ואין לך שום ערך טוב כלל, ואתה עיף ויגע, והיראה הייתה נמוכה באופן שלא היית יכול להגיע למדרגה של אין מחסור ליראיו – ולא ירא אלקים.

והיה בהניח ה׳ אלקיך לך מכל איביך מסביב, אז דרך בני אדם שלא לעסוק ברפוי נגעי הלב, אבל התורה מצווה שאז דווקא בהניח לך מכל אויבך מסביב תמחה את זכר עמלק, הזיכר, היינו הפזמון הסובב בדעת של הספק המחליש, ותעשה זיכר חדש, לא תשכח לעשות את הזיכר הטוב, (דברים כ״ו י״ח) ה׳ האמירך אתה האמרת.

תמחה את זכר עמלק, (דברים כ״ה י״ט).

היינו שאת זכר עמלק צריכים לנקות מכל זוהמת צער, כדי שיכולים להכיר ברורות את המצב האמיתי בהוה, ואז נוכל להבין מה שצריכים לעשות בתכסיסי מלחמה נגד האויב. ובאם אין הראיה וההבטה על האויב נקיה מתערובת צער של עבר, שבא מאויבים אחרים, או מתנאי זמן ומקום אחרים שאינם נוגעים בההוה, וכמו שאירע לנו אצל הנאצים י״ש שחשבנו שהם כמו האינקוויזיציא שבאו להעביר אותנו מן הדת ולהכרית את

נשמותנו (בדוגמת חנוכה), והנאצים באו להכרית את הגופים (כמו המן בפורים).

והיה בהניח ה' אלקיך לך, שהשי"ת יתן לך מנוחה, תמחה את זכר עמלק – לא תשכח – (*דו וועסט ניט קענען פארגעססן*)

ובאמת הענין יותר עמוק. כי תמחה את זכר -- ולא תשכח תרתי דסתרי כמו – koan שני הפכים בנושא אחד. ואין שום עצה אחרת רק (מגילה ז':) לבסומא עד דלא ידע.

עמלק בגימ' ספק, וזה שניות -- *צווייפעל* – לכן יש פעם בשנה שחייב אדם לבסומא עד מקום שממש (בבא בתרא ט"ז.) מהפך את הקערה. וכי בדרך כלל האם יעלה על דעת מי שהוא שהמן ברוך ח"ו, מ"מ ביום הזה יכולים לראות שבלי המן לא היה לנו פורים, וכדי שיהיה פורים (אסתר ח' ט"ז) ליהודים היתה אורה ושמחה וששון, ולכן צריכים להמן. ומה ארור מרדכי, שמטעם הספק הָיִינו יכולים לבוא למקום חשבון, שאילו היה מרדכי כורע ומשתחוה להמן לא היה בו אותה המחשבה (שם ג' ו') שמואס לשלוח יד במרדכי לבדו, ולמה לי הצער של פחד המן שמרדכי גרם לנו.

ובאמת אלקותו ית' הוא באין ערוך, למעלה מברוך מרדכי וארור המן, לכן חייב אינש לבסומא דייקא – היינו לבסומא ולא לשכרות ביין, אלא בפוריא עד ד<u>לא</u> ידע, שידע את ה<u>לא</u> בין ברוך וארור.

עוד יאמר חייב אינש לבסומי ב'פור'יא היינו בגורל של עצמו, מה מיוחד בעולם גורל חַיַי כזה, שיש בו טוב כברוך מרדכי, ורע כארור המן, אבל אין זה העיקר כי בימות המשיח לא יתבטל החג הזה, מפני שהגורל הוא למעלה מן המגיע לו מצד הצדק והיושר. כי כאשר בא לאחד גורל קשה והוא בו רואה את ה' ועושה את עבודתו או ח"ו נכשל. זו response התגובה של עצמו אל הגורל מוכיחה אם הוא איש או ענוש – אבל חייב אינש – אנוֹש אָנוש וחלש לבסומא בגורלו כ"כ להבין את המתרחש עמו, לראות את הנס הנסתר, ואת השם הק' הנסתר שלא נכתב בגלוי במגילה, עד שגובר על שניהם, הברוך והארור, ורק מתפעל ומתבסם על הגורל, שזה יותר עמוק אפילו מההשגחה הגלויה. וזה אשרנו מה טוב חלקינו ומה נעים גורלנו. היינו אשרנו מה טוב – כולו טוב – (יו"ד) (זוה"ק חלק ג' דף קכ"ט.) בכתר דלית ביה שמאלא מה טוב חלקינו – (משנה סנהדרין י' א') כל ישראל יש להם חלק לעוה"ב – אפס בלתך גואלנו -- במוחין דגדלות (ה"ה) מה נעים גורלנו – מדות ברוך וארור (וי"ו) ומה יפה ירושתנו שבאה לנו ע"י נהי"ם (ה"ה אחרונה) של האבות והאמהות בלי שום עבודה מאתנו.

ומה שנאמר 'חייב' דווקא לאינש המיסכן, כי בכל שנה נראה כאילו חסר משהו לנפשו או בדבר זה או בדבר אחר, אבל בפורים (ירושלמי

מגילה ה׳ א׳) כל מי שהוא פושט את ידו ליטול נותנין לו, כי יש בו משלח מנות לכל הנחסר, ומתנות לאביונה ועלובה (ילקוט שמעוני משלי רמז תתקמ״ז) ולאביונים, ומתוך זה ממעט את ההבדל בין ברוך וארור עד רישא דלא ידע ודלא איתידע (זוה״ק חלק ג׳ רפ״ח:). היינו עד תכלית אפשרות הידיעה לידע ומתבשם רק מן הגורל - גר-ל״ו, שלפי שעה נעשה אז למד-ואָווניק. כי בתוך הגורל עצמו יש בו ידיעה שמברר על ידי הגורל אם לעשות או לא לעשות, ובשעה זו אינו יודע ולכן הפיל פור זה הגורל. והיות שהבעש״ט לימד אותנו יום כפורים יום כ-פורים, כמו פורים -- (ויקרא ט״ז ח׳) גורל אחד לה׳ וגורל אחד לעזאזל, ששניהם בשוה ועל ידי נפילת הגורל יכול להיות שאו זה או זה יהי׳ לה׳. וענין גורל נרמז בסוגיא של יש ברירה, (עיין גיטין מ״ח. תוס׳ ד״ה אי לאו דאמר ר׳ יוחנן, והרבה קולמוסים נשתברו לרווחא דשמעתתא).

ופורים מורה שאדם חייב לבסומא שלא יהי׳ איכפת לו אם הוא נראה בעיני אחרים ברוך או ארור כי כך גורלו. ואם ח״ו נראה כארור יקח מזה ידיעה שבלי המן לא נתקדש שם שמים. וזה ג״כ ענין תשובה מאהבה (יומא פ״ו:) שזדונותיו נעשים לו כזכויות, וכל זה בא מה׳בסומא׳, אם כל זה יש בזה איזה סכנה, לכן ממתיקים את ענין עולם הפוך (אסתר ט׳ א׳) ומתקנים אותו ע״י צדקה, מתנות לאביונים, משלח מנות, masks ומסכות, כי משיג בלבו שכל פנים שיש בעולם הוא רק מסכה על פני ה׳.

כנגד ארבעה בנים דברה תורה, (נוסח ההגדה של פסח).

אחד למדן, אחד חסיד, אחד תמים, אחד שאין לו שום ספקות ובעיות.

הלמדן (דברים ו׳ כ׳) **אשר צוה ה׳ אלוקינו אתכם, אף אתה תשיב לו לפי חריפתו.**

חסיד (שמות י״ב כ״ו) **העבודה הזאת לכם, אף אתה תשים לב לתוכן געגועיו שגם הוא רוצה להכנס לשלמות העבודה, ותפתח לו את לבבך להכניסו לדבקות כדי שירגיש טעם קרבת ה׳.**

תמים (שמות י״ג י״ד) **מה זאת, אף אתה תעיד לו שהש״ת עוזר לך ׳בחזק יד׳, להוציאך ולהוציאו ממצרים.**

וזה שאין לו שום בעיות תאכיל לו ממרור כדי שירגיש צרת חבריו ויכניס חמלה בלבו.

ל"ג בעומר - הוד שבהוד (בחשבון ספירה)

(בראשית ל"ב כ"ה) ויגע בכף ירכו ותקע כף ירך יעקב וגו', היינו רגל השמאלית הוד (עיין פרדס רמונים שער י"ז א'), ושרו של עשיו היה רוצה שיעקב שהוא תפארת לא ירגיש את יפיו, ופגיעתו הייתה לנבלו לעצמו כאילו אין לו הוד כלל. ומי שמוכה בזה חושב כי אין לו שום חן הוד ויופי אלא מכוער הוא. אפילו אם מראה כלפי חוץ איזו גוון של חן הוא מרגיש בעצמו אשר בהוד שבהוד היינו בתוך תוכיותו ובפנימיותו אין לו שום שמן ששון להחיות את עצמו, וכאילו אבד את החן שלו. ולכן אנו מתפללים יהי רצון שבזכות הספירה שספרתי היום יתוקן מה שפגמתי בספירה הוד שבהוד היינו בתוך תוכיותו הוא מרגיש כיעור.

ובזכותו של הרשב"י (זוה"ק חלק ג', רפ"ח.) בחד קטירה אתקטרנא, מרגיש כי ה' נושא פניו אליו (במדבר ו' כ"ה–ו) בבחי' ויחנך, ובזה מתקן הספירה.

ומה שמשחקים עם קשת וחצים לכוון אל המטרה (עיין תיקוני זוה"ק ל"ו: וסימנא דא יהא בידך, עד דתחזי קשתא בגוונא נהירין לא תצפי לרגלי דמשיחא), זה מראה על צלותא ובעותא (תרגום אונקלוס ע"פ בראשית מ"ח י"ב) אשר לקחתי מיד האמרי בחרבי ובקשתי. ועוד יש להעיר כי ספי' ההוד הוא מה שנברא ביום ה' ברכת דגים ועופות (בראשית א' כ"ב) שתנועתם בהוד ולא ברעש וזה נראה ביותר בשדה, בנהר וביער – לכן יוצאים לשדות וכו', (שמואל א' כ' ל"ה)

וגם מה שמיום ל"ג בעומר חדלו המיתות של תלמידי ר"ע (יבמות ס"ב: – טור וב"י או"ח סי' תצ"ג) כי ממה שלא נהגו כבוד זל"ז, שלא ראו את החן של חבריהם ומשנתתקן זה הפגם זכו שוב לאריכות ימים.

א טוט ווייי ווארט – ט' באב התשס"ה

(תהילים קמ"ז י"ט) מגיד דבריו -- הדיבורים הכבדים וקשים (רש"י ע"פ שמות י"ט ג') --- ליעקב. חוקיו ומשפטיו -- הגזרות הקשות --- לישראל אבל למה -- לא עשה כן לכל גוי ומשפטים קשים בל ידעום --- אללי לי

שונות על דברים כלליים

ועתה יגדל נא כח אד-ני לאמור

אין אני מתרבב שמה שעלה במחשבתי - הפשט היחידי. אלא מאיו היוֹת שענין בנין המלכות משעבדני ומעסקני אכתוב דלהלן:

לפעמים אנ מוֹצאים את הביטי "מוסיף כח בפמליא של מעלה" ואף שאינו עולה על הדעת שזה כאילו הצדיקים והנשמות שבג"ע זקוקין לאיזה תמיכה מאתנו. אבל כשמפשיטין את הענין ממשמעותו המילולית יש להעיר אשר הכח בו פועל ה' ישועות נראה כנחלש חלילה. מזמן השואה הנוראה הייתה השאלה דוקרת בלבנו למה עזבתנוו

לעומת גישתם של רבים מבעלה המחקר בענין כח השם שהוא כל יכול ונמנעו הנמנעות כביכול יש גישה המדגישה ענין צורך גבוה אשר הרבה תלוי במעשה התחתונים.

במקום אחר כתבתי (ובאנגלית על ענין אין סוף, הוא, ואתה . "Paradigm Shift Patterns of Good and Evil"

וכאן בקיצור: באין סוף אין אנו תופסים מקום כלל – לא יש שום מציאות ויקום חוץ מן האין סוף ושם אין שם או תואר

בענין הוא אין האלוקים פונה אלינו אלא אל הטבע (בגימ' 68 אלקים) והוא הבורא מחדש בכל יום תמיד מעשה בראשית. הוא מעסק את חוקי הטבע ולפיהם הגז צקלון ב' המרעיל פועל את פעולתו להמית. כל היכולת, הכח ו"עוז בידך וגבורה בימינך" שלו וכל מה שחפץ עשה. אבל באותו הממד אין אנו נפגשים בו ית' ואין אנו יכולים להדבק בי כי אף שאנו תופסים מקום מ"מ יש לנו אך ורק היחס של נברא בין נבראים הרבה.

אבל יש עוד יחס של אתה נוכח פני ה' שבו האלקים מצמצם את אורו ואת כחו לתת לנו מקום לא לאבד להיות ולחיות אלא גם כן להיות אתו ביחס מלך–ועם, רב–ועבד אב/ם–ובנים אוהב– ונהאהב, אפילו רועה וצאן. הצמצום הזה אפשר להיות שהמקום שאנו תופסים ניתן מצמצומו של הרגשת שלמותו ית' וכל נפש בעל איזה השגה של רוחניות חי במקום שממנו צמצם את אורו (וכוחו).

וכאשר אנו עוזבים את הנוכח ופונים עורף ממנו מחלישים מן המקום שהשם חלק לנו כדי שיהי לנו חויה בחיים, בחירה חופשית ומקום לעשות דברים הם לזכותנו ולאפשר לנו להיות בדבקות עמו ית'. והחיות

שהשם שופע בנו להחיותנו אנו מוסרים לסטרא אחרא ומשפיעים לקליפות. וזהו ענין גלות השכינה.

ובכל פעם שאנו מוסיפים כח ל"פמליא של מעלה" היינו שאנו עם השם בבחינת פנים אל פנים, נוכח פני השם ואנו מקריבים לא לבד חלב ודם אלא גם כן זמן מקודש ותודעה אני–ואתה ביחס אז חי ומתחזק הקשר שיש לנו תחת איזה סמל כמו מלך–ועם, רב–ועבד אב/ם–ובנים אוהב–ונהאהב root metaphor פרצוף יסודי כמו ביחס, אפילו רועה וצאן. אז, כשיש יחס (וזה משמעות המונח ברית בין ....) יכולה ההנהגה של השם איתנו להיות באופן פלאי חוץ מדרך הטבע הרגילה. אבל אחרי שהמרגלים הוציאו דבה על הארץ ונפסק הקשר בינינו ובין השם בא משה רבינו והתפלל לאמור את מדות הרחמים שהם כליל בבחינת חסד חינם וארך אפים.

ומה שאנו צועקים ותשובה ותפילה וצדקה מעבירין את רוע הגזרה על ידי שאנו מוסיפין על ידי הקורבנות של תורה–עבודה–וגמילת חסדים לצורך גבוה כדי שכח המפליא לעשות יתגבר בעצמה לטובת יחסנו עם השם באחד הסמלים היסודיים,

ובדרך צחות יכולים לומר: עתה יגדל נא י'גדולה להראות – *צו ווייזן א ייד אז ער דארף זיך מאכן גרעססער און ניט טראכטן אז ער איז קליין כדי ער זאל באמת פועלן דעם* יתגדל ויתקדש שמיה (הסמל) רבא. Rupert Sheldrake מומחה גדול למדעי החיים כותב על ענינו במושג שדה של הצורות Morpho-genetic field

ואני משתמש במושג God-field היינו הרקע והשטח בו אנו חיים עם השם, וכאשר אותה שדה פוריה ומלאת–ברכה (והברכות שאנו מברכים כל יום פועלים) אזי זאת כמו ידי–משה כשהגביהם וגבר ישראל. ולכן אנו תפלה וידע כל פעול כי אתה פעלתו.. ה' אלקי ישראל מלך ומלכותו שוב בכל משלה להושיענו ולגואלנו אכי"ר.

גדול המצווה ועושה משאינו מצווה ועושה, (עבודה זרה ג.).

אף שבדרך כלל בפשט הענין אנו אומרים שהמצווה ועושה מקיים את המצווה מתוך קבלת עול, ולכן זכותו יותר גדול, אבל בפנימיות הרי המקיים את המצוה כאילו לא טעון לצווי, כי חש לעשות נח"ר, בדרכו של אאע"ה (בראשית כ"ד מ') שהתהלך לפני – לפני שהיה צריך לצווי, בתמימיותו וקיים את כל המצוות טרם שנתנו מסיני (יומא כ"ח:) ולפי

דעתו של אדמו״ז בפרשת יתרו היה מעשה אבות סימן לבנים (סוטה ל״ד. עיין בראשית רבה ע׳ ו׳), וזאת נכנס למתן תורה. וכמו שארז״ל (שבת קכ״ז.) גדולה הכנסת אורחים מהקבלת פני השכינה, היינו שמקבל את האורחים כמו מקבל פני השכינה שרואה באורחים את פני השכינה – ככה פה זה שעושה את המצווה כאילו מתוך תוכיותו שהשכינה שוכנת בתוכו ואינו זקוק לשום ציווי כי הוא מיוחד ברצון ה׳, ובזה הוא מקיים המצוה כאילו לא הי׳ זקוק לצווי אלא ספונטני כי כך צריך להיות.

שמעתי, פעם בא איש וביקש לדעת איך להגיע לתשובה ע״י שילמוד איזה פרקי משניות ועי״ז יכופר לו, כי זכר (מנחות ק״י.) שהעוסק בתורת חטאת כאילו הקריב חטאת וכו׳, וענה לו החכם – אמרו ז״ל (שבת ק״ה: – זוה״ק חלק א׳ כ״ז:) כל הכועס כאילו עובד ע״ז, והכאילו של לימוד משניות מכפר רק על כאילו כאלה.

עין לא ראתה אלקים זולתך, (ישעי׳ ס״ד ג׳). על מה שיהי׳ בעולם התחי׳. כי בעיני בשר והחושים של עכשיו אי אפשר לראות, כי אין לנו מלים לתאר את החושים של הגוף של עולם התחיה. אבל אז (נוסח תפלת מעריב לחול) ׳יראו עינינו וישמח לבנו ותגל נפשנו׳ כי אז (ישעי׳ ל׳ כ׳) ולא יכנף עוד מוריך.

אף שבעלי הדעות נחלקו, זה אומר שדעה זו שהם נוקטים בה, אמיתית ולא אחרת, מ״מ אנו מאמינים שכל עולם ועולם מסוגל לגלות אמת מיוחדת. בימי האבות הק׳ נתגלתה האמת של (תהילים מ׳ ו׳) אין ערך אליך ית׳, כי אז אמת זו נחוצה הייתה לערער נגד אלילי כנען בעל ואשרה ואלילי שאר האומות והתרבויות שבימיהם. מ״מ הלשון בו כנו מדות ה׳ (תהילים ס״ח ה׳) ׳רכב בערבות׳ (שמות ט׳ ג׳) ׳יד ה׳ (דברים י״א י״ב) ׳עיני ה׳ וכו׳ אשר הרמב״ם ז״ל במורה נבוכים חלק א׳ שלו טרח להבהירם –– כי דברה תורה בל׳ בני אדם ובתוארים המתארים אברי בני אדם, לשון הזה מדמה את היוצר ליצוריו ׳אנתרופומוריית׳ בלע״ז. העולם עדיין לא הי׳ מסוגל ללשון יותר מופשטת. מה שאין כן לאחר תקופת האבות וסיום התנ״ך, בזמן התרגום (ותרגום השבעים בכלל) לא הי׳ דרך כבוד לתרגם שוב במשיגי הגוף ולכן תרגם אונקלוס במקום (בראשית י״א ה׳) ׳וירד ה׳, ואתגלי, וכו׳ וד״ל. והמבין יבין כי אין ערוך הדעה שמשיגים בעוה״ז הגשמי עולם העשיה, ואין זולתך היא הכרה של עולם היצירה, ואפס בלתך מכירים מהשגות של עולם הבריאה, ואין דומה לך היא ההשגה של עולם האצילות. ובזה יובן גם הפזמון בהגדה של פסח, לך––אצילות, ולך – בריאה, כי לך – יצירה ואף לך [אף עשיתיו – עפ״פ ישעי׳ מ״ג ז׳] בעשיה.

הנהנה מן העולם הזה בלא ברכה (ברכות ל״ה.) – גוזל את המקום –– המברך ואינו נהנה מן העולם הזה – גוזל את המקום גם כן.

והנה קורבנות של ב״א כבר אין לנו מזמן העקדה, וקורבנות מבהמות ועופות אין לנו מזמן חורבן הבית, אף שכל העוסק בתורת קורבן כאילו הקריב וכו׳ (מנחות ק״י.), אבל תורת קורבנות אין בדרך כלל לאלו שאינם קוראים בתורה.

אז איזה קורבן יש לנו כדי להכנס בענין רזא דקורבנא – העולה עד רזא דא״ס (עיין זוה״ק חלק ב׳ רס״ב:), הוי אומר קורבן תודה של תודעה, להודות על הטעם ועל הריח, כשמרגישים זאת מתוך ביטול לה׳ היינו שקופיות, שאין שום מחיצה מכסה עליו ואינו בבחי׳ מכניס ואינו מוצא ומודה.

בענין ערכך (ויקרא כ״ז ב–יב)

איש כי יפלא נדר בערכך נפשת – ערכך הזכר מבן עשרים שנה ועד בן ששים שנה והיה ערכך חמשים שקל כסף בשקל הקדש. ואם נקבה הוא והיה ערכך שלשים שקל... וגו׳ והעריך הכהן אתה והעמיד את־הבהמה לפני הכהן. והעריך הכהן אתה..

אחר כל הברכות וההפך של תוכחה באה התורה מקודם להגיד לנו(ויקרא כ״ו מ״ד–ה) ואף גם זאת בהיותם בארץ איביהם לא מאסתים ולא געלתים לכלתם להפר בריתי אתם כי אני ה׳ אלקיהם. וזכרתי להם ברית ראשנים אשר הוצאתי אתם מארץ מצרים לעיני הגוים להיות להם לאלקים אני ה׳. כאילו מן הצד בלי יחס לדבר בענין הערכך. וצ״ב מהו ענין ערכך ולמה דווקא אחר התוכחה בא לענין ערכין.

אם מי שהוא אומר, ואמירתו לגבוה כמסירתו להדיוט (תוספתא ערכין פרק ד׳ ב׳), על איזה אדם ׳ערכך עלי׳, זאת אומרת שרוצה להקדיש איזה תרומה למקדש, כי שמח בקיום הנערך ורוצה להודות לה׳ בעדו. נדמה לי למשל אם מי שהוא מציל אותי ואני אסיר תודה שאקדיש דמי ערכו לה׳.

ובאמת כמה מפרשים מתקשים במילה זו כי ערכך מורה על מי שעומד מול אדם אחר ואומר ערכ״ך בגוף שני בנוכח היינו הערך שאני מעריך אותך היינו ערך שלך הוא מה שאני מקדיש. אבל היות שהתורה גם כן מכנה את ההערכה כאילו זה ערך שלך בכל מקום, נראה שהיה אז הביטוי ערכך בטוי מקובל בלשון העם מהלך אפילו בגוף שלשי בנסתר, ואפילו בנוגע לבהמה.

והנה לפי מספר השקלים נראה שהערך הוא כמו בעבדים ובנזיקין. נ׳ לאיש, ל׳ לאשה וכו׳ ואין הבדל אם הנערך מכובד או שפל אנשים, אדם באשר הוא אדם בלי הבדל.

ובעזרת השי"ת נראה שגם היום יכולים ללמוד מוסר השכל בענין יחס בנ"א. בבחי' (משנה אבות ב' ד') אל תדין את חברך עד שתגיע למקומו.

בדרך כלל כשבני אדם אינם שוה בשוה זע"ז, אז ברור שמעריך כל א' את השני בערכים של עצמו, כאילו חושב ואומר ערכי עליך. ומזה צומח איבה על השני למה אינו חושב את חשבונו של עולם לפי הערכין שלי.

ולכן צריכים לבא במחול – מחילה שאני מוחל ומוותר לפי שעה על מפת המציאות שלי ואומר ערכ–ך עלי, לראות את היקום בעיני חברו.

ויש עוד ענין בערכים values שאינו בא במלים של דבור. כי איך אוכל להביע ענין שהוא אינו מילולי אלא הרגשי וחושיי, מערכים שהם יושבים בסתר נעלם של הנשמה, וכמו שאמרו אנשי ביידיש, *'א יידישע קישקע קען קיינער נישט אפשאצן'*. (סנהדרין מ"ד.) וישראל אף על פי שחטא ישראל ובן מלך הוא. ולכן באה התורה אחר כל הענין של (ויקרא כ"ו י"ד) **ואם לא תשמעו לי** וכו' שגם השי"ת דן בערכך שלנו קרוצי חומר וסוף סוף אף גם זאת בהיותם בארץ איביהם לא מאסתים ולא געלתים לכלתם להפר בריתי אתם וגו'. ומזה בא (במדבר א' ב') שאו את ראש כל עדת בני ישראל וגו', כי נשיאת ראש מעריכה שוב את בנ"י.

ובאו עליך כל הברכות האלה והשיגך **כי תשמע בקול ה' אלקיך** (דברים כ"ח ב'). מה שבתוך תוכיות הקול, וכנגד זה (תהילים ק"ל ב') הוי' שמעה ב – קולי, ולכן – תהיינה אזניך קשבות לקול תחנוני, יותר מהדברים שאני מדבר.

בר דעת הנה הוא אדם שיש בו בחינת הדעת ,cerebellum reticular formation היינו - מה להכניס בתוך המחשבה, ומה שלא להביט ולשום לב עליו, כי ברור לו על מה לו להשגיח ועל מה לא להשגיח, וכמו שמספרים על אדוננו מורנו ורבנו הזקן עם הילד נכדו, שאף שהי' שקוע בתפילתו שמע בכיותו והקימו.

יש הרבה מיני אהבה, כי כל שעה וכל אוהב ונאהב משתנים, ומה שיש ביניהם חולפים מפעם לפעם ומזוג לזוג. ויש אהבות של דורות ויחסים שונים, וצריכים מאד להשגיח שהאהבה תהא מסוגלת להעש"נ, ודא עקא ששרים שירי אהבה רק על מין אהבה אחת, וקשה מאד שלא לטעות.

ותפארת מה זאת – היינו כאשר אדם שוקל כל הענינים מתוך הלב היינו העצמיות שלו, שבו דווקא מאיר הכתר על ידי ראי הדעת, ואז האדם נוכח כולו אף שהוא טרנספרנט (שקוף) – a person's ego becomes transparent - to the Self האֶגו – ה–אני, נעשה שקוף ל–אנכי – מה

שאין כן כאשר תפארת בגלות ואז האנוכיות שולטת ואין שום אור בא מן הכתר.

וכתב לה ספר כריתת, (דברים כ"ד א'). ודרשינן שצריך להיות נכתב ונחתם לשמו ולשמה ולשם גירושין (ש"ע אבן העזר, סדר הגט הלכה נ"ו) – וצריכים להבין איך ביכולת הגט להיות כורת בין הדבקים ביחוד של קדושין, עד כדי כך (דברים כ"ד ב') ויצאה מביתו והלכה והיתה לאיש אחר.

והנה יש עצם ויש שם, וכל איש ואשה יש להם כמה שמות, וכל שם הוא הארת הנפש וקשר עם הגוף עד שכח המפליא לעשות שורה בשם, עד כדי כך שקודם שנבראו פרטי שמים וארץ ורוח אלקים מרחפת, וזה שמו של משיח (בראשית רבה א' ד', ועיין שם ב' ד'), וכל המעשים טובים שאנו עושים בשם כל ישראל, (עיין ספה"ק נועם אלימלך פ' דברים, ד"ה עוד בפסוק) ועוסקים בתורה לשמה כי השם הוא המתווך בין העצם והפנים. והעצם הוא (שמות ג' י"ד) אהיה אשר אהיה, והשם הוא הכנוי של התופעות הנראות והנגלות הקשורות בעצם האדם כשלהבת בגחלת, (ספר יצירה פרק א' משנה ו'). והיות שהשם הוא הקשר בין האני והאתה צריך הכל להיות עם השם,

ולכן אנו מקלסים לה' כי לו נאה כי לו יאה (פיוט בהגדה של פסח)

לך -- אצילות כמו אתה כמו האני שבך

לך ולך -- השכלים שלך בבריאה

לך כי לך -- הרגשים שלך ביצירה

לך אף לך -- בעשיה אף עשיתי

ולכן הקשר בנשואין גם כן קשר של שמות דהיינו מקודשת לי – ויקחו לי – לשמי (רש"י, שמות כ"ה ב'). והנה בקידושין ונשואין העצם לא נתפס בתוך הקנין, כי תמיד חפשי בנדיבות לב, והקנין רק על המעשה וההתחייביות, כי אי אפשר לעשות שום קנין על הרצון, ולכן כל מעשה אישית צריך לומר ברעותא דלבא (נוסח הגט) בדלא אניסנא, ואז יכולים לשנות התנאים על ידי קנין או כריתות קנין, והאשה קונה את עצמה עם הגט, (משנה קידושין א' א'). משא"כ נשואה ובלי גט, מעשה ידיה לבעלה משום איבה (יבמות צ:). ואלו לא היתה הנשמה חפשית והאני ברעותא דלבא לא היה גט פועל כלל, כי לא היה מי שהיא שתקנה את עצמה.

והנה כל הכריתות הן בשם שנכרת, ולכן ביום הכפורים יורד שם חדש כי השם הישן מחולל מפשעינו כי פשע ממעט את השם, ונעשה היפך ברוך שם כבוד מלכותו לעולם ועד עם כל פשע הממעט את קבלת עול מלכות שמים, (דברים כ"ח י') כי שם הו' נקרא עליך וכו'. ובגט יש י"ב

126

שורות היינו ו׳ שורות על שמו, ועוד ו׳ שורות על שמה, להפליג ולהבדיל בין השבע ברכות, וכל הברכות מתבטלות חוץ מברכת שהכל ברא לכבודו, כי הגט גם כן לכבודו, יש ג׳ דיינים – חסד גבורה תפארת, ויש ב׳ עדים – נצח והוד. הבעל – יסוד, והאשה – מלכות, (והסופר במקום הבעל וידו כידו וכו׳) שהם ז׳ תחתונים, והקלף כתר, והשרטוטים חכמה, והכתב בינה אם הבתים, האותיות והסופר אינו נמנה כי כותב על דעתו של הבעל – יסוד. (בראשית ד׳ א׳ – והאדם ידע) (דברים כ״ד ב׳) ויצאה מביתו והלכה והיתה לאיש אחר, ולא לאנוש וגבר, אלא לאיש שיהיה היסוד והמשען שלה, כי יהיה (שמות ט״ו ג׳) הוי׳ איש מלחמה, ולכן והיתה כמו והוי׳, שזה סימן ברכה וטוב, והבעל שנתן את הגט פטורין גם כן נתברך על ידי מצות (דברים כ״ד א׳) וכתב, שזה נעשה לו סימן וכלי לברכה למצא את תיקונו וביתו זו אשתו (משנה יומא א׳ א׳).

ובזמן הזה שקרוב לדורו של משיח, (משלי י״ב ד׳) ואשת חיל עטרת בעלה, (נדה מ״ה:) ובינה יתירה נתנה באשה, האשה גם כן תוכל לכתוב אם יודעת לכתוב גם כן לבעל כנוסח לבה, לא מצד חיוב אלא מצד נדיבות לבה שהוא יקבל כתב שיבוק ופטורין גם כן ממנה, ולא יצטרכו לבוא עוד הפעם בגלגול, והוא יקבל כאשה והיא תמסור כאיש, כדי לכרות ביניהם, ואף שמצד הדין אינה צריכה לכתוב, אבל מטעם גמילות חסדים של חירות ונדיבות טוב וגם תחושת פטור מן היחס תכתוב היא גם כן איזה שטר בל׳ המדוברת ותמסור לו.

והנה הכתובה צריכה להנתן לאשה, ויש כמה מיני חובות שמעכבים את השיבוק ההחלטי בין הנכרתים. ולכן טוב שיכתובו הוא והיא שטר חוב כדלהלן. מה שאני חש שאת חייבת לי ולא נתת לי בחיי נשואינו. ולהיפך, ויכתבו בפרוטרוט, ויקראו את השטרות אחד לשני, וימסרו להם במחילה גמורה, ויאמרו אז שניהם הרבש״ע של קריאת שמע שעל המטה, הריני מוחל בין בגלגול זה וכו׳.

ויתן השם יתברך שתנתן גט פטורין לגלות, ויצאה כנס״י והיה לאיש אחר לגמרי, (ישעי׳ ל׳ כ׳) כי לא יכנף עוד מוריך, נהיה (שם ס״ב ד׳) חפצי בה, מצד העצם ובעולה מצד התופעות אמן כן יהי רצון.

החזיר הקדוש ברוך הוא על כל אומה ולשון, (עבודה זרה ב:). כי כל האומות לא קבלו את התורה שקבלנו אנו בשלמות, זה מטעם שנמצא בה איזה מצות לא תעשה שלא סבלו לקיימן – וזה מטעם מצות עשה אחר, עד שהחזיר הקב״ה עלינו עם התורה וקבלנו אנו תורה (דברים ל״ג ב׳) מסיני (ותדייק שלא כתוב את התורה רק תורה, שמשמעותה תורה אפשריות של תורה הבאות אלינו בלשון בני אדם, כי יש תורה שהיא מה שהקב״ה לומד) בא וזרח משעיר למו הופיע מהר פראן, כי כל אחד שיש לו הרגש רוחני באותם האומות הרגיש את האור, והרשימו נשאר אצלם

כמו שנשאר אצלנו במתן תורה ובכל דור ודור. ואותה הרשימה היא המקור לכל משהו מן האמת אצלם, והתבטה כפי תנאי חייהם ומקומות מגורותם. ובאמת – הפעולה של ׳החזירה׳ תמידית היא, ועוד היום מחזיר הקב״ה, והבת–קול עוד יוצא כו׳, לכן אנו מתפללים (תפלת ימים נוראים) והופע בהדר גאון עוזך וכו׳, ויאמר כל אשר נשמה באפו ה׳ אלקי ישראל מלך.

וכולם מקבלים עליהם עול מלכות שמים זה מזה ונותנים באהבה רשות זה לזה להקדיש ליוצרם (נוסח התפלה לשחרית). והנה מי שקונה את הנאהב בשביל עצמו לוקח אותו ממני, והאחד מרוויח והשני מפסיד, והמקדש אשה מקדשה לעצמו ואוסרה לאחרים, אבל מלאכי השרת אינם קונים אלא נקנים כאשר מקדישים – מקדשים ליוצרם וכל אחד רוצה בנחת רוח הנאהב שאין להם קנאה ונותנים רשות, ועוד כמאמר הבעל שם טוב, שבמקום שרצונו של אדם שם הוא בעצמו, מטעם (ישעי׳ ו׳ ב׳) שרפים עומדים ממעל לו, ממעל ל–ו. והיכא תמצא, אלא שרצונם וכיסופם ב ה׳ ובו בעצמו, ולכן ממעל לשכינה, (עיין ס׳ עבודת ישראל – קוזניץ, פ׳ ראה– –ד״ה בנים אתם. ס׳ אור המאיר, פ׳ תצוה. ס׳ נועם אלימלך, פ׳ בשלח).

והנה כתוב (תהילים ק״ד ד׳) עושה מלאכיו רוחות, משרתיו – השרפים אש להט, ובעלי חיים יותר נמוכים גופם מיסוד העפר והמים, וכאשר מלאך שיש בו רצון כל כך גבוה ואין בו מיסוד העפר, כי יש לו גוף כל כך זך ובהיר היות שרצונו להקדיש את יוצרו נעשה כלי זך שאין בו מן ההעלם אליו יתברך, ולפי שעה נראה כאילו מטטרון meta-thronos הוא זה שעל הכסא היינו מעל כסא הכבוד – ולא מפני שרוצה בגאוה לשבת שם אלא שבו מאיר אור הנאהב בבהירות כל כך גדולה עד שנראה שהוא והנאהב הם אחד.

ולכן קוראים אותו הוי׳ בזעיר, ואז כאשר בא להקדיש ליוצרו נראה לפי שעה מפני שהוא אז מרכבה שלמה לשכינה ומרכבה כה זכה ובהירה כשכינה עצמה. ואז אילו היו שרפים מקנאים בו היו מכלים את השרף ואת קילוסו ובזה ממעטים את הדמות. והיות שיודעים שיבא תורם להקדיש גם כן בבחינת (דרשות הר״ן דרוש רביעי) אילו ידעתיו הייתיו, אילו רציתיו הייתיו, ואין לך אפילו שרף שאין לו שעה (משנה אבות ד׳ ג׳), וכן רצונו יתברך שיקלסו אותו בבחינת (ישעי׳ מ״ג כ״א) עם זו יצרתי לי תהלתי יספרו, כי יש להם נחת רוח מחשק אהבה לראות דמות אלקית על המלאך. וזה גם כן העניך (ש״ע אורך חיים ס׳ תקפ״א ה׳ ב׳) למה שליח צבור צריך להיות מרוצה לקהל, כי אז (מלכים ב׳ ג׳ ט״ו) והיה כנגן המנגן ותהי עליו יד ה׳.

לזכרו של משה פלדנקרייז ע״ה

(שמואל א׳ י״ז ל״ח) וילבש שאול את דוד מדיו וגו׳ ולא היתה לו לדוד המלך ע״ה האפשרות לצאת במדור שאול נגד גלית, כי יש לכל אדם גוף בהיר וזך סביב גופו הגשמי, ויכולים להשתמש בו באופן כזה שכאשר ישתמש בגוף הבשר אחר כך לא יחטיא את המטרה.

וגולית, שהיה מבני ערפה (סוטה מ״ב:), היה לו גוף בשר גדול אבל הגוף שנעשה מאיברין דמלכא ממצוות ומבחינת עשיה רוחנית לא היה לו, מה שאין כן דוד שקבל מאדם הראשון את השבעים שנה (במדבר רבה י״ד י״א), קבל גם כן את הגוף הדק ממנו שהשתמש בו כי עשה בפנימיותו עד שאפילו (תהילים ח׳ ג׳) מפי עוללים וינקים יסדת עז – כי אפשר לחנך ילד לעסוק בדבר מטעם הגוף הדק במה שאין הגוף הגס יכול לעשות בו עדיין, וזה סוד המשחק והצעצועים שכח היניקה כאם כשתגדיל בא לילדה כאשר משחקת עם בובות וכו׳ ודי למבין.

ואפשר גם כן שרמ״ח מצות עשה גם כן בסוד צעצועים כדי לרכז את הגוף הרוחני אל העסק האמיתי הפנימי, וכל יום ויום יש מדה אחת שיכולים להפעילה על ידי הפנימי לבד, ואז הגשמי החיצוני גם כן לומד כאילו מעצמו, ולכן קבע מוהר״ן בשיחותיו (אות רנ״ט) שמי שרוצה ללמוד יפה צריך להכין ולארגן את עצמו על ידי כסופין שהם בבחינת הרהור, שיש הרהורי עבירה הקשים מעבירה והרהורי תשובה פועלים כל כך שאפילו על הספק כמשל (קידושין מ״ט:) המקדשה על מנת שאני צדיק גמור, מקודשת, שמא הרהר תשובה בדעתו וכו׳, הקדושין ותופסין כאילו הוא צדיק גמור אפילו בחיצוני, (ומי ישמע שאשתו דווקא רוצה שבעלה יהיה צדיק גמור ולא יהרהר בתשובה.)

ומה ענין פירוש המלה הרהור, זה בא מלשון הריון. מי שנתעבר מאיזה מחשבה טובה או להיפך מוליד אח״כ בתחושותיו וגם למעשה מה שמחמם והוגה בלבו.

והנה לפעמים אדם חושב בעצמו שאינו מוכשר לאיזה עבודה, והחסרון תלוי בו מפני שאינו בר הכא, כי חושב שבאים בטרוניא נגדו שיעשה מה שאין ביכולתו. כי אף שיש בו אותו הכח אין לו היכולת, ועיקר היכולת באה מהגוף הדק הזה כאשר מחנכים אותו לאיזה עבודה. ולכן (ברכות י״ג.) מצות צריכות כוונה, לכל הפחות הכוונה לעשות המצוה כאשר באה לידו. ומי שלומד תורה יכול ללמוד עם גופו ואבריו אף שאינו עושה בפועל כי כשעושה בכח ובפנימיות יש לו הכשרה לאותו הזמן שיביא לידו (מכילתא פ׳ בא פ׳ ט׳) ולא יחמיצנו.

פעם עירא אשר כ״ק אדמו״ר הרש״ב נ״ע נטל לידיו קודם הסעודה והיו כמה רבנים נוכח שראו איך ששפך מים ג׳ פעמים בצרופין ושאלו

מהיכן נמצא ג׳ פעמים – כי בדין רק ב׳ (ש״ע אורך חיים, קס״ב ב׳) – ענה להם שלפי שעה אינו זוכר אבל אם הוא נוהג ככה מסתמא איתא דא באיזהו מקומן. אחר שינה קלה בה חלם על מקורו של הדין – היינו הלכות הדחת בשר (ש״ע יורה דעה, ס׳ ס״ט) – ששם כתוב ג׳ פעמים – וכן נוהגים לנטילת ידים לסעודה. והסביר הוא נ״ע אשר ערב הבר מצוה שלו התנה עם גופו לקיים כל מה שלומד למעשה עד שגופו הק׳ עשה זאת מעצמו.

וזה ג״כ מה שאמר רבי עקיבא (ברכות ס״א:) כל ימי הייתי מצטער מתי יבא לידי ואקיימנו, כי בכל פעם שקרא קריאת שמע הי׳ ממש מוסר נפשו – דהיינו בנפשו עשה את המעשה בהרהור, ולכן (קידושין מ.) מי שעוסק במחשבה טובה בוודאי ובוודאי שהקדוש ברוך הוא מצרפה למעשה.

בעזרת השם נצח שביסוד התשל״ז,

אחרי הולדת נכדי עזריאל מנוח בן מרים ור׳ מרדכי הכהן.

נצח משמעותו דבר נצחי ודבר המנצח וגובר על הזולת וכל איש עד שרואה דור ג׳ אחריו היינו נכדים עדיין אינו בטוח בנצחיותו כי מי יודע אם יתקיים לו הבנין עדי–עד, (עיין בס׳ מי השילוח חלק א׳ פ׳ וישב) ואז כשבניו ג״כ מולידים בוודאי קיים פרו ורבו (רמב״ם הלכות אישות פ׳ ט״ו א׳) וזה ענין (זוה״ק חלק ג׳ דף ס״ו:) יסוד סיומא דגופא, ובנצח שביסוד רואה כי היסוד הוא בקדושה, כי דרך יסוד של קדושה הוא כאשר דורות נמשכים מהם היינו בבחי׳ (שמות ל״א ט״ו) לעשות את השבת -- לדורותם ברית עולם, (במדבר ט״ו ל״ח) ועשו להם ציצת על כנפי בגדיהם לדורותם, *״אז די דורות וועלן זיך קעננען אנהאלטן*. וכל מי שעוסק במדת יסוד עליו להתחשב על המשך הדורות כי בזה הברית הזו אמיתית היא.

שמע ישראל וראה כי כל אדם יש לו מדה שבה משתמש וכל שאר המדות הן כידים למדה זו. והלומד תורה צריך להשמיע לאזניו בניגון וטעמי הנגון, ולכן מי שיש לו מורה הגון מוצא בו את מדתו החזקה, ועל ידי מדה זו מוציא שאר המדות מן הכח אל הפועל, ושפיר אמר רבי זוסיא כי מן השמים לא יבקשו ממנו למה לא היה אברהם ושאר האבות והז׳ רועים כי מדת עצמו דרושה, אבל על ידי מדה זו יכול להפעיל את כולם, כי בתיקון הכל בהתכללות (בראשית ב׳ ד׳) ביום עשות הוי׳ אלקים, בה מדת הרחמים המביאה לידי התכללות (כפי המבואר במאמר החלצו) ומי שיש בו משמיעה יותר מבראיה אומר (דברים ל״ב א׳) האזינו השמים ואדברה ותשמע הארץ אמרי פי, שאף שהוא (שמות ו׳ י״ב) ערל שפתים, מ״מ שמיעת הארץ והאזנת השמים פותחים לו את שערי הדבור גם כן להיות פה–סח.

ואפשר לומר כי אברהם אבינו עליו השלום היה כוחו הגדול ברגליו ולכן אמר (בראשית י"ב א') לך לך – (שם ד') וילך אברהם – (שם ט') הלוך ונסוע הנגבה, (שם כ"ב ג') וילך אל המקום אשר אמר לו האלקים.

והנה המדה העצמית היא לבוש הבא מההורים, כמבואר בתניא (חלק ראשון פ' ב'). כי הכל על ידי אתו הלבוש, ומי שמתמצא בלבושו יכול להוציא הרבה מן הכח אל הפועל, ורוצה לומר נשמות ערטילאות לא ידעו ולא יבינו סוד (בראשית רבה כ' י"ב) כותנות אור – עור, כי תורת העשיה לבד מן השפה לחוץ, ותורת הכוונה לבד באופן כוונתך רצויה ומעשיך דייקא אינם רצויים כי חסרים איך בא לעשות את הרצוי על ידי המדות. ולכן (תיקוני זוהר כ"ה:) ואורייתא בלא דחילו ורחימו לא פרחת לעילא, כי אין לה גדפיים וזה סוד עמוק ונורא.

וזה גם כן (במדבר י"א א') ויהי העם כמתאוננים – (במדבר כ"א ה') בלחם הקלקל, כי אכלו רק בחיצוניות ולכן רצו מאכלי מצרים כי אכלו בלא כוונה פנימית. ומה שנשאר להם מכוונת אכילתם היה ברגע האחרון שכוונו לבשר נהפך לרעבתנות ורעבתנות טעמה פגומה מאד. אבל משה רבינו שטעם (שמות ט' ל"א) כצפיחת בדבש, כי כל מה שקבל מן השמים היה לו בחינת (תהילים ע"ח כ"ח) לחם אבירים אכל, ולא הבין איך הערב רב לא הבינו. ולפי סיפור 'חכם ותם' של מוהר"ן הכל נכון, כי התם ידע סוד הגוף הדק מה שאין כן החכם שעסק בחכמות של השכל וברפואת הגוף בחיצוניות, ולא ידע מהמדות שבאמצע. ומי שמבין זאת יכול להפעיל את דרכו הטובה ע"י תנועות של ריקוד ותפילה הכל בהרהור כו'.

ולכן כל אדם יש לו שם המורה, לא על הגוף כי רואים את הגוף, ולא את הנפש כי מי יודע טיבו ועניינו בגלגול זה, אלא בלבוש המחבר גוף ונפש, ולבד מקריאת שם יכולים גם כן להוסיף חיות בלבוש זה על ידי כמה וכמה אופנים.

(ויקרא רבה כ"ו ז') עלמא דקשוט ועלמא דשקרא – כאשר אדם מדבר עם חברו ודעתו להתקשר בקשר רציני וריגשי אז כל מלה ומלה שמדבר מלאה עם ההרמוניות של המלים בעשיה ובבריאה, שהמעשה והמחשבה קשורים בדבור, והדבור מלא, ולכן כל שם צריך להיות במילוי הראוי לו ואז יש מ"ה וב"ן וס"ג וע"ב עד שבא לע"ב שזה שיר מרובע שהאלקות ממלא כל שמהן (תיקוני זוהר י"ז:) במילוי אמיתי עד שנעשה י – י"ק – יק"ו – יקו"ק שיר מרובע.

וזה ענין עלמא דקשוט שבו נתייחדין, (זוה"ק חלק ב' דף ר"ו.) דהוא אלקא קשוט בבחינת יו"ד, ואורייתיה קשוט ה"ה, ונביאוה קשוט וי"ו יצירה, ומסגי למעבד טבוון וקשוט ה"ה בעשיה. אבל בעלמא דשקרא התגר אומר המלים לבד בלי נפש רוח נשמה (תיקוני זוהר י"ז:) אשתיירו כגופא בלי נשמתא. ובארה"ב בין גברים יש מדה שחקנית שבאה ממשחק

הקלפים הנקרא Poker פוקר. שהפנים משקרים שכאשר יש לו כל טוב מראה פנים של פורעניות ולהיפך ההיפוך, ואז השפה והפנים כולם כזב ובלוף - bluff

והנה דרשנים מן הרבנים, ולהבדיל הכמרים משתמשים במילים שאין בהן חיות, ולכן הם מתים, וענין התחיה הוא הקשר של גוף המלה עם הנפש הרוח והנשמה שבה.

בענין המרכבה: (ברכות ל"א:) דברה תורה בל' בנ"א. והנה אף שהמוחין נעלמים ולא נראים בחוץ (תיקוני זוהר י"ז.) ולית מחשבה תפיסא (זוה"ק חלק ג' דף רפ"ח:) ברישא דלא אתידע, אבל לפי זה במשל הגוף – (זוה"ק חלק א' דף רי"ז:) לאשתאבא בגופא דמלכא – (תיקוני זוהר י"ז.) חסד דרועא ימינא, אז הגוף הוא בחינת יעקב ויוסף, והד' קצוות אברהם ימין פני אריה, ויצחק שמאל פני שור, משה פני נשר נצח, ואהרן פני אדם הוד.

(ול"ע בגלות המרה פני אדם חסרים ר"ל, ואין עבודה ובית המקדש כי עדיין גורם חטא שנאת חנם. ואהרן (משנה אבות א' י"ב) אוהב שלום ורודף שלום) ומלכות הפה (תיקוני זוהר י"ז.) – או גם כן בחינת (ליקוטי ש"ס מס' חולין) המסווה שעל י'ד'ה' הקול יוצא per- sonare פרספון - persephone - פרצוף היינו אגב ועל ידי דוד מבטא כל מיני שיר של הספירות, (במדבר רבה ט"ו ט"ז) וכאשר רוח צפונית מנשבת הכנור מנגן, (מלכים ב' ג' ט"ו) והיה כנגן המנגן ותהי עליו יד הוי' וגו'. ואז (תהילים כ"ב ז') ואנכי תולעת ולא איש, – (שם ע"ג כ"ב) ואני בער לא אדע, אבל גם כן (שם ל"ט י"ג) אנכי – תמיד – עמך, וכל מיני אפשרויות של אדם הכל מתואר בתהילים.

תקופת תמוז: כי יש ארבע תקופות בשנה ותקופת ניסן בחינת ירוק, שיש בו מבחינת מציאה שבאה בהיסח הדעת, והגאולה שבאה מלמעלה למטה בלי מ"נ גם כן בהיסח הדעת. ותקופת תמוז בחינת צהוב–לבן, ומדתה לרכוש דבר הנמצא. ותקופת תשרי בגוון אדום וחום, ובה מתחילה העבודה, כי כל מה שנרכש מעתה אוכלים ממנו. ותקופת טבת הדרישה והגוון שחור או כחול, ואז השנה חוזרת חלילה.

והנה (משנה תענית ד' ו') בי"ז בתמוז נשתברו הלוחות כי אז התחלת הירידה מטעם החמה, ולבנה מתחילה לרדת, ואז הסכנה כה גדולה (ירמי' מ"ט ט"ז) כי תגביה כנשר קנך משם אורידך וגו', (משלי ט"ז ה') תועבת הוי' כל גבה לב, (ברכות מ"ג:) דוחה רגלי השכינה, (תהילים ק"ו כ') והעגל בתבנית שור אכל עשב, כי ההרגשה כה בגבהות שקשה להנצל מן התחושה (דברים ח' י"ז) שכחי ועצם ידי עשה לי וכו'.

132

מה טיבה של ה׳ השאלה?

כי ה׳ הידיעה היא ה׳ ראשונה ה׳ של השם הנכבד בבריאה בבינה dative והו אחרונה של השם accusative –. והאות יו״ד היא באצילות, כי יש בחינת של פרצוף אבא – חכמה, אבל עיקרה של החכמה ידיעת עצמו. האצילות שקונה הכל ,היינו Nominative intransitive subject, (איוב כ״ח י״ב) והחכמה מאין תמצא, ובּ־ה׳ השאלה תמיד ביחס לאיזה ענין דקיימא לשאלה, (זוה״ק חלק א׳ דף א:) והחכמה סמוכה לבינה למעלה ממנה. וכן אנוכי אני– באצילות nominative subject, אֵלַי – בבריאה, genitive , possessive, לי–יצירה, indirect object dative
(accusative direct object) ואותי –

חביב אדם שנברא בצלם, (משנה אבות ג׳ י״ד) –– (בראשית ט׳ ו׳) כי בצלם אלקים עשה את האדם. והנה אף שמצד השכל אי אפשר ואסור לשום להקב״ה שום צורה, (רמב״ם הלכות יסודי התורה א׳ ז׳) כי אין לו ית׳ דמות של גוף – ואינו גוף, היינו אפילו דמות של צורה רוחניית – היינו דמות של אינו גוף. מ״מ כדי שהלב ירגיש אהבה צריכים לתת להלב רשות לתאר את הדוד האהוב (עיין ס׳ נועם אלימלך פ׳ ראה) כמו (שיר השירים ה׳ י׳) דודי צח ואדום, – צ״ח – צדיק – חסיד, וכביכול אדם, שהוא (ישעי׳ נ״ז ט״ו) השכן – עד. וכדאיתא באנעים זמירות, המשילוך ברוב חזיונות – זקנה ביום דין בחרות ביום קרב וכו׳. ואיזו צורה יש ללב לתאר לעצמו כמי שהוא בגיל נוער או זקנה – או איזה מין, זכר או נקבה, אב או אם וכו׳.

וקני מדה של השי״ת הם כפי קני מדה של האדם כי (משנה ברכות ט׳ ה׳, סוטה א׳ ז׳) במדה שהוא מודד מודדין לו, (דברים י״ג ה׳) ובו תדבקון, (סוטה י״ד.) והדבק במדותיו (מס׳ סופרים פרק ג׳) להיות רחום כמו שהוא ית׳ רחום. והיות שאני מתאר לעצמי איך שעשני בצלמו, ממש בצלם דמות תבניתו, שהיו״ד הוא הראש, והידים והכתפים למטה מן הראש הם בצורת ה״ה, והגויה והשדרה בצורת וי״ו, והרגלים והחלצים הם כה״ה אחרונה, ושאר דמויות אפשר ללבי להתפלל ולאהוב.

וזה (דברים ו׳ י״ג) את ה׳ אלקיך תירא, (פסחים כ״ב:) לרבות תלמידי חכמים. פרצוף של ת״ח וחסיד לרבות פרצופם של הרביים. ולבן–אדם כמוני כמו ריע אהוב שלו מגלין כל הסודות בלי בושה ע״ד (בראשית ל״ח י״ב) יהודה עם רעהו העדולמי, (שמואל א׳ פרק י״ח) וידידות דוד ויהונתן.

ואני זוכר איך שבמשך חיי בכל עת שהיה לי רבי או מורה דרך ומשפיע, ריע אהוב וידיד, רעיתי–זוגתי האהובה, ביחוד האהבה ראיתי

בו/ה לפי השעה את הצלם אלקים, ובלבי תארתי ושיוויתי לי איך שהשי"ת הוא כמו זה האהוב, ולאין ערוך בלי סוף ותכלית.

(חגיגה י"ד:) ורבי עקיבא שנכנס בשלום ויצא בשלום וכפי שביאר הבאר מים חיים ז"ל (עה"ת בראשית פרק א' בצירוף ויצא, פרק כ"ח) בשלום היינו שלום בית ואהבה בינו לבינה – אמר לפי זה (משנה אבות ג' י"ד) חביב אדם שנברא בצלם, דכתיב (בראשית א' כ"ז) בצלם אלקים ברא אתו זכר ונקבה ברא אתם. וחיבה יתירה שנודעת לו בדעתו ובאהבת לבו שנברא בצלם.

(מלכים א' י"א כ"ט) אחיה השילוני, בעל הח"י, (שיש בו בחינת חיה ויחידה הוא באמת אח-י"ה) היה רבו של הבעש"ט נ"ע. ולמה דווקא הוא ולא אליהו הנביא שהיה רבו של האר"י הק', ואולי אפשר לומר, כי הוא היה מי שמשח את ירבעם בן נבוט למלך ישראל, (עיין סנהדרין ק"ב. אמר רב יהודה אמר רב שכל תלמידי חכמים דומין לפניהם כעשבי השדה, ואיכא דאמר שכל טעמי תורה מגולין להם כשדה) כי ראה מעלה יתירה בבני יוסף הצדיק על מדרגת בעל תשובה בית יהודה ודוד (עיין ס' מי השילוח חלק א' פ' וישב ד"ה וזהו שנאמר). וכדי לתקן זאת – כי כאשר צדיק שהוא בבחי' קשה עורף, ושור הבר מתעקש בצדקו וטוען 'מי בראש', אין לו תקנה כי אינו מאמין באמת (ברכות ל"ד:) שבמקום שבעלי תשובה עומדים צדיקים גמורים אינם עמודים. אחיה השילוני תקן זאת בחנכו את מורנו הבעש"ט הק' להורות תשובה אפילו לצדיקים. כי יש מסורה בין החסידים שהבעש"ט נ"ע רצה לכנות את התנועה החדשה בשם בעלי תשובה ומטעם כמוס לא עשה זאת.

תנא דבי אילת חיים

כל המכוון בכל יום באלה העקרים וחי לפיהם מובטח לו לה שהוא /היא בן/בת עולם הבא עלינו ועל כל החיים בקרוב.

יהי רצון שאאמין באמונה שלמה
באלוה אין סוף ובאור אין סוף הברוך
שהוא מעבר לזמן ומקום
ושנתאווה לו ית'
להיות לו דירה בתחתונים.
מתוך אהבה להטיב לברואים
צמצם אורו וזיוו
כדי להאציל, לברוא, ליצור
ולעשות את כל הקיום.

יהי רצון שאאמין באמונה שלמה
באחדות האלוה והיקום
אחדות של אחד שאין לו שני
ושכל מה שיש ביקום
קיים לפי רצון האלוה
המהווה את הכל בכל עת ובכל רגע.

יהי רצון שאאמין באמונה שלמה
שיש להבורא כיוון ותכלית בבריאה
ושאחד מפרטי הכיוון הוא כדי לאשתמודעין ביה
ושיש לברואים חובה
להרחיב ולהרבות את הדעת
עד שימלא הארץ דעה את ה׳ כמים לים מכסים
ואז כולם ידעו אותי.

יהי רצון שאאמין באמונה שלמה
שהתכלית המקווה היא
שיעשו כולם אגודה אחת
וידע כל פעול כי אתה פעלתו.

יהי רצון שאאמין באמונה שלמה
שכל הדרכים בהם הרוח הקודש מתגלה
הכל חטיבה אחת
עם התורה שנתנה מסיני.

יהי רצון שאאמין באמונה שלמה
בשליחותה של היהדות
להיות ׳היהדות׳ מאברי היסוד של ההויה
ושבחמלת ה׳ עם כל הברואים
גילה להם גם כן מיסודות הקיום
ודרכי החיים.

יהי רצון שאאמין באמונה שלמה
שאין היקום הפקר
וכל העושה טוב בחייו
מתקן את העולם
ולהיפך בהיפך
והכל עושה רושם בקיום.

יהי רצון שאאמין באמונה שלמה
שמרובה מדה טובה ממדת פורענות
ושמטרת כל סדר ההשתלשלות היא
להביא להשלמת הכוונה העליונה.

יהי רצון שאאמין באמונה שלמה
שמעשה האבות והאמהות הם סימן טוב לבנים ובנות
ועליהם הברית כרותה למעשה המצות
ושהמסורה מכילה בתוכה זרע אור הגאולה.

יהי רצון שאאמין באמונה שלמה
שתפילותנו נשמעות ונענות.

יהי רצון שאאמין באמונה שלמה
שהשכינה הקדושה שוכנת בתוכנו
וכל המטיב לברואים מטיב לשכינה וההיפוך.

יהי רצון שאאמין באמונה שלמה
שאין המות קץ לחיי הנשמות
ושיש עולמות אין מספר
בהם חיים באור פני מלך חיים.

יהי רצון שאאמין באמונה שלמה
בתיקון העולם ובעולם התחיה
שהעולם נעשה בעל חי ובעל תודעה ורגש
ובזה נעשה העולם כלי מאד מוכשר
לגלות רצונו של מקום.

בזמן שהדעת נמנה אין הכתר נמנה וההפך

הענין הוא שהתודעה בכתר היא בבחי׳ (דרשות הר״ן דרוש רביעי) אילו ידעתיו הייתיו, וזה בבחי׳ שם הוי׳ דלעילא, בידיעת עצמו, כי ההוי׳ היא פועל עצמי שאינו שולט על שום דבר חוץ מעצמותו ואז הכל

intransitive and subjective ואינו פועל יוצא, לכן אין הדעת שהיא נופלת על דבר חוץ ממנה בהכרת הזולת הקיים בפני עצמו בבחי׳

objective(בראשית ד׳ א׳) והאדם ידע את חוה כַּאשתו, והידיעה האביקטיבית מוציאה את האדם מן העצמי אל הזולת.

ועוד יש מילים כו׳ כי פעם דברתי עם הרה״ק רבי גדליה ז״ל קעניג בענין הזה – למה זה, וענה לי – וכי אין אתה יודע בעצמך, אמרתי לו שזה תלוי באיזה עולם מדברים, אם בעשיה ובבריאה אז הדעת נמנה, ואם מדברים מיצירה ואצילות אז הכתר נמנה. והסכים ע״ז.

ולי נראה עוד, כי מה שיודעים ממוח השמאלי – left cerebrum – (בינה) הוא עולם העשיה ועולם הבריאה שהם בחי׳ (ס׳ פרי עץ חיים, שער התפילין פ׳ ב׳) שי״ן של ד׳ ראשים, היינו התחלקות לשנים שהם ארבע, ובחינת כלים, ואין כלי לכתר כי כל הספירות ככלים לכתר אבל יש כלי לדעת cerebellum reticular formation system והיא מח הדעת, ששם קשר התפילין, מה שאין כן ביצירה ואצילות שהם נודעים במח הימני - right cerebrum – שין של ג׳ ראשים, שאין להם הרבה מלים ומושגים שכליים ואותיות, והוא בחי׳ התכללות ואורות, אז הכתר נמנה ואין הדעת נמנה, והענין עמוק.

כי הלומד דברי תורה מתוך ספרים בוודאי יש לו איזה השגה ממה שנכתב באותיות, אבל מה שמאחורי האותיות, הרוח והנשמה, היינו בחינת נקודות, טעמים ותגין לא בא בספר. אלה צריך הקורא להוסיף מדעת איך שהו מקים את בעל השמועה לפני עיני שכלו ורגשיו. וכן בהקדמה לסה״ק תפארת שמואל נראה מזה איך שהמחבר הק׳ בכה את דברי תורתו. וזהו הניגון של התורה.

ויש שקורא למשל תווי הנגינה המיוחדים לאיזה שהו כלי זמר שמשתמשים בו לריקוד של – ballet ואף אשר יש גם כמה כלי זמר אחרים להנעים את השיר, ויש כלי זמר לקצבים כמו תופים שהם כמו דופק הלב של הריקוד שלא נכתבו בשורת התווים של הכלי זמר המנצח על השאר. חוץ מכלי הזמר יש עוד רהיטים והבמה והרוקדים והסיפור שהו הקומה של התצוגה שלא כתובים בתווי הנגינה של השיר הנ״ל. השאר צריך האומן להוציא מן התהו מחדש, בעולם שנה ונפש, היינו על השורה של הפשט צריך להוסיף שורות של רמז, דרש וסוד. וכמו כן בנמשל שלנו צריך הקורא להוסיף טעמים נקודות ותגין כדי שיתמלאו גופי האותיות בנפש רוח ונשמה. ובזה נתמלאו האותיות שהם כלים להאור המאיר בתוכם.

ויש עוד ענין של צירופי אותיות. כי כל א׳ מישראל כמו אות א׳ בתורה. (ספר יצירה פרק ד׳ משנה י״ב) שתי אבנים בונות שני בתים, וכל אות ואות מצרף איזה משמעות להשני. וכאשר האותיות בשלום – אז יש שלום בית ואז (תהילים פ״ד ה׳) אשרי יושבי ביתך – (במדבר כ״ד ה׳) מה

טבו אהלך יעקב משכנתיך ישראל, (תהילים קמ״ד ט״ו) אשרי העם שה׳ אלקיו.

וכדי שימלאו כל האותיות עם טעמיהם ותגיהם וניקודותם צריכים לפעמים להוציא במיוחד בשעת הכושר את הכוונות ולצרפם למעשים ותופעות. וכמו ש׳תשליך׳ בראש השנה היא גלוי של עבודה פנימית, כן צריכים לפעמים להוציא את הכוונה מן ההעלם אל הגלוי ע״י מעשים הפועלים מטרת הכוונה. ועי״ז יושפע שפע רב בכל העולמות.

הענין הזה גם כן ממקד אור על הסיכסוך בין פרופ׳ גרשום שלם, ופרופ׳ בובר, מאי עדיף להכרת אישיות, איזה רבי אם התורות והדא״ח, או הסיפורי מעשיות שמספרים עליו. וכנגד ב׳ הצדדים יש עוד נימוק חשוב והוא, הניגון של הרבי והנוסח הניגוני בו התפלל הצדיק. אלה הם נותני הטעם לתורותיו ומעשיו, כי הניגון והנוסח של הצדיק הוא בבחי׳ טעם.

שער הי״ג היה שער הכולל - המתפלל אצל הכותל עונה אמן לכמה מיני וסוגי תפילות, עד שתפילה שלמה נצברה לפני הכותל מכל התפילות, ואז (זוה״ק חלק ב׳ דף צ״א.) י״ג מכילין דרחמי מתנוצצות מארך אפים העליונים, ובכל ׳שמע ישראל׳ יחוד למי שהוא אחר, וכולם ביחד מתאחדים, וזה ענין לשם יחוד קוב״ה ושכינתיה.

קטעים מקונטרס

שמח תשמח

רעים האהובים

לשם יחוד קוב"ה ושכינתיה
ליחדא שם י"ה ב-ו"ה ביחודא שלים בשם כל ישראל

והנה מצד הדין בועלין בעילת מצוה ומקיימין מצות עונה ומענגים את השבת (ס' פרי עץ חיים – שער השבת, פרק י"ח) בכוונה לעשות מזה נחת רוח לקוב"ה ושכינתיה. ויש הרבה בכתובים על שב ואל תעשה בדברים של סור מרע הנוגעין בעניני המין.

והרבה מה שכתוב על עיניני זיווג הוא בהעלם גדול ובדרך רמיזא בעלמא (נדרים כ:) המכסה טפחיים יותר ממה שמגלה. שלא הורו בדרך כלל באופן שמוצאים מה בדפוס בעניני קום ועשה ופיוסים בינו לבינה. כל המחברים הק' דברו על היחוד בדעה ובהרגש שצריכים להוות קודם הדיבוק של בשר.

וידעת היום והשבת אל לבבך כי הוי' הוא האלקים בשמים ממעל ועל הארץ מתחת אין עוד, (דברים ד' ל"ט).

וצריך להבין איך באים לידיעה כה כבירה עד שיהי' זהות הוי' ו'אלקים . הלא הם שני שמות המורים כל אחד על מדה אחרת ומנגדת אחת לחברתה. איך יכול להיות ידיעה שמדת הדין היא היא מדת הרחמים ושניהם אחד.

והנה כתיב (דברים י' ט"ז) ומלתם את ערלת לבבכם וערפכם לא תקשו עוד, אשר מפסוק זה נראה אשר חובת האדם היא ויכולת בידו לקיים את מצות מילת הלב. וכתיב גם כן (דברים ו' ה') בכל לבבך, (משנה ברכות ט' ה') בב' ייצריך – יצר הטוב ויצר הרע. ומשמע מזה שבין במילת עצמו בין במילת השי"ת בעדו צריך למול גם את היצר הטוב. כי ישנם אנשים שבאמת מצד יראתם ותשובתם מלים את יצרם הרע, ומסגפים את גופם ואת רגשותם ושכלם. וחותכים מן היצר הרע את הערלה. אבל ערלת היצר הטוב במקומה ובתוקפה עומדת. ואז כאשר הם בזיווג זכר ונקבה, בבחינת ו"ה, יש וסוככת עוד ערלת הלב ויצר הטוב ואינם בזיווג שלם. כי בזיווג שלם ושלום – בית, המובדל ומופרש משלום – חוץ, מגיעים לבחינת זכר

ונקבה – בגמטריא שמי"ם 400, מרגישים לבד מטעם 'ארץ' עוד טעם 'שמים', כדכתיב (ישעי' ס"ו א') השמים כסאי והארץ וגו', ואז הכסא שלם.

והיות שבחור כל ימיו עסוק במילת היצר הרע, ונגדו מקשה עורף לבל יציית לו מכל מקום קודם הזיווג הקדוש, צריך גם למול את היצר הטוב כדי שהיחוד והזיווג יהיה בשלמות, ואז נשמות נחצבות מתחת כסא הכבוד. ואז אומרת כנסת ישראל (שיר השירים ב' ג') ופריו מתוק לחכי. כי סרה ערלת היצר הטוב גם כן. שביחוד הזה נרמז (נוסח התפלה לשחרית) בא'הבת ע'ולם א'הבתנו ה' אלקינו. שם הגדול של ע"ב במילוי יודין, דהיינו יו"ד ה"י וי"ו ה"י, וגם, יהו"ה – יה"ו – יה"י, בגימ' חס"ד.

ואז שניהם, המשפיע והמקבלת, עולים למקום שהיא 'יום' שלם. ויהי ערב – עָרב – במתיקות – (בראשית א' ה') ויהי בקר יום אחד. – לבקר בהיכל הפנימי של הלב של החתן וכלה. ואז (שיר השירים א' ב') טובים דודיך, מיין, גימ' ע', בחי' סו"ד עמוק, דוכרא, מוסתרת בסו"ד כמוס, נוקבא. אז (דברים ד' ל"ט) וידעת היום, כשתראה שעל ידי מילת הלב וגם מילת היצר הטוב שאז אין עוד מקשה עורף, מקיים (דברים י' ט"ז) ומלתם. בעצמכם לעשות כל ההכנות, וגם למסור את רצון עצמו והכל רק לתת נחת רוח לבוראו, אז (דברים ל' ו') ומל הוי' אלקיך את לבבך. מל בגימטריא 'יין', ובגמטריא 'סוד', שנתגלה הסוד להחתן והכלה, איך שעל ידי (תהילים קמ"ט ה') יעלזו חסידים בכבוד, בתיקון השכינה בזיווגא קדישא, ירננו של משכבותם, בשיר ושבח וברכות והודאות (באר מים חיים פ' תצא פרק כ"א) על שמסר הקב"ה את עצמו, (זוה"ק חלק ג' דף ו.) שישראל יפרנסו לאביהם שבשמים, בבחינת שבת קודש, (ישעי' נ"ח י"ד) אז תתענג על הוי', היינו שלמעלה משם הוי' למקום עצמות אור אין סוף ברוך הוא, ואז הוי' ואלקים כולי 'חד' – מלשון חדוה, וזה (בראשית כ"ז ל"ג) עד מאד, תרגם אונקלוס עד לחדא, ש'מאד' דהיינו חדוה דלעילא, שורש (דברים ו' ה') 'ובכל מאדך' שהוא למעלה 'מכל לבבך' שזה האדם הטבעי, ולמעלה מ'כל נפשך' שהוא האדם הרוחני, עד שבא לבחינת 'כל מאדך'. ואז עולים למעלה מעלה מבחינת (שם י"א י"ג) והיה אם שמוע, בפרשת שכר ועונש, שלא נאמר בפרשה זו 'בכל מאדך' לחיות 'כימי השמים על הארץ' – (בראשית רבה ה' ח') למה נקרא שמה ארץ, משום שרצתה לעשות רצון קונה – (משנה קידושין א' א')

והאשה נקנית בג' דרכים – בכסף – כסופים היינו 'בכל לבבך'. ובשטר – (תהילים מ' ח') באתי במגילת ספר כתוב עלי לעשות רצונך אלקי חפצתי ותורתך בתוך מעי. עד שמגיע למדרגת ביאה (תהילים צ"ו י"ג) כי בא – בו, כי בא – בה לשפט הארץ, (שמות כ"א ט') כמשפט הבנות יעשה לה, בבחינת (שיר השירים א' ד') משכני אחריך נרוצה הביאני המלך חדריו, בחדרי חדרים, אז נגילה ונשמחה בך. ואז (ישעי' ס"ב

ה׳) ישיש עליך אלקיך – בזמן, כאשר החתן והכלה ששים ושמחים בשמחת תיקון השכינה הקדושה, כמשוש חתן על כלה.

וידיעה זו של (בראשית ד׳ א׳) והאדם ידע, מביאה לקיים (דברים ד׳ ל״ט) וידעת היום, ואיתא (עירובין כ״ב.) מאי דכתיב (דברים ז׳ י״א) אשר אנכי מצוך היום לעשותם, היום לעשותם ולא למחר לעשותם ע״כ. לעשותם – בזמן ומקום בעולם העשיה הגשמית. והשבות על לבבך, אחרי המילה של ׳ומלתם׳ – כי הוי׳ הוא האלקים ׳בשמים׳, בזיווג זכר ונקבה, ׳ממעל׳ מגדר שניות לאחדות, ׳ועל הארץ׳ דווקא בשלחן דומה למזבח וכמאמר חז״ל (חגיגה כ״ז.). יחוד זכר ונקבה ואז ׳אין עוד׳,

כי (דברים י׳ ט״ז) ערפכם לא תקשו עוד, ואז בזווג הק׳ (סוטה ב.) שקשה כקריעת ים סוף, אז (מכילתא השירה ג׳) ראתה שפחה – בחיים משפחתיים – על הים – של (שיר השירים ח׳ ז׳) מים רבים לא יוכלו לכבות ׳את האהבה׳. מה דייקא שלא ראה יחזקאל, היינו (תיקוני זוהר י״ז.) שם מ״ה באורח אצילות. (במדבר רבה י״ג י״ט) והיתה ביזת הים גדולה, שאז נתקיים להם באמת (שמות ג׳ כ״ב) ונצלתם את מצרים, המְצָרים – היינו עבודה באופן בלתי בעל גבול. ונתקיים להם אחר כך (דברים ד׳ ל״ה) אתה – בעצמך – הראת לדעת, ליחוד זכר ונקבה, כי הוי׳ הוא האלקים אין עוד מלבדו. וחתן וכלה בראותם שגורמים שמחה כה גדולה להוי׳ (תהילים קל״ו ד׳) לעושה, בעולם העשיה, נפלאות גדולות לבדו כי לעולם חסדו, ששים ושמחים במלא מובן המילה.

בני היכלא דכסיפין למחזי זיו דזעיר אנפין, (נוסח זמר מהאריז״ל לסעודה שלישית).

והנה הגעגועים לראות – למחזי –– ולהשיג זעיר אנפין הם עצומים וגדולים מאד . כי כל ענין ז״א לגבי הנוקבא מלא געגועים. בבחי׳ (בראשית רבה ג׳ ט׳) נתאוה הקב״ה, וכפי שאמר אדמוה״ז על התאוה אין להקשות, וע״ז נאמר (תהילים ס״ג ב׳) צמאה לך נפשי, כמה לך בשרי, ועל כמה אמרו (רש״י ראב״ע ועוד) אין לו חבר במקרא, וכל הכתובים מורים על שאין לו אח ובן זוג כערכו. [נוסח ׳אדון עולם׳ – והוא אחד ואין שני להמשיל לו – משל – להחבירה – להיות לו ית׳ כחבר ורע.]

וכאשר בני היכלא, היינו בני מדת מלכות, השכינה כסיפין באהבה – (בראשית ל״א ל׳) נכסף נכספתה, לראות את האור של הז״א, וזה דווקא בזמן שיום השבת בא לגמר ביאתו בסעודה שלישית –– אז לפי שעה ולפי הגעגועים ניתן להם רשות לראות (במדבר ד׳ כ׳) כבלע את הקדש,

קדושתה של שבת, ומוסרים את הנשמה היתירה בבחי׳ מיתת נשיקה והסתלקות.

והנה כח הז״א פועל בכל העולם כולו עד שאפילו עשב השדה אשר זרעו בו ניכר כפעולת ותופעת ז״א בזרע עשב. וכח הזה שורה בכל נברא ונברא, ובו הוא מופיע בלי סובלנות, בלי ארך אפים אלא בהיפך בזעיר אנפין – קוצר רוח – במרץ שרוצה לבוא לבחי׳ בנין עדי עד טרם שיעבור השבת קודש.

והנה בימות החול נמצאים כלבין דחציפין שמבזים ענין היסוד כדבר מגונה ותאוה חומרית שעוסקים בזה לגרמי׳ ואין בזה שום קדושה. (זוה״ק חלק ג׳ קכ״ט.) ובשבת לעת מנחה – מצחא, לבר נטלין ולא אעלין, וישוה לון בנוקביהון, נוקבא דלהון, ולכן אין מפריעין כי גם הם (שמות כ״ב י״ד) באו בשכרן. כי בשבת שורה ענין (משלי י״ג כ״ה) צדיק אכל לשבע נפשו, והכל קדוש. אז ויטמרון בגו כיפין, שאינם מרגישים שום דבר כי אין להם רגש כי נחבאים בתוך הסלע – צור החלמיש ואין הרגש שם כלל.

אבל החש ומרגיש וחוזה בזיו דז״א כי הוא ג״כ מבני היכלא, ורוצה לראות (תהילים כ״ז כ״ד) ולחזות בנועם ה׳ ולבקר בהיכלו, ולהתכלל בזיווג שלו עם הנוקבא אשר גם עתיקא קדישא אזמין בה השתא. אז בא לשיר ידיד נפש אב הרחמים משוך עבדך אל רצונך – יערב לך ידידותיך מנופת צוף וכל טעם, כי נפשי חולת אהבתך, לכן אנא א–ל נא רפא נא לה בהראות לה נועם זיוך.

לע״ע בזמן הגלות יש הרגשה רק של ׳זיו׳ והארה דזעיר אנפין, ולעתיד (מסכת כלה פרק ב׳) צדיקים יושבים ועטרתיהם ב–ראשיהם, בתוך ראשיהם דייקא, שרואים את הכיסופים של המקבל ונהנין ממש מזיו השכינה שעד עתה לא זכו לזה – (עפ״פ ישעי׳ ס״ב ד׳) וחפציבה נעשית בעולה, (יבמות קי״ג.) ויותר ממה שהאיש רוצה לישא, במרץ של (שיר השירים ח׳ ו׳) אהבה עזה ואהבה רבה (עין לעיל ד״ה חכמת נשים), באי סובלנות של ז״א, משא״כ האשה רוצה להנשא ומתאוה, לה מאירה את זיו השכינה. וזהו ענין (משלי י״ב ד׳) אשת חיל עטרת בעלה, (פירוש הגר״א לספרא דצניעותא, פרק א׳) שהעטרה עלתה ממלכות עד המוחין, אמא עילאה, ועוד עד אהבת עולם לאהבה בקביעות שאינה משתנה, לבחי׳ הכתר. והיא משפיעה כשמהפכים את השולחן כי היא למעלה, ויהון הכא בהאי תכא דביה מלכא בגילופין, וצבו לחדא, ורוצים את היחוד בהאי ועדא התועדות של עולם ועד, בגו עירין וכל גדפין מתוך התעוררות בדחילא ורחימא שהם גדפין של הכרובים (זוה״ק ג׳ כ״ח.) שאתם פרחין לעילא. ואם המדות בהתעוררות וגדלות, ויעקב נעשה ישראל סבא, אז חדו השתא דביה רעוה ולית זעפין, וקריבו לי וחזו חילי כי (תענית ד.) הגבורה

מהכח ורתיחא דאוריתא דקא מרתחא, ואין שם דינין דתקיפין אלא הכל בחדוותא דזעיר אנפין.

(ולכן יש להוקיר את הכח המוליד, להגביה שפלים ולא לבזותה, כי על ידה נשלמת הכוונה העליונה)

יקוו המים, (בראשית א׳ ט׳) **שפרשו העליונים מן התחתונים**, **אל מקום אחד ותראה היבשה**, (בראשית רבה ה׳ ד׳).

(ישע׳ י״ב ג׳) ושאבתם מים בששון ממעיני הישועה, ואר״זל (תיקוני זהר דף פ.) מים תחתונים בוכין ואמרין אנן בעינן למהוי קדם מלכא. והבכיה באה מהגעגועים העצומים של המים (זוה״ק חלק א׳ דף רי״ז:) לאשתאבא בגופא דמלכא. הן אמת אשר מים התחתונים צריכים להיות למטה לקיים את היקום. והן אמת שבטבעם המים יורדים למטה ממה שהוטבע בם במאמר ה׳ (בראשית א׳ ו׳) יהי רקיע בתוך המים ויהי מבדיל בין מים למים. אז ניתן להם צו הפירוד אבל מצד ראשית בריאתם המים לחים ומחברים ומתגעגעים לעשות השקה–נשיקה מטעם (שם ב׳) ורוח אלקים מרחפת על פני המים, בקירוב עצום אשר מזה רוצים תמיד לחזור לאשתאבא.

ובסוף כשיותן להם שוב הרשות לאשתאבא במים העליונים אז יהי׳ להם ישועה כללית מה שאין כן עכשיו שיש להם רק מעין מעיני–הישועה, כמו (בראשית רבה י״ז ה׳) ששבת מעין עוה״ב. וכאשר המים (תהילים צ״ג ג׳) נשאו נהרות קולם, ישאו נהרות דחים, מקולות מים רבים אדירים משברי ים, ומקבלים לפי שעה רשות לעלות קצת למעלה. אז ששים ושמחים ורועשים אדיר במרום הוי׳, כי המים בששון.

אותה השמחה יש בה כח לטהר עת הטמא אפילו בזוחלים – בזוחלים ורועדים, כי הם ע״י השמחה מי מעין – מעין – מעין עוה״ב מטעם הרגשתם את טעם הישועה, טעם ההשקה – נשיקה לאשתאבא, שאז ישובו למקורם העליון.

ובזה יש ג״כ הבדל בין מים ששואבים לאשתאבא והם באשבורין, בשברון לב –– היינו במרירו על ריחוקם ובגעגועים עצומים, וגם להם יש כח לטהר, כי הוא ית׳ (תהילים נ״א י״ט) רוצה בשבורי לב. אבל זה צריך להיות בהתיישבות במ׳ סאה ובתוך (ירמי׳ י״ד ח׳) מקוה ישראל, ביחד ובאהבה עם כל ישראל ובתקוה חזקה, (תהילים צ״ד י״ד) כי לא יטש הוי׳ וגו׳ ובהמשכה ג׳ טפחים על גבי קרקע היינו בשברון לב ונמיכות רוח, ואין ההמשכה שאובה ע״י כלים ומלאכותית – *געמאכט* – מה שאין כן אם כבר שאובין כבר מקודם – *זיי זיינען שוין אויסגעשעפט* – כבר נעשה בהם מלאכה אז אין להם כח לטהר.

וכשם שהמים מתאננים ובוכין 'אנן בעינן', ל' תפילה, כך כביכול הקב"ה ג"כ בוכה ובעי (דברים י' י"ב) מה הוי' אלקיך שאל מעמך כי אם ליראה, ויונתן תרגם שואל - בעי. ומה לכם לפחד הלא (תהילים ל"ד י') אין מחסור ליראיו, היינו שאפילו הצמצום הראשון לא יהי' מקור לחסרון. והמים העליונים ג"כ יש להם געגועים למים תחתונים כי מבקשים שהמים תחתונים ישובו אליהם. כך הקב"ה מתגעגע לנשמות ישראל לשוב לאשתאבא בו ית', ואז כל החלקים - (משנה סנהדרין י' א') כל ישראל יש להם חלק, אלו-ה ממעל - ישובו למקורם (דברים ל"ב ט') כי חלק הוי' עמו. ובינתיים יעקב המדרגה הנמוכה הוי רק חבל נחלתו. אותו החבל צנור הוא להמשכת שפע עליון והרהורי תשובה.

והנה כאשר שומעים את הכרוז ושבים ועולים קצת למעלה אז יש כביכול ששון ושמחה (ישעי' ס"ב ה') ומשוש חתן על כלה, שהוא ית' הבא אלינו (יבמות ס"ג.) נחית דרגא נסיב אתתא, והכלה באה לקראתו - לקריאתו - בכלות הנפש להכלל בו ית' ולאשתאבא בגופא דחתן דומה למלך, אז גוברים קולות השמחה והששון על הבכי ונעשה שירות בכושרות, (ברכות ו:) כל הנהנה מסעודת חתן ומשמחו תומך בה' קולות, ושואב גם לעצמו אותה השמחה והששון שיש בו טעם תשובה וטעם כלות הנפש דאשתאבא דלעתיד לבוא.

וכך היא הדרך לישראל שבתחילה (בראשית ל"ב כ"ד) ויאבק איש עמו, ומאבק בא לחבק ומחבק בא לדבק, ואז הוא בא ל-א'ח'ד' ויש חד-ו'ה' ששון ושמחה. וע"פ גימ' אחד 13 י"ג -- א'ה'ב'ה' וב' פעמים אהבה - (משלי כ"ז י"ט) כמים הפנים לפנים, כ"ו כמנין השם הנכבד. וכאשר ז'כ'ר' ו'נ'ק'ב'ה' מתאחדים אז גימ' ש'מ'י'ם', ואין עוד פירוד בין מים למים. ולכן (סוטה ב.) קשה לזווגם כקריעת ים סוף כי חיים אני לעת עתה אחרי המאמר (בראשית א' ו') יהי רקיע, מבדיל.

וע"ז מתפללים אנו 'תתקבל צלותהון ובעותהון דכל ישראל', אנן בעינן למהוי קדם אבוהון די בשמיא ואמרו אמן.

יקוו המים, (בראשית א' ט').

(בראשית רבה ה' ד') שפרשו העליונים מן התחתונים, אל מקום אחד, ותראה היבשה, היש-בה, הי"ה-ש"ב, כי מי המקווה מורים על תכלית המים לטהר את הגוף ולרוות את הנפש, ויש תקוה למים אשר על ידי שהם עושים את המוטל עליהם שהשי"ת ברוב רחמיו יחזיר את המים התחתונים לעליונים ויהי הכל אחד כמו שהיה קודם מאמר יהי רקיע.

והנה ידוע כי מה (תהילים צ"ג ג') שישאו נהרות דכים, משברי־ים, שיש יחס לשטף והגבהת המים לירח כי מצטברים המים כפי מעבר הירח

ברקיע. וטבילת נשים והווסת תלויה בירח. וכאשר האשה נטהרת לבעלה (עיין פרדס רימונים שער ו' פרק ד') והמיין נוקבין מעוררין וממשיכים את המיין דכורין, אז בחיי האדם בעולם הקטן של הזוג אז המים גם כן מביאים לאחדות. וזה גם תועלת למים שעל ידי שיתראה היחוד של הבה–יש היינו שיש יתרון במקבל על המשפיע בסוד (משלי י"ב ד') אשת חיל עטרת בעלה, שהיא כלי לאור ויש בידה ובהסכמתה להביא לידי היחוד מ"נ ומ"ד. אז תראה היבשה היש – בה.

וירא אלקים את כי טוב, (בראשית א' י').

כי באותו היום כתוב ב' פעמים כי טוב. כי בימי הפירוד (איכה ג' כ"ז) טוב לגבר כי ישא על בנעוריו, לשלוט על הכוחות המתעוררים בה עד שטהרה, ואח"כ (משלי ל"א י"ח) טעמה כי טוב שכרה, לכן אפילו בלי–לה לא יכבה נרה, היינו נר הוי' נשמת אדם.

ויש סגולה במים אשר (תניא חלק ראשון פרק א') מצמיחים כל מיני תענוג, ובפרט בימי המקווה בליל טבילה. וזהו ענין (ישעי' מ"ד י"ג) כתפארת אדם לשבת בית, להתיישב ולקרר דעתו בבת י', היינו כאשר נקודת תפארת בהיכלא דמלכות אז נעשה (תהילים ק"ד ה') יסד ארץ על מכוניה, היינו שהצדיק מצדיק את הוי' על ידי מדת היסוד י' סוד. (תהילים כ"ה י"ד) סוד הוי' ליראיו ובריתו להודיעם, היינו שברית וי"ו כמוס בתוך היכל המלכות.

איבעי להו אם האהבה באה מידיעה או הידיעה באה מאהבה.

והנה כתיב (דברים ו' ה') שמע ואח"כ ואהבת, וזה (דברי הימים א' כ"ט ח') דע את אלקי אביך, ואז עבדהו, בלב שלם. ויש אהבה המבקשת (שיר השירים ב' י"ד) הראיני את מראיך השמיעני את קולך, ואז מתגלה הידיעה כי אז מקודם (בראשית כ"ד ס"ז) ויבאה יצחק האהלה שרה אמו, ואח"כ ויאהבה.

ונראה לי כי יש הבדל בין אהבה כמים שהיא באה מידיעה, ויש אהבה (שיר השירים ח' ו') כרשפי אש, שהיא קודמת לידיעה. וכן בבריאת העולמות ג"כ הייתה האהבה של (תהילים פ"ט ג') כי אמרתי עולם חסד יבנה, (שם נ"ב ג') וחסד א–ל כל היום, שזה (ירמי' ל"א ב') אהבת עולם היינו אהבה המביאה לידי בריאת העולם, להוצא מכח אל הפועל את הידיעה על ידי האהבה, כדי לדעת איך ישתלשל הכל, ידיעה ובחירה. ויש אהבה רבה שהיא באה מידיעת (ישעי' מ"ו י') מגיד מראשית אחרית. ושניהם אמיתיים כי הידיעה הבאה מאהבה מביאה לאהבה הבאה מידיעה.

העיקר הוא לדעת באיזה דרך צריכים בעולם העשיה ואיזה ענין די בעולמות יצירה ובריאה ואצילות.

אשר ברא אלקים לעשות, (בראשית ב׳ ג׳).

כי ישנם דברים הצריכים לבא למציאות (שם שם ד׳) **אלה תולדות השמים והארץ**, אותיות ל׳א׳ה׳ (תהילים קי״ג ט׳) **אם הבנים שמחה**. כי מראָה באצבע (בראשית כ״ט ל״ב) ראו–בן, ויש (משנה אבות ב׳ א׳) כל שהיא תפארת – בשיקול הדעת והבריח התיכון מבריח מן הקצה אל הקצה (עיין זוה״ק חלק בק דף קע״ו.) – לעושיה ותפארת לו מן האדם, אד״ם גמ׳ מ״ה. האד״ם גמ׳ נו״ן הרומז לנ׳ שערי בינה. היינו שהבינה תלמד אם להביא לידי עשיה או די לה בתענוג ההבנה בבריאה. והוי׳ הטוב יאיר עינינו להבחין ביניהם.

כה אמר הוי׳ זכרתי לך חסד נעוריך, **אהבת כלולתיך**, **לכתך אחרי במדבר בארץ לא זרועה** (ירמי׳ ב׳ ב׳).

(נוסח התפלה) וזוכר חסדי אבות ומביא גואל לבני בניהם למען שמו באהבה. ויש גם בחינת (תהילים ע״א ט׳) אל תשליכני לעת זקנה, ועוד, (שם נ״א י״ג) ורוח קדשך אל תקח ממני, כי כמו במשל קוב״ה וישראל שזה בדוגמת בעל ואשתו, יש שהאהבה נתקררה והתחושות של קירבה נתדלדלו עד שאינם יודעים למה הם ביחד ובברית כי אינם שבעים רצון א׳ מחברו.

ואף שבנשואיץ שלהם נשבעו באהבה רבה ואהבת עולם, אבל מי יכול לחייב תחושות מציווי ובדרך גזרה, ויש ששניהם רוצים שוב לחדש אהבתם כי בלי זאת החיים נמאסים ובריתם ככלא. וכאשר אבוד החן ביניהם כל מה שא׳ עושה מקבל פשר רע בצרות עין, ושניהם זוכרים את האהבה העתיקה בעגמת נפשם, ומאשימים א׳ את חברו בבגידה בברית. וכן בדוגמא שלמעלה יש סיכסוך כזה שהוי׳ אומר אלינו (זכרי׳ א׳ ג׳) שובו אלי, ואז, ואשוב אליכם, ואנו מבקשים (איכה ה׳ כ״א) השיבנו הוי׳ אליך ונשובה חדש ימינו כקדם. המסקנה היא שצריך להיות (תהילים פ״ה ה׳) שובנו אלקי ישעינו, כל א׳ מבקש מהשני להתחיל בתשובה ואין פשרה אחרת אלא ששניהם כאחד צריכים להתחיל, ובזה יש צרה כי לזה גם כן צריכים מקודם לשלום בית.

והנה יש כמה פרצופים בזיווגי זו״ג. בזוג מסוג א׳ מוצאים שהעיקר תלוי בבעל, והיא מתחננת ומבקשת קח אותי חזרה ונחי׳ בשלום. אך הרבה פעמים אין זה מועיל כי אין בבקשתה כח לפעול אצלו כי אין לה חן בעיניו. ויש שהוא מבקש שובי את מקודם להראות לי פרחי אהבתך לתקן לנו ערש אהבה ואז אהפוך אני שוב לאוהב ג״כ. וגם זה לא יועיל דרך כלל,

כי איך תדע היא איך לשוב אם הוא לא יראה לה חיים וטוב, כי איך תדע היא במה לרצותו.

ועוד הרבה תלוי במה שאמר שלמה המלך בחכמתו (קהלת ג׳ א׳) לכל זמן ועת לכל חפץ, (שם שם ה׳) עת לחבוק ועת לרחוק וגו׳, וכשעברו ז׳ שנות השׂובע יכול להיות ז׳ שנות הרעב. וגם יש זיווגים לזמן, זה זמנו ארוך וזה זמנו קצר. ולפעמים כל הענין להביא נשמה לתוך גוף בזמן שאוהבים, (משנה אבות ה׳ ט״ז) והיתה האהבה תלויה בדבר, ועבר זמנו בטלה קרבותם. ולזה מי חכם לתת עצה איך לחדש את האהבה ולהחזיק בברית, שעכשיו הוא מרוכז בבנים אם אין בהם יחס גומלים של נדיבות לב הבאה ממקור אהבה. וכבר יציבא מלתא (ס׳ פרי עץ חיים – שער יום הכפורים פרק א׳) אין הדינים נמתקים אלא בשרשם, ובשורש הברית נכרת מעולם האחדות כי ראו איש ברעהו את השלמות המשלימה בב׳ משמעות. א׳ משלימה בשלמות כי מה שחסר לזה יש לזו, וכן במקביל, (עיין ס׳ מי השילוח, חלק א׳ פ׳ בראשית, ד״ה ויאמר אל האשה). והב׳ לעשות שלום צריכים לעשות שלום במרומים כדי שיעשה שלום עלינו למטה. ומקום האחדות בו ראו איש ברעהו את ההשלמה שהם זקוקים לה, וזה ענין מציאת חן א׳ בעיני חברו, ובעולם האחדות הרואה והראיה והנראה הם אחד, (עיין מורה נבוכים חלק א׳ פרק ס״ח).

אח״ד בגי׳ אהבה, בו ההשלמות למעלה מהשניות, למעלה מ׳אני – ואתה׳, וזה בטעם כח המפליא לעשות המושרש בבחי׳ אחד-יחיד-ומיוחד. כי שם אין הדברי הימים מגיעים, כי עם הקדמות (תרגום אונקלוס בראשית א׳ א׳) בראשית – בקדמין, וזה החדש ימינו כקדם.

ויתן ה׳ שנוכל אחרי החורבן לבוא שוב לאותה המדרגה שהיינו בה קודם שנחרב ה׳בית׳, שאז (סנהדרין ע״ה.) לא הי׳ טעם ביאה פגום כמו ל״ע. אחר החורבן שניטל טעם ביאה וניתן בעריות לעוברי עבירה. כי אף שיש טובות זכרונות יש גם כן הרבה אשר לא נמרק ונשטף הטעון בירור ותיקון שיש בו משום (שמות ל״ב ל״ד) וביום פקדי ופקדתי, (ילוקוט שמעוני, שמות ל״ב – רמז שצ״ג).

בינתיים יש לכה״פ העצה טובה אשר שניהם יזכרו אהבתם בבחי׳ (ירמי׳ ב׳ ב׳) זכרתי לך חסד נעוריך אהבת כלולתיך, אף על פי שבינתים הגיעו למדבר אשר אין בו מים, לכתך אחרי במדבר בארץ לא זרועה. והבעש״ט הקדוש נתן עצה שהזוג יקראו את הכתובה וזה יועיל לשלום בית.

הוראית לחתן ולרעיתו

הנה העדים יעידו בנוסח הכתובה שתאמר להדא בתולתא בזה הלשון, ומזוניכי וכסותיכי וספוקיכי ואיעול לותיכי כאורח כל ארעא. וכן מצינו אצל בנות לוט שאמרו (בראשית י״ט ל״א) ואיש אין בארץ לבוא עלינו כדרך כל הארץ: ותרגום אונקלוס שם וז״ל וגבר לית בארעא למיעל עלנא כאורח כל ארעא. ובחרו חז״ל דייקא האי לישנא שהשתמשו בה בנות לוט בנוסח הכתובה להורות שאתה החתן מחייב את עצמך למיעל לאשתך כלתך בקום ועשה כדאיתא בגמ׳ (נזיר כ״ג.) משל ללוט ושתי בנותיו עמו הן שנתכוונו לשם מצוה וצדיקים ילכו בם וכו׳ עיי״ש. והנה כתיב (שמות כ״א י׳) שארה כסותה ועונתה לא יגרע: דהיינו שלא תתן גרעון לגבי קרובי אשתך שהם שאר בשרה, ולא תתן גרעון בעניניה הפרטיים הצריכים להיות מכוסים, לא לדבר על עניניה לפני אחרים. ולא תתן גרעון בענין עונתה לראות בעניני המצווה הראשונה ככיעור בהמי אלא לראותם כשער ליחוד בדוגמא של מעלה. וכל אלה צריכים באור.

איתא (חגיגה פרק ב׳) אין דורשין בעריות בשלשה: זאת אומרת שהקונטרס הזה אינו להיות להדבר בשלשה כי אני מדבר רק אליך הקורא לטובתך.

בדרך כלל מוצאים אנו הרבה חומר מוסרי לענין המין, ובדדי הוי מלתא וגם בחיי הרבה בחורים שלמדו תורה והיו זהירים בהבטת עין ובכבישת היצר, שהיו לומדים קודם החתונה בספרים כמו טהרת ישראל חוץ ממה שלמדו על הלכות נדה וספרי מוסר. וכל מה שלמדנו הי׳ בעניני שב ואל תעשה ולא בקום ועשה.

המשפיע שלי פעם בהתועדות אמד בדרך צחות -- אם ישא ליטוואק אשכנזי אשה תימנית היה זה בוודאי מין נשואי תערובת --- אבל המרחק בין זכר ונקבה יותר גדול ממרחק הגזע. צריכים לדעת אשר בנשואין יש עוד הפעם ירידת נשמה לתוך גוף שלא למד דא״ח.

כשבאתי לקבל ברכת כ״ק אדמו״ר (הריי״צ) נ״ע אמר אלי ״אפרוי דארף מען גוט פארשטייען״ צריכים להבין היטב מה זאת אשה. לדאבוני לא שאלתי אותו אז על פירוש דבריו ומתוך זה היו לי הרפתקאות שלא שיערתי לי.

מה הגיע אלי בחיי מאותה ההבנה שהרבי והחיים לימדוניו

חז״ל אמרו (סנהדרין כ״ב:) ״אין האשה כורתת ברית אלא עם מי שעשאה כלי״ כי הרבה מן השלום בית והתחושה של אהבה תלוי בביאה הראשונה, בה נעשה אותו כריתת ברית. ואפשר שלזה כוונו בפירושם על הפסוקים, (דברים כ״ד ה-ו) כי יקח איש אשה חדשה וגו׳ לא יחבל רחים

ורכב וגו׳ ותרגמו (יונתן בן עוזיאל וירושלמי שם) ולא תהוון איסורי חתנין וכלין ארום כל דעבד אילין כפר בחיי עלמא דאתי: שבזה שאתה חוסר ידיעה איך לשמח את אשתך בביאה ראשונה נתחייבו המחנכים שלך בגדר חובל רחיים ורכב, דהא רובא דרובא בחורים שנכנסין לחופה אין להם שום השגה ותיאור של אברי המין של האשה ואיך לעוררם. חוץ מזה אין להם השגה ודמיון על חויה הפנימית של הכלה שלהם ומדמים לפי הרגשת עצמם שגם זה קורה בנשיהם. הבחור כשיש לו קשוי אבר וחש אשר בעוד רגע יפלוט ש״ז ולפי דאגתו רוצה להכנס לתוכה בחזקה כדי שלא יוציא ז״ל חו״ש בוודאי יקלקל את הכריתת ברית. גם אינו חושב שההפרשה בין הביאה ראשונה לטבילה תהיה של י״א ימים ולמה ימהרוו

אף שדורשים שהביאה צריכה להיות בשקט יש מה ללמוד מן הגמרא (ברכות ס״ב. ורש״י שם) רב כהנא על גנא תותיה פורייה דרב (תחת מטתו) שמעיה דשח ושחק (עם אשתו, שיחה בטלה של ריצוי תשמיש) ועשה צרכיו (ושימש מטתו) אמר ליה דמי פומיה דאבא כדלא שריף תבשילא (כאדם רעב, כמו שלא שמשת מטתך מעולם שאתה נוהג קלות ראש זה לתאותך) אמר ליה כהנא הכא את פוק דלאו אורח ארעא אמר לו תורה היא וללמוד אני צריך, עיי״ש.

כל ביאה שאין עמה מן הפיוס והחמדה אין בה משום מיין נוקבין. זאת אומרת שאברי המין של האשה אינם מוכנים לכניסה עד שתחפץ. על אחת כמה וכמה כשהוא דוחק עצמו להכנס כלומר בלי רשות והזמנת גופה אז מביאה לצער וברית כרותה שלא תאבה ולא תחמד להזדווג מעצמה ותמיד יצטרך לאיזה כפיה מצדו - ליל טבילה מצוה וכו׳

למוד נא משיר השירים בלי שום פירושים רק הפשט של בינו ובינה ותמצא כבר בתחילה אומרת ישקיני מנשיקות פיהו - וראה מה שבעל התולדות יעקב יוסף (פ׳ וארא) מביא מרבו הבעש״ט וז״ל וכמו ששמעתי בשם מורי מה שנאמר לו משמים טעם איחור ביאת משיח, שאין מאריכין באהבה רבה סוד נשיקין שקודם הזווג, כדי לעורר תאוותה שתזריע תחלה ותלד זכר שהוא רחמים ודפח״ח, עכ״ל.

ולא לבד הנשיקין בשפתים אבל ג״כ לחבק ולחבב כל אבר לאט ובחיבה של הוקרה אל שאר הגוף טרם הנגיעה באבר המין.

ובאמת העונה הקדושה היא מעין כניסה לפרדס וזכור כי רבי עקיבא נכנס בשלום וברצוי אשתו -- ויצא בשלום.

ובספר לקוטי תורה מהאר״י ז״ל פרשת וירא (בביאור הזוה״ק שמות קמו.:) וז״ל כמו שהזווג הראשון בעילה ראשונה עושה אותה כלי ונדבק בה האי רוחא כן הענין בנשיקין כי נשיקה ראשונה שהחתן נושק

לכלה נעשית בה רוחא דנוקבא בסוד יסוד העליון דבינה הנתונה בפי הנוקבא וההוא רוחא קדמאה של אותו הנשיקה נשאר שם תמיד לצורך שאר הזווגים של הנשיקה שיהיה משם ולהלאה, ודע כי הנשמות הבאים מנשיקין גדולים הן מאותן הבאים מזווג התחתון של תשמיש עכ״ל. ודייקא ר׳ עקיבא הוא הנשמה הטהורה הנשגב והנעלה, נולד נשמתו מן הני נשיקות שנשק אברהם לשרה כל הימים שהיתה שרה עקרה וישבו בחרן, כמו שנאמר (בראשית י״ב ה׳) ואת הנפש אשר עשו בחרן וגו׳ היינו נשמות גרי צדק היא נשמת ר׳ עקיבא כידוע ליודעי חן.

וכן ע״י מדת אהבה שהוא נשיקין וישק יעקב לרחל, היה מספיק בידו לגול האבן ביחיד, כי מדת אהבה קושר כל רמ״ח איברים ושס״ה גידים כמו שכתב בספ׳ ראשית חכמה (שער הקדושה) שכל האברים צריכים לתת רשות להטיפה לצאת -- כך על כמה וכמה צריכה הכלה לחוש שאתה אוהב את כל אברי גופה - לכן תקח לך פנאי לעבור על כל גופה בחיבוק ונישוק עד שתתעורר באמת בתשוקה כבירה שתבוא לגנה.

ולא לחנם השתמשו חז״ל בלשון ׳תשמיש המטה׳ ויש בזה רזין דרזין, כי רמזו בדבריהם למה שדשרשו בגמ׳ בשם רשב״י (ברכות ז׳:) גדולה שמושה של תורה יותר מלמודה שנאמר (מלכים ב׳ ג׳ י״א) פה אלישע בן שפט אשר יצק מים על ידי אליהו: למד לא נאמר אלא יצק מלמד שגדולה שמושה יותר מלמודה, ע״כ. ומתוך דבריהם למדין שגדול מצות תשמיש המטה דהיינו חיבוק ונישוק וכדומה יותר ממצות ביאה לבד. וכן מבואר מדברי יעקב אבינו שאמר (בראשית כ״ז י״ב) אולי ימשני אבי וגו׳, שפחד אולי בברכו יצחק אביו ברכת עשיו יכניס בו אביו הנאת תשמיש, וזה אולי ימושני אבי יכניס בי הנאת תשמיש כעשיו אחי ולא יהיה בי אפשרות להמלט ממנו ולאחוז במדת פרישות מדת יוסף כדלעיל, והבאתי עלי קללה ולא ברכה, פירוש שזה לא נחשב לו ליעקב אבינו לברכה שלא יכול להשמט מהנאת תשמיש, והיה נדמה בעיניו כקללה ר״ל. אולם רבקה אמו אמרה לו שלא יבוז בברכת עשיו כי גם זה יצטרך לו לעבודתו הקדושה. ורבקה עצמה למדה זאת מהנהגתה עם יצחק אבינו שהיה משמחה בתשמיש כדכתיב (בראשית כ״ו ח׳) וירא והנה יצחק מצחק את רבקה אשתו: וכפרש״י שם שהיה משמש מטתו. הוא הוא יצחק אבינו שאמר (שם כ״ז ד׳) ועשה לי מטעמים כאשר אהבתי והביאה לי ואכלה בעבור תברכך נפשי וגו׳, שיצחק אבינו לא פחד להנות מעולם הזה כאצבע קטנה, ושמח את אשתו כדכיאות וכל ימיו חיו שניהם יצחק עם רבקה חיים של אושר ושמחה, ולא נמצא בביתם תקלה או קטטה כמו שהורגל להיות אצל אברהם ויעקב.

השבחים להגיד לה שהיא באמת יפה ‎-- נָאווּ לְחָיַיִךְ בַּתֹּרִים צַוָּארֵךְ בַּחֲרוּזִים ‎-- ‏   הִנָּךְ יָפָה רַעְיָתִי הִנָּךְ יָפָה עֵינַיִךְ יוֹנִים ‏ דו שיח כמו ‏ כְּשׁוֹשַׁנָּה בֵּין הַחוֹחִים כֵּן רַעְיָתִי בֵּין הַבָּנוֹת: ‏   כְּתַפּוּחַ בַּעֲצֵי הַיַּעַר כֵּן דּוֹדִי בֵּין הַבָּנִים בְּצִלּוֹ חִמַּדְתִּי וְיָשַׁבְתִּי ‎-- וּפִרְיוֹ מָתוֹק לְחִכִּי.

ראשית חכמה בענין הבגדים שלא יהיה חציצה

והסיפור משער האהבה

ופירש הרשב"י בתיקונים (תקון נ"ח) ז"ל, ובההוא זמנא דאתפשטת מאלין לבושין אתיחדת עם בעלה בקירוב בשרא, הדא הוא דכתיב (בראשית ב' כ"ג) עצם מעצמי ובשר מבשרי לזאת יקרא אשה כי מאיש לוקחה זאת על כן יעזב איש את אביו ואת אמו ודבק באשתו והיו לבשר אחד, דכך דרכה לאתייחדא דכר ונוקבא בקירוב בשר ודא דיבוקא דיחודא דלעילא דלא יהא דבר חוצץ, ובגין דא אוקמוה מארי מתניתין דבר נש מצלי ומיחד קודשא בריך הוא בשכינתיה דלא יהא דבר חוצץ בינו ובין הקיר בלא פירוד וקצוץ בין קודשא בריך הוא ושכינתיה, ורזא דמלה (שם ג' א') ויהיו שניהם ערומים האדם ואשתו, ערומים בקרוב בישרא בלא לבושא כלל, עכ"ל:

וכן נלמד ממעשה אחד שכתב הרב יצחק דמן עכו ז"ל, אמר, כי יום אחד מן הימים יצאה בת המלך מן המרחץ וירא אותה איש מיושבי קרנות ויאנח אנחה גדולה ויאמר מי יתן אותה ברשותי לעשות בה כטוב בעיני. ותען בת המלך ותאמר לו, בבית הקברות יהיה זה ולא הנה. כשמעו דבריה אלה שמח כי חשב שאמרה לו ללכת אל בית הקברות ולשבת לו שם, והיא תלך אצלו ויעשה בה כטוב בעיניו. והיא לא לזה נתכונה אבל רצתה לומר כי שם דוקא ישוו הקטן והגדול הנער והזקן הנקלה והנכבד (איוב ג' י"ט) קטון וגדול שם הוא, שמה יהיו שוים הכל, אבל הנה לא. כי בת מלך לא יתכן שיקרב אליה אחד מן ההמון. ויקם האיש ההוא וילך אל בית הקברות וישב לו שם ויקשר מחשבת שכלו בה ותמיד יחשב בצורתה, ומרב חשקו בה הפשיט את מחשבתו מכל מרגש ושם אותה כלה בצורת האשה ההיא וביפיה ויום ולילה תמיד ישב בבית הקברות, ושם יאכל וישתה ושם יישן כי אמר אם לא תבא היום תבא למחר, כן עשה ימים רבים. ומרב פרישותו מכל מרגש לקשירת מחשבת שכלו בדבר אחד תמיד והתבודדותו וחשקו הגמורה, נתפשטה נפשו מהמרגשות ושבה להדבק במשכלות עד שמכל מרגש נתפשטה, ואפלו מהאשה ודבקה בשם יתברך, עד שלימים מעטים פשטה כל מרגש וחשקה במשכל האלהי ושב להיות עובד שלם איש האלהים קדוש, עד שתפלתו נשמעת וברכתו פועלת לכל עוברי דרכים אשר יעברו דרך שם, וסוחרים ופרשים ורגליים אשר יעברו דרך שם יטו אליו ויקבלו ברכתו עד שהלך שמו למרחוק, עד כאן לשונו לעניננו. ועוד האריך שם במעלת הפרוש הזה, וכתב שם ה"ר יצחק דמן עכו עליו השלום במעשיות הפרושים שמי שלא חשק לאשה הוא דומה לחמור ופחות ממנו, והטעם כי מהמרגש צריך שיבחין העבודה האלהית כדפירשנו, ובזה יובן פירוש מלת חפץ על מתכונתה (מראשית חכמה שער הקדושה י"ז)

בנוסח שבע ברכות אומרים אשר יצר את האדם בצלמו בצלם דמות תבניתו והתקין לו ממנו בנין עדי עד ברוך אתה יי׳ יוצר האדם: הנה בנין עדי עד לא נכתב אלא לגבי דוד כדכתיב בתהילים (קל״ב י״א–ב) נשבע יי׳ לדוד אמת לא ישוב ממנה מפרי בטנך אשית לכסא לך: אם ישמרו בניך בריתי ועדתי זו אלמדם גם בניהם עדי עד ישבו לכסא לך: ולמה בחרו חז״ל זה הלשון של בנין עדי עד לברך חתן וכלה באחד השבע ברכות. להורות להם שבזה הענין חייבים לעזוב מדת יוסף הצדיק מדת יסוד לאחוז ולהחזיק במדת יהודה מדת מלכות. כי אחד החילוקים העיקרים בין יהודה ליוסף הוא בעסק פו״ר. כי יוסף היה שומר עצמו בפרישות עצומה כידוע, וע״ז דקדוק עמו הש״י ג״כ עד כחוט השערה כי אף שהמדות הללו טובים, מ״מ צריך האדם לבטוח בה׳ ג״כ כי הנעשה מצד האדם אינו בנין עדי עד כי אף שיוסף פעל בשמירתו מאד, אשר ממנו יצאו כל מלכי ישראל הנקראים גדולים כדאיתא במדרש וכו׳ אך נאמר עליהם (מלכים א׳ י״א ל״ט) אך לא כל הימים: היינו כי בנין עדי עד אינו שייך לחלקם רק לחלק יהודה כי אף שעל כל הששת אלפים שנה פעל יוסף בצדקו שיעמוד בעולם. אך בנין עדי עד זה שייך ליהודה, כדאיתא בספר מי השילוח (פ׳ וישב)

ובא בנוסח השבע ברכות להורות דייקא כי כאן חייב החתן לשמט ידו ממדת יוסף הצדיק להאחז במדת יהודה שאמרו עליו חז״ל (בראשית ל״ח ט״ז) ויט אליה אל הדרך וגו׳ ואיתא בב״ר (פ״ה ט׳) אר״י ביקש לעבור, וזימן לו הקב״ה מלאך שהוא ממונה על התאוה וכו׳. ומזה המעשה דייקא נצמח בנין עדי עד ולא ממעשה יוסף הצדיק, וכן ממעשה בנות לוט כדלעיל.

ועיקר החילוק בין יוסף ליהודה הוא בענין הכוונה, שיוסף אי אפשר לו להתעסק בפו״ר אלא בכוונה ושמירה ופרישות. ויהודה מתעסק בלי כוונות קדושות וטהורות, כמו שאנו למדין מן המקרא שכל זמן שיהודה בקש לו דרך חסידות וטפס מדת יוסף אז הבנים שנולדו לו ער ואונן מתו ר״ל, שלא היה בהם חיות וקיום עדי עד. עד שבא לשכחא לגמרי במעשה תמר שלא חשב כלל לכוונות קדושות וטהורות אז דייקא נולד ממנו בנין עדי עד, זרעא חיא וקימא.

שמח תשמח רעים האהובים כשמחך יצירך בגן עדן מקדם ושם לא יתבוששו (דברים כ״ד ה׳) וְשִׂמַּח את אשתו כתיב.

וכדפרש״י שם – ישמח את אשתו ותרגומו ויחדי ית אתתיה והמתרגם ויחדי עם אתתיה טועה הוא שאין זה תרגום של וְשִׂמַּח אלא של וְשָׂמֵחַ עיי״ש.

הענין של החתן שאינו מחויב בק״ש כי הביאה הראשונה יחוד ביאת מצוה עולה על היחוד של שמע. מוהר״ן מברצלב אמר שלצדיקים

גדולים אין הפרש בין תפילה לזיווג – ועמך כולם צדיקים – קידושין על מנת שאני צדיק גמור – מקודשת.

לעזרה לביאה ראשונה כי עד כאן למדו רק על שב ואל תעשה ועכשיו בענין קום ועשה

כל הפסוקים בשה"ש מורין על העונג בריאת האהוב/ה שניך/עיניך שוקיו/שעריך

אם הכלה רוצה לגלח או לקצר אר השערות טוב לחכות עד אחר ביאה ראשונה

כי לפי ענין הנסירה הבן/בת זוג מציאה של אבידה לכן אל ימהר לבעל כי כפי שעשאה כלי כך יהיה חיי המין שלהם

המקובלים דברו על ענין מיין נוקבין צריך החתן מתוך דיבורים של אהבה דשח כדי לפייסה ושחק ועשה צרכיו

קודשא בריך הוא סייע ביה דתנינן שכינתא שריא על ערסייהו ורעותא דילהון בדבקותא חדא הוה בה בשכינתא ועל דא לא אתעדי שכינתא מההוא ברא דאולידו לקיימא, דכתיב והתקדשתם והייתם קדושים, בר נש מקדש גרמיה מלרע קודשא בריך הוא מקדש ליה לעילא כמא דרעותא דילהון הוה בדבקותא דשכינתא הכי אתדבקא שכינתא בההוא עובדא ממש דעבדו

ואם תאמר אם יקדש האדם מחשבתו ויסלקה מלחשוב בגשמו' לא יבא לידי קישוי לעולם והיאך אפשר שיהיה זווג נשמה עתה בזמנינו והיותו בקדושה דהא תרתי דסתרן אהדדי, יש לומר כי דרך התקדש האדם למדנו רשב"י ע"ה בכמה מקומות, האחד ברעיא מהימנא (פ' צו ריש דף ל"ד) זה לשונו, וקרבן דאתוון אינון י' באיש ה' באשה ו' בבן חתן ה' בכלה. זכאה איהו מאן דמקרב אתוון דידו"ד ביה ובאתתיה בבריה ובברתיה בקדושה בברכא בנקיו בענגוה ובבשת פנים ובכל מדות טבין דכתיבין על מארי מתניתין ומתחממין באישין קדישין דאש ואשה דאינון אש עולה ויורד קדש דעצי המערכה דאינון עצי הקדש איברין קדישין ואש של גבוה נחית דאיהו קדש הקדשים ובגין תרין אישין אלין אמר הנביא (ישעיה כ"ד י"ד) על כן באורים כבדו ה': דאינון אשין דשכינתא רבה כי ה' אלהיך אש אוכלה הוא, ואינון אש עילאה כסא רחמים אש תתאה כסא דין, והיינו בינה ומלכות, מלכות אש עולה לבינה אש יורד ידו"ד

כמי שכפאו שד דאיהו שד מן שדי דבההוא זמנא אתעבר מתרעא ודא רזא דמזוזה

ופירש הרשב"י בתיקונים (תקון נ"ח) זה לשונו, ובההוא זמנא דאתפשטת מאלין לבושין אתיחדת עם בעלה בקירוב בשרא, הדא הוא

דכתיב (בראשית ב׳ כ״ג) עצם מעצמי ובשר מבשרי לזאת יקרא אשה כי מאיש לוקחה זאת על כן יעזב איש את אביו ואת אמו ודבק באשתו והיו לבשר אחד: דכך דרכה לאתייחדא דכר ונוקבא בקירוב בשר ודא דיבוקא דיחודא דלעילא דלא יהא דבר חוצץ, ובגין דא אוקמוה מארי מתניתין דבר נש מצלי ומיחד קודשא בריך הוא בשכינתיה דלא יהא דבר חוצץ בינו ובין הקיר בלא פירוד וקצוץ בין קודשא בריך הוא ושכינתיה, ורזא דמלה (שם ג׳ א׳) ויהיו שניהם ערומים האדם ואשתו: ערומים בקרוב בישרא בלא לבושא כלל, עכ״ד אחר הנסירה מוצאים שוב את חלקו הנאבד

סוד יְהוָ״ה לִירֵאָיו וּבְרִיתוֹ לְהוֹדִיעָם: (תהילים כ״ה י״ד)

סוד הוי׳ ליראיו, זו סוד של שם הוי׳, וכבוד אלהי״ם הסתר דבר (משלי כ״ה ב׳)

מצד חסד א״ל כל היום (תהילים נ״ב ג׳) אי אפשר שיהי׳ מה שהוא כמוס בסוד כי כולו השפעה שפע רב וגמילת חסד, ואין לו שם בסוד. ומצד גבורה אי אפשר שהסוד תתגלה, דהא כבוד אלהי״ם הסתר דבר.

לכן הסוד האמיתי שיש בו רז למעלה מטעם ודעת שזה סוד אמיתי דלא אתרמז בשום אות וקוץ דבחינת כתר, דווקא מתגלה בז״א בתפארת דייקא מדת הרחמים, שם הוי׳ דלעילא מתגלה בשם הוי׳ דלתתא, תפארת דיצירה, וזה סוד יהו״ה.

הכלל הוא ששם הוי׳ סוד עמוק, כי החרדים והיראים פוחדים משם אלהי״ם מידת הדין השופט דינא, א״דני, דמלכותא דינא – ויש דין ודיין, אבל לגבי מדת הדין אין תשובה מועלת כי התשובה ששבים אל הוי׳ – שובה ישראל עד יהו״ה אלוהי״ך (הושע י״ד ב׳) שמדת הרחמים נעשה לו כטבע (הטבע בגי׳ אלהי״ם כמבואר בפרדס רמונים שער י״ז ב׳) לכן שמע ישראל יהו״ה אלהינ״ו יהו״ה אחד (דברים ו׳ ד׳). ומזה בא ל׳ואהבת׳ (שם ה׳).

וסוד הוי׳, ושמי יהו״ה לא נודעתי להם (שמות ו׳ ג׳) ומי הוא שיש לו שייכות לסוד הוי׳ו ׳אל יריאיו׳ היינו אלה שבריתם מודיעם, שבחיבורם עם נשיהם בנחת ובחמלה ורחמי ידידות, ולא בגבורה דדוחקא, וגם לא בפזיזיות של חסד המתגבר ושל מיין דכורין הבאים קודם למיין נוקבין, אלא בהתעוררות מ״ן בתחילה בסוד נשיקין פה אל פה אדבר (במדבר י״ב ח׳), ונפשי יצאה (שיר השירים ה׳ ו׳), אז משפיע למקבלת המתאבה לשפע. וע״י מצוות חיבור ברחמים – תפארת הנוקבא נעשית כתר ועטרת בעלה (משלי י״ב ד׳) והיא משפיעה לו.

והקב"ה מנשק ומגפף דמות דיוקנו של יעקב אבינו, תפילין דמרי עלמא מה כתיב בהוו (שבת ו'.) ומי כעמך ישראל גוי אחד (שמואל ב' ז' כ"ג) בעלי יחוד. ומי שבא בברית כזה מבין את הסוד של משפיע ומקבל, שלא בא בבחינת פועל על הנפעל אלא בבחי' גמולי אהדדי, כי טובים דודיך מיין (שיר השירים א' ב') ונכנס יין ויצא סוד (עירובין ס"ה.) כי שם ע"ב גימ' בסוד.

אבל מתיחס לברית בשקוץ ותיעוב ועושה מעשה כאילו כפאו ונעשה כשד אינו בא בסוד כלל ועיקר.

א"כ למה ענין זה סוד ל'יריאיו' ולא לאוהביו כי מאוהביו שצאת השמש בגבורתו (שופטים ה' ל"א) להם הדבר פשוט בתכלית הפשיטות ואין זה 'סוד' כלל, כי לפי דעתם כולם יודעים את הענין, אבל יריאיו שלפי טבע מדותיהם קשה להם להבין איך חיבור זו"נ יכול להביא לאור גדול כזה זקוקים שהברית יודיעם.

ובימים אלו שאין אנו מבטים את השם כראוי לו אלא מחליפין את השם בשם אדנות, דינא קשה, עוד יותר קשה לבא לסוד העמוק הזה.

ע"כ אנו מתפללים בברכת חתנים – שמח תשמח רעים האהובים כשמחך יצירך בגן עדן מקדם.

על תקון הברית

אשרנו שהיה לנו הבעש"ט והחסידות, מה טוב חלקנו מוהר"ן ז"ל ומה יפה ירושתנו התוה"ק. כי אנו באלף הששי בחי' יסוד (תהילים קל"ז ז' – ערו ערו עד היסוד בה, עיין זוה"ק חלק ב' דף ר"מ. וד"ל) וברית. ועלינו לעסוק בתיקון הברית, ובד"כ כשכתבו רבותנו ע"ז כתבו על עון הוצאת ז"ל כפגם הברית, ורבינו רבי נחמן ז"ל גילה לנו את התקון הכללי, ועל–ידו פתח לנו שערי תשובה ותקון הברית.

בחורים שלמדו גפ"ת בישיבות מצאו חומר רב על מה שאסור להם קודם שנכנסו לחופה, אבל מה שצריכים לדעת ג"כ, זאת אומרת, איך להתנהג בענין (דברים כ"ד ה', ועיין רש"י שם) ושמח את אשתו אשר לקח. ואיך לקדש הזיווג גם בקום ועשה, ואיך להתנהג שלא לצער את עצמו ואת זוגתו. ובדרך כלל אם זוכין יש לבחור מי שידבר אתו להכין אותו איך להביא את אשתו למ"ן קודם מ"ד. והרבה ממה שבחורים מוצאים בספרים מפחידם מהרגש מיני, אף שתאבים ואפילו חולמים מזה אעפ"כ לבם נוקפם. גם זה צריך להיות מבואר להם באר היטב, חוץ מההלכות על ווסתות ופרישה.

והנה הענינים שנדרשים בספר ראשית חכמה ושאר ספרים דנים ע״פ רוב בכללות שמירת המחשבה ובכוונות לזיווג, ונמסרים לזכרים לכוון בהם עד הרגע בו צריכים כל האברים להסכים עם הגמר הטוב. אבל הכוונות שהנשים הצדקניות צריכות לכוון בהם הן בד״כ לכוון על זש״ק, לזכות לבן תורה, לגדלהו לחופה ולמעשים טובים, ודי בזה. והנה מתרבות ב״ה כעת נשים בעלות ידיעות רחבות, בידיעות הספר ובידיעת המציאות, בעלות תפילה והתבוננות בח״ן וכאשר צריכים לבא לדעה אחת, דעה קדושה אין לנו חומר מודפס במקום אחד.

כי תקון הברית צריך להיות בינו ובינה ולאו דווקא מיוחד לתעניות וסיגופים ותשובת המשקל על הגבר לבד. כי הברית לפעמים נפגם חלילה במעשה ובמכשול ולפעמים בתחושת הלב ושימת חן. לפעמים, לא עלינו, דינין מתעריך בינו לבינה ולולא שהיו בקשר נשואים לא היו דרים בדירה אחת. וכמה פעמים אי אפשר לתקן פגם הברית בין אלו שהיו ריעים אהובים, וכבר צווחו על זה כי אין הדינין נמתקים אלא בשורשים וצריכים להעלות את הדו–שיח למדרגה יותר גבוהה, לעולם בו מדובר מעניני (זוה״ק חלק ב׳ דף ק״י.) איתן דקדושה. ואם הדינים בעולם היצירה בתחושות הלב בה עבר המשקל בין אהבה ליראה ושנאה אז צריכים לעלות לעולם המחשבה, עולם הרעיון והערכים ולאמר לפי שעה של התבוננות (ויקרא כ״ז ב–יב) ערכך עלי (עיין היטב לעיל בענין ערכך –– במדבר) היינו אביטה נא על סיכסוכנו בעינים וערכים שלך ונצא במחול בו את/ה במקומי ואני במקומך. ומזה נצמח קצת תקון הברית. וכל מה שידם מגעת לעלות בסולם מדרגות הסתר מה שיכולים לגלות מסתרי הלב ומכאובים.

תודה לא–ל נמצאים עכשיו גם יועצים/ות טובים/ות שעוסקים בהבאת שלום בין איש לאשתו שיכולים/ות לעזור בענין הנכבד הזה. אשרי הזוג הנצרך ליעוץ כזה אם דורשים ומקבלים עזרה לתקן את השלום בית שלהם.

(נוסח שבע ברכות) שהשמחה במעונו ע״ד (שמות כ״א י׳) שארה כסותה וענתה לא יגרע, לא לתלות גרעון וקטנות החשיבות לענינים אלו, כי אפשר להביאם למדרגות ש׳ה׳שמחה תהי׳ במעונ׳ו׳ דייקא, שה׳ האחרונה מתרוממת לו״ו ואז השמחה בשלמות.

(נוסח השבע ברכות) עוד ישמע בערי יהודה. בהחתונה של הגאולה שלמה, קול חתן וקול כלה, שלעת עתה לא באים במצהלותם מתוך גויעת העונג אבל אז יצאו וישמיעו קולם בלי לבלום. וזה ענין (נוסח ברכת המזון לסעודת חתן וכלה) דוי הסר וגם חרון ואז אלם בשיר ירון, משא״כ בזמן הזה בגלות שולטת שתיקה של צניעות, (שבת ל״ג.) הכל יודעין כלה

למה נכנסה לחופה וכו׳, אבל לעתיד (ישעי׳ ל׳ כ׳) כי לא יכנף עוד מוריך, וישמע בערי יהודה, העֵרים, שהם רוב תודות לה׳ ובחוצות ירו~שלם.

(נוסח שבע ברכות) קול מצהלות חתנים מחופתם כו׳. (ירמי׳ ב׳ ב׳) אהבת כלולתיך, האהבה שכלול בה הכל, (דברי הימים א׳ כ״ט י״א) לך הוי׳ הגדלה והגבורה והתפארת והנצח וההוד כי כל בשמים ובארץ, ותרגום אונקלוס (שם) כי כל – דאחיד בשמיא וארעא, כי יסוד הוא החיבור בין ז״א ונוקבא, שהיסוד מוסר הכל למלכות ואז (משלי י״ב ד׳) אשת חיל עטרת בעלה, והמתנשא לכל לראש, לכל דייקא.

תפילה זו (נדמה לי שהיא הכנה לזיווג
נתחברה ע״י בעל הבן איש חי
האדמו״ר מבגדאד רבינו יסף חיים נ״ע

אָנָא בַּחֲסָדִים גְּדוֹלִים יָאִיר תִּפְאֶרֶת צַדִּיק	אב״ג ית״צ
קִוִּינוּ רְצוֹן עֶלְיוֹן שֶׁל טְעָמִים נְקוּדוֹת	קרע״שטן
נְקַוֶּה גַּדְלוּת דוֹדִים יְשַׁלֵּם כֶּתֶר שֶׁלָּהֶם	נגד״יכש
בְּאוֹר טִיפַּת רֶחֶם צַדִּיק תָּמִים גַּדְלֵנוּ	בטר״צתג
חָלִינוּ קִוִּינוּ בִּרְכַּת טוֹב נוֹעַם עֶלְיוֹן	חקב״טנע
יִתְמַתְּקוּ גְבוּרוֹת לְעוֹרֵר פְּעוּלַּת זִווּג קָדוֹשׁ	יגל״פזק
שְׁבִיל קוֹדֶשׁ וִיסוֹד צַדִּיק יִהְיוּ תְּמִימִים	שקו״צית

באתי לגני אחתי כלה, (שיר השירים ה׳ א׳).
בפסוק זה התפטר כ״ק אדמור רבי יוסף מליובאוויץ נ״ע מאתנו בתורתו האחרונה.

והנה פשט פסוק זה בשיר השירים מדבר מאוהב כאשר בא – בביאה – להאהובה. מקום הועד קרא בשם גני בגי׳ ס״ג, דהיינו שם הוי׳ במילויו יו״ד ה״י וא״ו ה״י, והוא קרוב במספר וענינו לשם א׳ד׳נ׳י אשר מספרו גימ׳ ס״ה שיש בו ״ב״ נוסף על ס״ג, כאילו אומר שס״ג ב׳ב׳, דהיינו בבית, הרי הוא אדני. וכאשר (חבקוק ב׳ כ׳) ה׳ו׳י׳ה׳ בהיכל קדשו, אזי, ה״ס. דהיינו תפארת אומר באתי לגני ולכן ה״ס אל א׳ד׳נ׳י׳, מפניו כל הארץ, כי כאשר הוי׳ בהיכל אז יש כח ואור בשם אד׳.

וע״י היחוד הזה של באתי לגני היינו שהתפארת מכניס אור עוה״ב היינו אות ״י״ בתוך אות ״ה׳, כי עטרת בעלה כבר באה בשלום – (במדבר כ״ה י״ב) הנני נתן ל–ו׳, לאות וא״ו, את בריתי –שלום, אז נתוספו לה אורות בלי גבול, אורות של כתר עליון. וכאשר (ירמי׳ ל״א כ״א) נקבה תסובב גבר, אז לא ניכר שוב ההבדל בין משפיע למקבל, כי כל, דהיינו א׳ דאחיד אומר שהוא גם היא יקבלו תענוג מההענקת האהבה שלשני. אז נהפך השולחן היינו שהמשפיע נעשה מקבל ע״י התענוג בבחי׳ (פסחים קי״ב.) יותר ממה שהעגל רוצה וכו׳. ואז ההשפעה בבחי׳ (משלי כ״ז י״ט)

מים הפנים, בחי' (דברים ה' ד') פנים בפנים, (במדבר י"ב ח') פה אל פה, לכן נוקט (שיר השירים ה' ב') בל' אחותי – רעיתי וגו', והיא ג"כ אומרת (שם ח' א–ב) מי יתנך כאח לי יונק, ביחד אתי, שדי אמי, היינו שתפארת ויסוד ומלכות עולים לאימא עילאה בינה, (שם ג' ד') אל בית אמי ואל חדר הורתי, ואח ואחות הם חלק מאח"ד, דהיינו אות אל"ף בצורת י"ו"י', בחי' (משלי ז' ד') אמר לחכמה אחותי את, שהם כתרי רעין דלא מתפרשין, ועוד וי"ו ה"ה, שהם בחי' חתן וכלה. (ישעי' מ' כ"ו) שאו מרום עיניכם וראו מי ברא אלה, 'מי' בחי' נ' שערי בינה, ברא אלה, היינו הל"ו של לאה, שהם חג"ת נה"י ברבוע – ואח"כ (בראשית כ"ט כ"ח) וימלא יעקב שבוע זאת, זאת דייקא דהיינו מלכות, ובא מלאה ל"ו להחיות את רחל, מלכות בבינה לבא, (תיקוני זוהר י"ז.) בה הלב מבין, וגם (נדה מ"ה:) ובינה יתירה נתנה באשה יותר מבאיש, ולכן הוא מקבל ממנה (שבת ל"א.) להבין דבר מ'תוך' דבר, ועיין רש"י שם ד"ה להבין, וז"ל דבר מתוך דבר – היינו דעת עכ"ל.

ואח"ד כאשר כולם באחד יחד אז באמת באתי לגני, כמו (סוטה ל"ו:) לגנוני – לגוונים אמיתיים, היינו עצמיות מקורי, מקום שהי' עקרי בתחילה. (ירמי' א' ה') טרם אצרך בבטן, אז (שיר השירים ה' א') עריתי מורי עם בשמי אכלתי יערי עם דבשי, מור"י ע"ם דבש"י בגימ' "זרע קדש" עה"כ. כי באיש יו"ד, ובאשה ה"ה, וע"י שכותב לה כתובה –– כתב ו"ה –– בזה השם שלם. פה הכל נרמז בקיצור נמרץ.

תושלב"ע

תפילה זו מצאתי בסידור עתיק
ונאה לכל עת מצוא

יְהִי רצון מִלְּפָנֶךָ ד' אלקינו וֵאלקֵי אֲבוֹתֵינוּ, שׁוֹמֵעַ קוֹל שַׁוְעַת עֲתִירָה, שֶׁתִּשְׁמַע לְקוֹל תְּפִלַּת עַמְּךָ בֵּית יִשְׂרָאֵל וּבְתוֹכָם תִּשְׁמַע גַּם תְּפִלָּתִי אֲשֶׁר אֲנִי מִתְנַפֵּל וּמִתְחַנֵּן לְפָנֶיךָ,

וְאִם אָמְנָם יָדַעְתִּי מִעוּט עֶרְכִּי וְדַלּוּת מַעֲשַׂי וּבוּשְׁתִּי וְנִכְלַמְתִּי לְהָרִים פָּנַי אֵלֶיךָ וּלְהִתְפַּלֵּל לְפָנֶיךָ עַל עַצְמִי וְכָל שֶׁכֵּן עַל אֲחֵרִים, אוּלָם עַל רַחֲמֶיךָ הָרַבִּים וַחֲסָדֶיךָ הַגְּדוֹלִים בָּטַחְתִּי אֲשֶׁר בַּל תְּבִישֵׁנִי מִשִּׂבְרִי וְתִסְעָדֵנִי וְאִוָּשֵׁעָה, וְשִׁירַת רָשׁ יִהְיֶה יָקָר בְּעֵינֶיךָ וְתִשְׁמַע לְקוֹל תְּפִלַּת עַמְּךָ יִשְׂרָאֵל בְּרַחֲמִים,

וּבְלֵב נִשְׁבָּר וְנִדְכֶּה הִנְנִי לְהִתְחַנֵּן לְפָנֶיךָ, אָנָּא מָלֵא רַחֲמִים רַחֵם נָא עַל פְּלֵיטַת עַמְּךָ יִשְׂרָאֵל וְתוֹשִׁיעֵם וְתוֹצִיאֵם מִכָּל צָרוֹתֵיהֶם וְלַחֲצֵיהֶם וְדַחֲקֵיהֶם, וְתַצִּילֵם מִדַּלּוּת וּמִשִּׁפְלוּת וַעֲנִיוּת וְאֶבְיוֹנוּת וּמִדִּקְדּוּקֵי עֲנִיּוּת וּמִכָּל מִינֵי פוּרְעָנִיּוֹת הַמִּתְרַגְּשׁוֹת וּבָאוֹת לָעוֹלָם, וְהַבְּרִיאִים אֲשֶׁר בְּתוֹךְ עַמְּךָ יִשְׂרָאֵל תִּשְׁמְרֵם שֶׁלֹּא יִשְׁלוֹט בָּהֶם שׁוּם חוֹלִי וְשׁוּם מַדְוֶה חָלִילָה, וּלְכָל חוֹלֵי עַמְּךָ בֵּית יִשְׂרָאֵל תִּשְׁלַח רְפוּאָה שְׁלֵמָה בִּמְהֵרָה, וְתִקְרָא לִשְׁבוּיִים דְּרוֹר וְלַאֲסִירִים פְּקַח קוֹחַ וְתַצִּיל אֶת עַמְּךָ בֵּית יִשְׂרָאֵל מִכָּל צַעַר וָנֶזֶק וְשׁוֹד וָשֶׁבֶר רַחֲמָנָא לִצְלַן,

וְתִפְקוֹד לְכָל חֲשׂוּכֵי בָנִים בְּזֶרַע שֶׁל קַיְּמָא זֶרַע טוֹב וְכָשֵׁר וְהָגוּן וְרָצוּי לְפָנֶיךָ, וְכָל יַלְדֵי עַמְּךָ יִזְכּוּ אֲבִיהֶם וְאִמָּם לְגַדְּלָם לְתוֹרָה וַעֲבוֹדַת ה', וְשֶׁיֵּלְכוּ בְּדֶרֶךְ הַיָּשָׁר וְיִהְיוּ מְדוּבָּקִים בְּיִרְאַת ה', וְאַל יִמְשׁוֹל בָּהֶם אַסְכְּרָה וְשֵׁדִין וְרוּחוֹת רָעוֹת בָּעוֹלָם וְכָל פְּגָעִין רָעִין וּמַרְעִין בִּישִׁין, כִּי אִם יִהְיֶ' בְּרִיאִים וּשְׁלֵמִים לַעֲבוֹדָתֶךָ וְתוֹרָתְךָ כָּל הַיָּמִים, וְהַמְעוּבָּרוֹת שֶׁל עַמְּךָ בֵּית יִשְׂרָאֵל תִּשְׁמְרֵם שֶׁלֹּא תַּפֵּלְנָה

וַלְדוֹתֵיהֶן חָלִילָה, וְיִגְמְרוּ יְמֵי הֶרְיוֹנָן בְּשָׁלוֹם וּבְלִי צַעַר חָלִילָה, וּכְשֶׁיַּגִּיעַ זְמַן לֵדָתָן תִּשְׁמְרֵם בְּעֵת לֵדָתָן מִכָּל צַעַר וָנֶזֶק, וְהֶתֵּר חֶבְלֵיהֶן בְּנָקֵל, וּבְלִי שׁוּם מִכְשׁוֹל חָלִילָה

וְעַל כּוּלָּם יֶהֱמוּ נָא רַחֲמֶיךָ עַל שְׁאֵרִית תּוֹרָתֶךָ הַקְּדוֹשָׁה וְעַל נִדְחֵי עַמְּךָ יִשְׂרָאֵל וְתִנְקוֹם נִקְמָתְךָ וְנִקְמַת דַּם עֲבָדֶיךָ הַשָּׁפוּךְ,

וְכָל פּוֹשְׁעֵי עַמְּךָ יִשְׂרָאֵל תַּחְתּוֹר חֲתִירָה מִתַּחַת כִּסֵּא כְבוֹדֶךָ לְקַבְּלָם בִּתְשׁוּבָה שְׁלֵמָה לְפָנֶיךָ כִּי יְמִינְךָ פְּשׁוּטָה לְקַבֵּל שָׁבִים, וּשְׁלַח לָנוּ אוֹרְךָ וַאֲמִתְּךָ וּתְנַחֵינוּ בִּמְהֵרָה עַל דְּבַר קָדְשֶׁךָ וְתָשִׁיב שְׁבוּתֵינוּ בִּמְהֵרָה בְּרַחֲמִים רַבִּים וּגְאָלֵנוּ גְּאוּלַּת עוֹלָם אָמֵן סֶלָה:

כמה מהשירים שחברתי עברית

לַמְנַצֵּחַ עַל אַיֶּלֶ(נ)ת הַשַּׁחַר,

אַיֶּלֶת הַשַּׁחַר
כֹּל יוֹם יֵשׁ לָךְ פָּנִים חֲדָשׁוֹת
בִּלְחָיַיִךְ הָאֲדַמְדַּמּוֹת וּבְרוֹךְ-רוּחַ
אַתְּ מַסְמִיקָה פְּנֵי הַמִּזְרָח
וְעַל כָּרֵי נוֹצוֹת שֶׁל עָבִים
אַתְּ מִתְכּוֹנֶנֶת לְקַבֵּל פְּנֵי הָנֵץ.

יוֹם מִשְׁתַּחְרֵר מִכַּבְלֵי לַיְלָה
בְּעִידָן שֶׁקֶט זֶה
וְנוֹטֶה זְרוֹעוֹתָיו עֲלֵי שַׁחַק
בְּבִקְעוֹ אוֹר וָרוֹד בְּפִיהוּקוֹ הֶעָנוֹג
בְּלִיווּי תִּזְמוֹרֶת הַצִּפּוֹרִים.

לְנֵס רָגִיל כָּזֶה
נֵס עָצוּם שֶׁל חִידּוּשׁ הַהֲוָיָה
תִּקְוַות חוּט שֶׁל חֶסֶד
מִתְגַּנֶּבֶת לְתוֹךְ קְרָבָיו-
-שֶׁל מִי שֶׁעֵינָיו בְּלִבּוֹ
בְּדִיצָה לֹא קְדֻמָּה אַחֵר.

נָא רֵעִי אִם הַתְּפִילָה קְרוֹבָה לְךָ
תִּשְׁתָּתֵף מְעוּטָף בְּטַלִּיתְךָ
לְיוֹגִי בְּסוּרְיָא נַאמַאסְקַאר
וְעִם הַכֹּהֵן הָעוֹמֵד בְּדוּכָנוֹ
וְהַמּוּאַזִּין בְּאַלְלַהוּ אַכְּבָּר!

הִנֵּה מוֹפִיעַ הַשֶּׁמֶשׁ בִּגְבוּרָתוֹ
מֵעַל לְהַר הַזֵּיתִים

וּבְחֵצִי - חָרוּץ מַסְגִּי נוֹרוֹ
וּבְנְשִׁיקָתוֹ אֶת נַפְשֵׁךְ מְפַשֵּׁר
שִׁיּוּרֵי עֲיֵפוּת שֶׁלֹּא מוּגַּם הַלַּיְלָה.

יָבִיא הַיּוֹם אֶת שֶׁיִּתְרַחֵשׁ בּוֹ
הֵיאַךְ אֶבְגּוֹד בְּאֵמוּנוֹ
וְהַבְטָחָתוֹ שֶׁפִּיקֵּד בְּקִרְבִּי הַמַּלְאָךְ
הַיָּדִיד הֲכִי יָקָר לִי מִכֹּל שַׂרְפֵי מַעְלָה.
הַשַּׁחַר.

שבת --- באור ה נגילה ונשמחה

לכבוד ידידתי זוגתי היקרה אשר שמה נזכר בראשי החרוזים

חֶמְדַת הַיָמִים בּוֹאִי כַּלָה
שַׁבָּת שָׁלוֹם שַׁבָּת מְנוּחָה
בָּךְ אָנוּ עוֹלִים מֵעַל הַשְׁפֵלָה
בְּאוֹר ה׳ נָגִילָה וְנִשְׂמְחָה

וּמִי שֶׁנָח בָּךְ חַיִים יִמְצָא
וְשָׁלוֹם בַּיִת מִתּוֹךְ שַׁלְוָה
דַאֲגוֹת הַשָׁבוּעַ נָסוּ מְהֵרָה
בְּאוֹר ה׳ נָגִילָה וְנִשְׂמְחָה

הָיִינוּ כְּחוֹלְמִים בִּימֵי הָעֲבוֹדָה
מִתְעוֹרְרִים עֲלִיזִים לִקְרַאת הַמַלְכָּה
וְנֶהֱנִים בְּהַרְחָבָה מִזִיו הַשְׁכִינָה
בְּאוֹר ה׳ נָגִילָה וְנִשְׂמְחָה

רַב לָנוּ מִימֵי הַחוֹל
בָּא שַׁבָּת בָּאָה מְנוּחָה
בְּהָסִיר מִשִׁכְמֵנוּ הָעוֹל
בְּאוֹר ה׳ נָגִילָה וְנִשְׂמְחָה

חֶמְדַת יָמִים הִיא הַשַׁבָּת
וְגַם הַלֵילוֹת לִבְרָכָה
שַׁלְוָה נְסוּכָה וְנפש משיבת
בְּאוֹר ה׳ נָגִילָה וְנִשְׂמְחָה

לְהִתְעַנֵג בְּאַהֲבָה בְּתַעֲנוּגִים
מִתּוֹךְ קִרְבַת הַדֵעוֹת מִתּוֹךְ מְנוּחָה
לְרַווֹת חֶשְׁקַת הַגַעֲגוּעִים
בְּאוֹר ה׳ נָגִילָה וְנִשְׂמְחָה

שבת קדש חזק

שַׁבָּת קֹדֶשׁ, בְּחִיר הַזְּמַנִּים,
עִידָּן קוֹדֶשׁ תִּפְאֶרֶת מַכְמַנִּים,
מַתַּת־אֵל לְנִינֵי שׁוֹשַׁנִּים!

בּוֹ שָׁבַת יָ״הּ מִיְּצוֹר חֲדָשׁוֹת,
בּוֹ מַמְשִׁיךְ מֵאוֹצְרוֹ מַבּוּעַ בְּרָכוֹת,
בּוֹ חוֹבֵשׁ מַכְאוֹב וּמְפַשֵּׁר אֲנָחוֹת!

תַּכְלִית אַחֲרִית בּוֹ מְתוֹאָר,
דְּרוֹר הָאָרֶץ בּוֹ יְשׁוּעַר,
תּוֹרַת טוֹהַר בּוֹ תְּבוֹאָר!

קִשְׁרֵי חִיבָּה בּוֹ נֶהֱדָקִים,
כְּמַיִם הַפָּנִים בּוֹ רֵיעִים נִדְבָּקִים,
שַׁלְוָה שְׁפוּכָה בְּחוּצוֹת וּשְׁוָקִים!

דּוֹפֵק דּוֹדִי בְּקוֹל עֲגוּעִים,
מַזְמִין לְרַעֲיָתוֹ אַפִּרְיוֹן שַׁעֲשׁוּעִים,
לְאוֹמֶץ הַנִּיתָּן לְדַלִּים רְעוּעִים!

שִׁירָה נַנְעִים לְעֹפֶר־הָאַיָּלִים,
מכתירים אותו בני אדם ועירים,
אַתָּה אֶחָד כּוּלָּם שָׁרִים!

חֵלֶק שַׁ״י – עוֹלָמוֹת שׁוֹשׂ אָנֹכִי לְהַנְחִילְכֶם,

זֶה הַיּוֹם אֶשְׁבּוֹת עִמָּכֶם,

קוֹל מְבַשֵּׂר אָחִישׁ לְמַעֲנְכֶם,
אֲנִי ה׳ אֱלֹהֵיכֶם!

תְּפִילַת הַמְיוּאָשׁ

אָנָה הָלַכְתָּ אֵלִי. ודוֹדִי
כִּי פָּנָה זִיוִי וְהוֹדִי
וְאָבַד תוֹכֵן מְאוֹדִי
לְזַמֵּר לאלהי בְּעוֹדִי.

דַּרְכֵי שָׁלוֹם שֶׁל מַעַל
עִם אַנְשֵׁי רֶשַׁע ובְלִיַּעַל
וּבְרוּחִי נִשְׁפַּל, עָנִי, דַּל
צוֹעֵק לִבִּי: 'צַדִּיק מַה פַּעַל'

נָע, מִבְּלִי מָנוֹס, וָנָד -
מְנִיעוֹת נֶגְדִּי מִכָּל צַד
וָרָצוֹץ, אֵשֵׁב לִי בָּדָד
אוּלַי יְרַחֵם שׁוֹכֵן - עַד.

יֵשַׁע שְׁלַח נָא! אַבָּא חַס!
לְנֶפֶשׁ עֲמוּסָה כּוֹבֵד מַשָּׂא
מַעֲנֶה שֶׁקֶט לְלִבִּי נַס!
ה' בְּהֵיכַל קָדְשׁוֹ - הַס!

תפילה לעני -- כי יחטוף!

יָחִיד רַחֲמָן שְׁמַע קוֹלִי
לַמְרוֹת נְסוֹגַי אָחוֹר
אִם אֶשְׁכָּחֲךָ מֵרוֹב בְּהוּלִי
גַּעֲגוּעַי עַתָּה תִּזְכּוֹר.

הִתְאַוֶּה עוֹד לִשְׁכּוֹן אִתִּי
בְּתוֹךְ פִּגּוּל־מַעֲלַי
וְאִם יַחַד אִתְּךָ לֶכְתִּי
אֲקְדִישׁ לְךָ מִפְּעָלַי.

וְתִיק חַיַּי, לְהִשָּׁאֵב בָּךְ
רְצוֹנִי מִתְגַּעְגֵּעַ
אַךְ הֶבֶל הַשְּׁלִי - שֶׁלָּךְ
לְתוֹדָעָתִי מוֹנֵעַ.

הוֹי מֶלֶךְ אָסִיר בָּרְהָטִים
הוֹרֵנִי אֵיךְ אֶגְאָלֵךְ,
אֵיךְ לִשְׁבּוֹר עוֹל הֶחֳטָאִים
לֹא לָשׁוּב עוֹד לְגעוֹלֵךְ

אַרְמוֹן נָאֶה לֹא אֶבְנֶה לָךְ
אוּלַי לִבִּי אֲפַנֶּה
הֶסְכֵּם לִבִּי לְהִדָּבֵק בָּךְ
יִצְרִי יַחֲלִיף וְיִשַׁנֶּה.

דְּמָעוֹת לֹא אוּכַל לִשְׁפּוֹךְ
לֹא יִמַּס סֶלַע־לִבִּי
חִישׁ גּוֹאֲלִי וְתַהֲפּוֹךְ
לְמַעַשׂ דִּבּוּב נִיבִי.

בָּא קַח מַתְּנַת עֲנִיּוּתִי -
יוֹתֵר אֵין לִי לָתֶת לָךְ
אֵינֶנִי בַּעַל מַנְעִיּוּתַי
חֲטוֹף אֶת רְצוֹנִי וְקַח לָךְ

יָהּ אֵלִי אַל תְּהִי וַתְּרָן
בּוֹא נָא וּתְאַסְפֵנִי
כְּבָר הִכַּרְתַּתָנִי כְּבַטְלָן
בְּטֶרֶם אֵלֵךְ -- וְאֵינֶנִי

המקום ינחם את העולם כולו

אושביציון

אֵיכָה יְשַׁמְשׁוּ מִילִים לְהַבִּיעַ כְּאֵבֵנוּ
בְּזָכְרֵנוּ אָבְדַן מִלְיוֹנֵינוּ
בְּעוֹד עַל שִׁכְמֵנוּ אֲשְׁמוֹתֵינוּ
עַל עֵזֶר־אַחִים שֶׁבּוּקַשׁ וְלֹא עָלָה בְּיָדֵינוּ.

וִידּוּי תְּחוּשׁוֹת אוֹתָנוּ לֹא יְנַקֶּה
בְּעוֹד - מִי־שֶׁהוּא עָשׁוּק לָעֶזְרָה מְחַכֶּה
עוֹד הוֹרֵג נְפָשׁוֹת עֲנִיִּים יְדַכֶּא
וְאֵם שַׁכּוּלָה בָּנֶיהָ תְּבַכֶּה

שְׁמַע ה׳ כִּי גַם אַתָּה אִתָּנוּ אָשֵׁם,
כִּי מִתבּוֹסְסִים **בְּ**דַם רָאִיתָנוּ,
וְעַל שְׁתִיקָתְךָ לֹא גָבַרְתָּ לְהַצִּיל אוֹתָנוּ.
מִי הֵפֶר בְּרִית?, לָמָּה רִימִּיתָנוּ!

בְּמַחֲנוֹת הַהֶסְגֵּר מִלְיוֹנִים עִינּוּ
וְתִקְוַת אֲנִי מַאֲמִין לֹא סָרָה מִפִּינוּ
כֹּל הַיּוֹם וְכָל הַלַּיְלָה לִישׁוּעָה קִיוִּינוּ
וְלַמְרוֹת אַכְזָבוֹת מִמְּךָ לֹא סָטִינוּ.

יָהּ! אִם אָנוּ עַמֶּךָ וְאַתָּה מַלְכֵּנוּ
אִם אָנוּ חֶלְקֶךָ וְאַתָּה חֶלְקֵנוּ
אִם אָנוּ זְבָחֶיךָ - אָז אַתָּה זוֹבְחֵינוּ
אִם אָנוּ שׁוֹבֶיךָ -- אָז עָלֶיךָ לִפְדוֹתֵנוּ.

צַוֵּה יְשׁוּעַת יַעֲקֹב חִישׁ נָא מְהֵרָה
הַ"בְּעִתּוֹ" כְּבָר עָבַר וְעוֹד יַד רֶשַׁע גוֹבֵרָה
אֲסִירֵי זָדוֹן נֶאֱנָחִים מֵאֵין בְּרֵירָה
וּסְבִיבוֹת יִשְׂרָאֵל עוֹד עוֹמְמָה הִתַּבְעֲרָה.

יִגְאָלֵנוּ הַגּוֹאֵל וְלֹא אוֹתָנוּ לְבַדֵּנוּ,
אִם יִגְאַל אַךְ יַעֲקֹב וְלֹא בְּנֵי עֵשָׂיו אַחֵינוּ
אָז הַנִּגְאַל עוֹד מוּכֶּה, עוֹד עוֹרְכִים טִבְחֵנוּ,
אִם לֹא יִגְאַל הָרָשָׁע עוֹד חַי רוֹצְחֵנוּ!

וְאִם עוֹד מִי סוֹבֵל הַגְּאוּלָה פְּגוּמָה
בֶּן חָם אוֹ בֶּן יֶפֶת אוֹ אָדָם אוֹ בְּהֵמָה,
אִם עוֹד בַּעַל־חַיִּים סוֹבֵל צַעַר וּמְהוּמָה,
אֵין שָׁלוֹם אוֹ שַׁלְוָה לְיָחִיד אוֹ אוּמָּה.

נָא אֵל רַחֲמָן, הַנֶּעֱרָץ מֵרַבִּים
הַמְכֻוָּנִים לָךְ וְלֹא לָעֲצַבִּים
גְּאוֹל נָא אֶת כָּל אֶחָד בִּלְבוּשֶׁיךָ הָרַבִּים
בָּם תוֹאַרְתָּ מִפִּי שְׁלִיחִים אֲשֶׁר בְּשִׁמְךָ מִנַּבְּאִים.

חנוכה

בְּלֵילֵי חוֹרֶף הָאֲרוּכִים
בָּהֶם קַרְנֵי הַשֶּׁמֶשׁ מִתְמַעֲטִים
עָלֵינוּ לְהָבִיא נֵר וְלֹא אֲבוּקָה
וּלְהַדְלִיק נֵרוֹת שֶׁל חֲנוּכָּה

אַרְמוֹן ה׳ שֶׁבִּיזּוּהוּ וְטִמְאוּהוּ
אוֹתוֹ גוֹאֲלוּ וְטִיהֲרוּ וּנִקּוּהוּ
וּפַךְ שֶׁמֶן מָצְאוּ בִּגְזֵרַת כֹּל־יָכוֹל
וְעָלָיו חוֹתְמוֹ שֶׁל הַכֹּהֵן הַגָּדוֹל

נֵס גָּדוֹל הָיָה שָׁם
וְאוֹר יָצָא לְכָל הָעוֹלָם
שֶׁכֹּל אָדָם יִתְפַּלֵּל לָאֵל הַנּוֹרָא
לָזֶה מַרְאִים נֵרוֹת חֲנוּכָּה

יִשְׂרָאֵל וָעַמִּים כָּל אֶחָד בְּדַרְכּוֹ
יָחוֹגוּ חַגֵּי נֵרוֹת כָּל אֶחָד בְּעֶרְכּוֹ
וּמִכֹּל בַּיִת מַבְהִיק אוֹר צַח
מוּשְׁפָּע עַל־יְדֵי הַשֶּׁמֶן שֶׁל אוֹתוֹ הַפַּךְ

חַסְדֵי הַשֵּׁם כִּי לֹא תָמְנוּ
נִיסִים נַעֲשִׂים, פִּלְאֵי־פְּלָאִים
כֹּל עֵת בְּחַיֵּינוּ הַיּוֹם־יוֹמִים
הַנֵּרוֹת אוֹתָם מְפַרְסְמִים

חנוכה התשס"א

חַי הַחַיִּים נֵר הָעוֹלָם
לְךָ נוֹשְׂאִים בְּשִׁיר קוֹלָם
בָּנֶיךָ הֶחוֹגִים חַג הָאוֹרִים
בְּזָכְרָם אֶת הַכֹּהֲנִים הַגִּיבּוֹרִים

נֵרוֹת נַדְלִיק כָּל־לֵיל וָלֵיל
לְפַרְסֵם הַנְהָגַת מַלְכֵּנוּ הָאֵל
שֶׁעָשָׂה בֶּעָבַר נִסִּים לְהוֹרֵנוּ
וּמַפְלִיא לַעֲשׂוֹת כֵּן לָנוּ וּלְבָנֵינוּ

וּמַבִּיטִים אָנוּ עַל זֹהַר הַנֵּרוֹת
וְזוֹכְרִים אֵיךְ מִלַּטְתֵּנוּ מִצָּרוֹת
וּמִתְבּוֹנְנִים אַךְ לִרְאוֹתָם בִּלְבַד
בְּלִי לְהִשְׁתַּמֵּשׁ בָּהֶם אַף בִּמְעַט

כְּבַר נוֹשְׂאִים אָנוּ אֵלֶיךָ אֶת עֵינֵינוּ
שֶׁתַּשְׁרֶה שְׁכִינַתְךָ עוֹד בֵּינֵינוּ
שֶׁנֵּדַע וְנַרְגִּישׁ שֶׁאַתָּה בְּקִרְבֵּינוּ
כֵּן תְּבָרְכֵנוּ אָבִינוּ וּתְחָנֵּנוּ

הָאִירָה חֶשְׁכֵּינוּ וְתַשְׁרֶה שָׁלוֹם
אָנוּ תוֹדָה עַל עֶזְרָתְךָ עַד הֲלוֹם
בְּתִקְוָה לְהַדְלִיק אֶת הַמְּנוֹרָה בְּיָמֵינוּ
בְּבֵית תְּפִלָּה לְכָל הָעַמִּים בְּכָל קוֹרְאֵנוּ.